KB264550

절세전략 173선

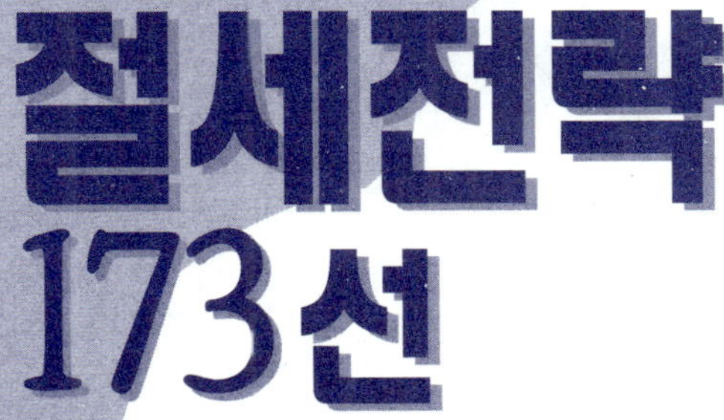

A&T 벤처경영연구소 소장
공인회계사 **최성호** 지음

일반인이
꼭 알아야 할

절세전략 173선

A&T 벤처경영연구소 소장
공인회계사 **최 성 호** 지음

가림 **M&B**

일반인이 꼭 알아야 할

절세전략 173선

1999년 9월 15일 제1판 1쇄 발행
2001년 3월 10일 제1판 2쇄 발행

지은이/최성호
펴낸이/강선희
펴낸곳/가림M&B
기획위원/강경무 · 김충호 · 석종복 · 이창석 · 지창영
기획 · 편집/장연수 · 이선희 · 김진호 · 홍경숙 · 손일호 · 이정아
홍보/한국종
마케팅/강명희 · 이상혁

등록/1999. 1. 18. 제5-89호
주소/서울시 광진구 구의동 57-71 부원빌딩 4층
대표전화/458-6451   팩스/458-6450
인터넷 http://www.galim.co.kr
e-mail galim@galim.co.kr
천리안 ID galimmb

값 12,000원

ISBN 89-950312-5-5 13320

강단에 설 때마다 느끼게 되지만 갈수록 학생들을 가르치는 일이 어렵게만 여겨진다. 그래서인지 좀더 체계적이고 쉽게 전달할 수 있는 강의 원고나 교재를 이용하게 된다. 더욱이 말이나 행동이 아닌 글자로 자신의 의도한 바를 전달하는 일은 더욱 어려울 것이다.

그런 의미에서, 이번에 새로 나온 최성호 공인회계사의 《절세전략 173선》은 세법이라고 하는 전문분야를 일반인들이 보다 쉽게 이해할 수 있도록 체계적이고 단계적으로 접근한 점이 흥미롭다. 경제활동 분야별로 관련 세법에 대해 절세와 관련하여 어떤 점이 문제가 될 수 있는지 전략별로 제시하고 있기 때문이다.

대한민국 국민이라면 누구에게나 납세의무가 주어지며, 또한 일정한 세법의 테두리 안에서 합리적으로 절세할 수 있는 권한도 있다. 따라서 절차선택의 합리성을 비롯하여 합법성 준거규칙의 정당한 해석과 활용, 성실신고인 증빙의 정비 등으로 절세대책을 강구해야 할 것이다.

이런 점에서 본서는 실생활에 도움이 될 수 있는 유용한 정보를 제공하는 책이라고 할 수 있다. 상비약처럼 항상 옆에 두고 참조한다면 세법에 관한 필요한 정보를 손쉽게 얻을 수 있으리라고 확신한다.

본서의 출간을 진심으로 축하하며, 아울러 독자들에게 많은 도움이 될 것이라 믿는 바이다.

1999년 9월
前 세종대학교 경영대학원 원장
공인회계사 강 영 복 **강 영 복**

추천사를 써달라는 필자의 부탁을 받고 처음에는 심적인 부담감 때문에 많이 망설였다. 공인회계사라는 전문인으로서 세법에 대해서 독자들에게 자신있게 권해야 한다는 책임감같은 것을 느꼈는가 보다.

나 역시 전문가의 입장에서 수십 년간의 경험을 살려 절세와 관련된 책을 집필하여 독자들에게 나름대로 도움을 주고자 생각한 적이 많았다. 그러나 항상 시간에 쫓기다 보니 책을 쓰는 일이 정말 쉽지 않음을 절감한다. 이러한 시점에서 최성호 공인회계사가 난해하고 복잡한 절세전략에 대해 체계적으로 정리하여 출간한 것은 정말 바람직한 일이라고 생각한다.

본서를 살펴보면 경제 활동을 각각 단계별로 구분하여 체계적으로 설명하고, 세법을 적용대상자에 따라 구분·설명한 것이 특징적이다. 책은 저자가 전달하고자 하는 메시지를 독자들에게 가장 효과적으로 전달될 수 있도록 쓰는 것이 중요하다. 이런 점에서 본서는 핵심적인 사항을 전문가가 아닌 일반인들이 쉽게 이해할 수 있도록 쓰여졌다고 생각한다.

마지막으로 본서의 출간을 진심으로 축하하며, 이 책이 독자들에게 도움이 될 것이라고 믿어 의심치 않는다.

1999년 9월

영화회계법인 부대표

공인회계사 전 정 복

경영인이자 주부로서, 두 가지를 일을 동시에 한다는 것은 항상 어깨를 무겁게 하는 것 같다. 회사이건 가정이건간에 가장 중요한 일은 '효율적으로 생활을 운영해 나가는 것일텐데' 하는 문제의식을 늘 안고 살아가게 된다.

특히, 일상생활에서나 경영 활동을 하는 과정에서 부딪히는 세금 문제는 항상 애매하다. 그래서 이런 경우를 당하면 직·간접적으로 전문가의 자문을 받곤 한다. 그러나 세법에 대한 기본적인 개념이나 상식도 전혀 없이 일방적으로 전문가의 도움을 받는 것은 무엇이 문제가 되는지조차 알 수 없어 난감하기만 할 뿐이다. 그래서 적어도 세법에 대한 기본상식 정도는 알고 있어야겠다는 생각이 들었다.

세금과 같은 전문적인 분야는 매우 복잡할 뿐만 아니라 수시로 개정되기 때문에 관련 내용을 전부 알 수는 없을 것이다. 다만 중요하고 핵심적인 포인트를 상식적인 수준에서나마 알고 있으면, 중요한 의사결정을 할 때 이를 상기하게 되고, 경제적으로도 상당한 도움을 받을 수 있을 것이다. 이런 점에서 최성호 공인회계사의 《절세전략 173선》은 유용한 도서라고 생각한다. 경제 활동 단계별로 세금에 직면하고 있는 상황들을 체계적으로 요약·정리하여 세법에 문외한이라도 쉽게 접근할 수 있도록 쓰여졌기 때문이다.

이 책이 절세를 향한 첫걸음이 되길 바라는 마음 간절하다.

1999년 9월

아이티솔루션(주)

대표이사 정 성 자

　일반인들은 세법을 매우 어렵게 생각한다. 이것은 우리나라 세금의 종류가 너무 많고 복잡하기 때문인데, 경제 활동이 다변화됨에 따라 어쩔 수 없이 발생하는 문제라고 생각된다. 그리고 이렇듯 많은 종류의 세금에 노출되어 있음에도 불구하고 일반인들은 세금에 대해 너무나 무지한 것 또한 사실이다.

　필자는 실무경험을 통해 세법상으로는 아무런 문제가 없으나 납세자의 입장에서는 매우 억울하게 세금을 부담하는 것을 수없이 보아왔다. 이를 단순히 세법이 복잡하고 어렵기 때문이라고 탓할 수만은 없을 것이다. 아무리 현행 세법이 복잡하더라도 기본적인 사항을 알고 문제제기를 한 후, 그에 따른 의사결정을 했더라면 불이익을 당하지 않을 수도 있다. 즉, 경제적 의사결정을 할 때 절세 상식을 기초로 낱낱의 사항에 대해서는 전문가와 상의한다면 이보다 더 현명한 방법은 없을 것이다.

　이런 전제하에 본서는 한국공인회계사회지, ROI지, 일간지 등에 기고한 원고와 필자의 경험을 기초로 경제 활동의 여러 단계를 고려하여 세금에 관련된 절세 비결을 제공하였다. 또 일반인이 반드시 알아야 할 필수적인 절세 상식을 가능한 한 도표를 이용해 근본적인 절세전략을 제시하였다. 따라서 경제적 의사 결정을 할 때 세금과 관련하여 무엇이 문제가 될 수 있을 지에 대해 항상 사전처럼 찾아볼 수 있도록 하였으므로, 가까운 곳에 두고 본다면 많은 도움이 되리라고 생각한다. 이러한 본서의 특징을 십분 활용하여, 각각의 구체적인 상황에 따라 본서의 내용을 확인하고 이를 토대로 보다 정확한 검토를 하는 것이 바람직할 것이다.

내용에 부족한 점이 많으리라고 여겨지지만, 세무상식의 저변확대를 위해 부끄러움을 무릅쓰고 출간하게 된 점 너그럽게 이해해 주었으면 한다. 아울러 본서의 부족한 점은 전적으로 필자의 책임이므로 많은 질책을 바라며, 앞으로도 독자들에게 보다 더 유용한 정보를 제공할 수 있도록 끊임없이 노력할 것이다.

마지막으로 원고의 교정에 도움을 준 성효경 공인회계사, 정보훈 경영지도사, 김기근 사무장께 감사드리며, 출판을 독려해준 가림 M&B의 강선희 대표와 직원분들께 고마움을 표한다. 무엇보다 이 책을 저술할 수 있도록 용기를 주신 하느님과 무언의 격려로 성원해 준 아내에게 감사를 표한다.

1999년 9월

A&T 벤처기업경영연구소에서

최 성 호

납세자권리헌장

납세자권리헌장(국세청고시 제1997-16호, 1997. 6. 30.)

국세청고시 제1997-16호, 1997. 6. 30.

國稅基本法 제81조의2 제1항의 규정에 의거 납세자권리헌장을 제정하였기에 동법 제81조의2 제2항의 규정에 의거 다음과 같이 고시합니다.

납세자로서의 귀하의 권리는 헌법과 법률이 정하는 바에 의하여 존중되고 보장되어야 합니다.

이를 위하여 국세공무원은 귀하가 신성한 납세의무를 신의에 따라 성실하게 이행할 수 있도록 필요한 정보와 편익을 최대한 제공해야 하며, 귀하의 권리가 보호되고 실현될 수 있도록 최선을 다하여 협력하여야 할 의무가 있습니다.

이 헌장은 귀하에게 납세자로서 보장받을 수 있는 권리를 구체적으로 알려드리기 위한 것입니다.

① 귀하는 기장·신고 등 납세협력의무를 이행하지 않았거나 구체적인 조세탈루혐의 등이 없는 한 성실한 납세자이며 귀하가 제출한 세무자료는 진실한 것으로 추정됩니다.

② 귀하는 법령이 정하는 경우를 제외하고는 세무조사의 사전통지와 조사결과의 통지를 받을 권리가 있고, 불가피한 사유가 있는 경우에는 조사의 연기를 신청할 권리가 있습니다.

③ 귀하는 세무조사시 조세전문가의 조력을 받을 권리가 있고, 법령이 정하는 특별한 사유가 없는 한 중복조사를 받지 않을 권리가 있습니다.

④ 귀하는 자신의 과세정보에 대한 비밀을 보호받을 권리가 있습니다.

⑤ 귀하는 권리의 행사에 필요한 정보를 신속하게 제공받을 권리가 있습니다.

⑥ 귀하는 위법적인 또는 부당한 처분을 받거나 필요한 처분을 받지 못함으로써 권리 또는 이익을 침해당한 경우에 적법하고 신속하게 구제받을 권리가 있습니다.

⑦ 귀하는 국세공무원으로부터 언제나 공정한 대우를 받을 권리가 있습니다.

부칙(1997. 6. 30. 국세청고시 제1997-16호)

이 고시는 1997년 7월 1일부터 시행한다.

차 례

부 록 관련서식 일람

세테크를 위한 전반적인 계획

1

세테크 누구나 할 수 있다(세테크 10계명)

세테크는 요령이 아니라 계획에 의한 세무관리이다

◉ 세테크는 합법적인 관리기법

최근 생활수준이 전반적으로 향상되면서 우리나라에서도 재테크에 대한 일반인들의 관심이 크게 증가하고 있다. 재테크가 재산을 증식하기 위한 정상적인 모든 관리기법이라면, 재테크를 통해 재산을 증식하기 위해서는 기본적으로 수입을 증가시켜야 하는 것과 동시에 지출도 감소시켜야만 최대의 효과를 얻을 수 있다.

지출의 종류에는 여러 가지가 있지만 그 중에 하나가 바로 세금으로, 세테크란 경제 활동을 하는 과정에서 필수적으로 발생하게 되는 세금문제를 가장 효율적으로 관리하여 세금 지출을 감소시키고, 결과적으로 재산을 증식시키는 합법적인 관리기법이라고 할 수 있다. 민주주의 국가에서 세법은 납세자를 보호하기 위해 세금 징수의 한계를 규정한 것이므로 납세자는 세법의 규정을 잘 이해하고 이를 활용하여 세금 지출을 최소화할 필요가 있다. 따라서 이런 세테크는 비합법적인 탈세와는 근본적으로 다르며, 또 비윤리적인 것은 결코 아니다.

27

● 경제 활동에 따른 세테크 10계명

세테크를 위해서는 세법을 잘 알아야 하는데, 세법이 워낙 전문적이고 자주 바뀌다 보니 일반인이 제대로 이해하기는 매우 어렵다. 그렇다고 납세자가 세법에 대해 손 놓고 가만히 있을 수는 없는 일이다. 따라서 세테크를 하기 위해서는 표에서 보는 바와 같이 경제 활동 과정에서 기본적으로 발생하는 세금의 개념정도만이라도 알고 있어야 한다. 또한 중요한 의사 결정, 예를 들어 사업을 시작한다든지, 부동산의 매입·매수 혹은 증여 등 중요한 결정을 하기 전에는 반드시 세무전문가와 상담을 하는 것이 필요하다.

1계명 매년 초에 전체적인 세무계획을 세워라

매년 초 가정 또는 기업의 수입과 지출에 대한 계획을 수립할 때에는 반드시 세금문제도 함께 검토해야 한다. 예를 들어 금년에 부동산을 처분한다고 하면 양도소득세 문제는 없는지, 부동산을 취득한다고 하면 취득세·등록세는 얼마나 발생할 것인지, 급여에 대한 근로소득세는 얼마나 납부해야 할 것인지, 어떤 예금에 가입해야 근로소득세나 이자소득세가 절감될 것인지 등에 대한 관심을 갖고 계획을 세울 필요가 있다.

2계명 세무 상담시에는 책임있는 답변을 확보하라

사람들은 세무 상담을 원할 때 일반적으로 친구나 선배, 은행원, 세무서 직원 또는 공인회계사나 세무사에게 구두나 전화로 문의를

▶ 경제 활동별 세금의 종류 및 세테크 10계명

활동 구분 및 소득			관련 세금의 종류	세테크 10계명
제1장	전반적 계획 활동		모든 세금	① 매년 초에 세무 계획을 세워라.
				② 세무 상담시 책임있는 답변을 확보하라.
				③ 신고 · 납부 기한을 준수하라.
				④ 매년 말의 개정 세법에 관심을 가져라.
제2장	생산활동 · 소비활동	근로소득	근로소득세	⑤ 증빙의 확보를 생활화하라.
		사업소득	사업소득세 법인소득세	
		소비지출	부가가치세	
		기타소득	기타소득세	
제3장	투자활동	저축투자	이자소득세	⑥ 종합합산에 대비하라.
		주식투자	배당소득세	
		부동산투자 — 취득	취득세 · 등록세	⑦ 취득세 등의 중과에 주의하라.
		부동산투자 — 보유	재 산 세 종합토지세 택지초과부담금 임대소득세	
		부동산투자 — 개발	개발부담금	
		부동산투자 — 양도	양도소득세	⑧ 양도 시기를 조절하라.
제4장	이전활동	증여 · 상속	증여 · 상속세	⑨ 증여 · 상속 시기와 방법에 대한 계획을 세워라.
제5장	구제활동	모든 소득	모든 세금	⑩ 부당한 세금에 대하여 기한 내에 이의를 제기하라.

1. 세테크 누구나 할 수 있다

해곤 한다.. 물론 상담료를 내는 경우는 거의 드물다.. 그래서인지 상담을 하고 난 후 나중에 예기치 못한 세금고지서를 받고 당황하는 경우가 종종 있는데,. 그때 가서 항의해 보아야 아무 소용이 없다.. 그러므로 현명한 납세자라면 사전에 상담 내용을 전문가에게 알려 준 후에 상담 시간을 예약한 후 필요한 서류를 준비해 와서 상담하고 이를 서면으로 확인받아 두는 것이 필요하다.. 책임있는 공인회계사나 세무사라면 이를 거부할 사람은 없다.. 물론 상담료는 부담해야 할 것이다.. 이렇게 한 것을 토대로,. 만약 어떠한 경제 행위를 하였는데 예상치 못한 세금이 발생하였다면 이를 항의하거나 손해배상을 청구하면 된다.. 관계법에 의하면 공인회계사나 세무사가 업무상 손해를 끼친 경우에는 손해배상책임을 지도록 하고 있다.

3계명 　각종 세금의 신고·납부 기한을 준수하라

대부분의 세금은 신고·납부 기한이 법으로 정해져 있으며,. 이 기한이 하루만 지나도 보통 10%에서 20% 정도의 가산세가 부과된다. 따라서 어차피 내야 할 세금이라면 이런 기한을 지키도록 하여 억울하게 높은 가산세를 부담하는 일이 없어야 할 것이다. 신고·납부 기한을 일일이 기억할 필요까지는 없으나, 어떤 중요한 경제 행위를 할 때 사전에 검토하는 일은 꼭 필요하다.

4계명 　매년 말의 개정 세법에 관심을 가져라

우리나라의 경우에는 매년 말쯤 되면 세법 개정작업이 한창 진행되고, 신문 등 각종 매스컴에서는 이중 중요한 부분을 집중적으로 보도한다. 합리적인 납세자라면 본인이 전문가가 아니라고 할지라도 이런 정보를 그냥 흘려 보내서는 안된다. 왜냐하면 내년도 가정이나 기업의 예산을 수립할 때 참고로 삼을 수 있기 때문이다. 예를 들어 금년 말에 부동산을 양도하려고 하는데 내년도 개정 세법에서 양도소득세에 대한 세제혜택이 주어지는 경우라면 양도 시기를 약간 늦추어 내년 초에 양도하는 것이 유리하다. 반대로 내년도에 부동산을 증여하려고 하는데 내년도 개정 세법에서 증여세율이 높아진다면 증여 시기를 앞당겨 금년 말이라도 증여하는 것이 유리하다.

이와 같이 개정 세법에 관심을 갖고 충분한 검토를 거친 뒤 의사결정을 한다면 의외로 상당한 세금을 절세할 수 있다.

5계명 모든 경제 활동에 대한 증빙의 확보를 생활화하라

세금은 원칙적으로 증빙자료에 의해 부과되기 때문에 언제 어떻게 증빙이 필요할지 모르므로 일단 보관하는 것이 유리하다. 각종 지출증빙, 예를 들어 월급을 받는 사람은 근로소득세 연말정산에 필요할 수 있으며, 사업자는 사업소득세 납부에 필요할 수 있다. 또한 부동산의 취득시 지출과 관련된 증빙은 당해 부동산을 처분할 때의 양도소득세 납부에 필요할 수 있다. 즉, 모든 경제 활동에 대한 증빙을 확보한 후 필요한 경우에 이를 적절히 활용하면 절세에 도움이 된다.

또한 제품 구입이나 용역 대가를 지급시에는 부가가치세가 포함된 가격인지도 영수증을 통해 확인할 필요가 있다. 만약 판매가격에 부가가치세에 대한 표시가 없다면 이 가격은 부가가치세가 포함된 것이므로 별도의 부가가치세를 지불할 필요가 없다.

| 6계명 | 저축을 하거나 주식을 취득할 때는 종합합산 여부를 검토하라 |

이자소득 중 금융기관이자가 아닌 사채(私債)이자소득에 대해서는 종합합산되며, 비상장법인으로부터 받은 배당소득도 종합합산되고 있으므로 종합적인 세무계획에 의해서만 절세가 가능하다.

한편, 금융기관으로부터 받은 이자소득과 모든 배당소득에 대해서는 1996년도부터 금융소득(이자소득, 배당소득)에 대한 종합과세가 시행되고 있으므로 본인과 배우자의 금융소득이 연간 4,000만원 이상이면 원칙적으로 다른 종합소득과 합산되므로 전체적인 세부담이 증가할 수 있다. 현재 금융소득종합과세가 유보되어 있기는 하지만 곧 다시 재시행될 것으로 예상되므로 이에 대한 대비도 필요할 것이다. 따라서 사전에 세무계획을 수립하여 분리과세 저축가입 여부, 주식투자 여부 등을 결정해야 한다.

| 7계명 | 부동산의 취득·보유와 관련한 취득세·재산세·종합토지세의 중과에 주의하라 |

별장, 골프장, 고급오락시설(예 : 특수목욕탕, 나이트클럽, 룸살롱 등), 고급주택, 고급선박 등의 사치성 용도의 부동산을 취득할 때 또는 취득 후 5년 이내에 사용할 때에는 취득세가 중과되므로 주의해야 한다. 또한 사치성 재산을 보유하고 있는 동안에는 계속해서 재산세와 종합토지세가 중과되므로 주의해야 한다. 만약 당해 재산을 임차한 임차인이 사치성(예 : 룸살롱 등)으로 사용해도 마찬가지로 중과되므로 당해 재산 소유자는 임대차 계약시 반드시 사용 용도를 확인한 후에 임대할 필요가 있다.

 부동산의 양도시에는 양도 시기를 조절하라

부동산의 양도차익에 대해 부과되는 양도소득세는 보유기간에 따라 세금 차이가 크다. 예를 들어 2년 미만 보유한 경우, 3년 이상 보유한 경우, 5년 이상 보유한 경우 및 10년 이상 보유한 경우에는 세금에 큰 차이가 발생하며, 1년에 1회만 양도한 경우와 1회 이상 양도한 경우에도 세금 차이가 발생한다. 따라서 가능한 한 양도 계약 시에 양도 시기의 조절을 통해 세금을 최소화할 필요가 있다. 세법상의 양도 시기는 원칙적으로 잔금 수령일과 소유권이전등기일 중 빠른 날로 하도록 하고 있다.

 증여와 상속은 시기와 방법에 대한 계획이 특히 중요하다

증여세는 재산을 무상으로 취득한 자가 납부하는 세금으로서, 10년간의 증여액을 통합하여 세금을 부과하므로 증여 시기에 따라 세금이 달라질 수 있다. 또한 증여재산의 가액이 변할 수 있는 부동산이나 주식 등은 가격이 가장 하락했을 때 증여하면 절세가 가능하다. 현행 세법에서는 여러 가지 유형의 조세회피 행위에 대해 증여로 본다는 규정이 있으므로, 섣부르게 조세부담을 피하려고 하다가는 오히려 더 많은 세금을 추징당하는 경우가 흔히 있다.

한편 상속세는 사망한 자로부터 재산을 상속받은 경우에 납부하는 세금으로서 원칙적으로 사망하기 10년 전에 증여한 재산도 상속재산에 포함하여 세금을 부과하고 있으므로 증여와 상속은 장기적인 세무계획을 필요로 한다. 특히 상속받는 사람이 어떤 상속재산이

있는지도 몰라 재산권 행사를 못한다거나, 상속세 신고를 못해 가산
세를 납부한다거나 하는 일이 있어서는 안된다. 또한 전부 부동산으
로 상속받아 상속세를 납부할 현금이 없어 부동산을 헐값에 처분하
는 일이 없도록 사전에 계획을 세워야 할 것이다.

10계명　부당한 세금에 대하여 기한 내에 이의를 제기하라

　모든 세금은 세법에서 정한 바에 따라 부과되는 것이 원칙이다.
그러므로 세테크를 하고자 하는 납세자는 사전에 세무상담 등을 통
해 세무계획을 세워야 한다. 그러나 현실적으로 대부분의 납세자들
은 세무상식의 결여로 인해 전혀 예상하지 못한 세금이 부과되는 경
우가 많이 있다.

　이와 같이 납세자가 예상하지 못한 세금이나 억울하다고 생각되
는 세금이 부과된 경우에 우물쭈물하다가는 구제받지 못하게 될 수
도 있다. 즉, 모든 세금은 세법에서 정한 바에 따라 고지 또는 납부
하는 것이다. 반면 과세관청이 사실 파악을 잘못하였거나, 착오가
있었거나, 또는 납세자가 잘못 신고한 경우 등 여러 가지 사유에 의
해 정당하지 못한 세금이 부과된 경우도 있을 수 있다. 이런 경우
세법에서 정한 구제기한이 경과되면 구제받지 못할 수가 있으므로,
납세자는 본인이 억울하다고 생각되면 즉시 구제절차를 밟아야 한
다(구제절차는 제5장 참조).

우리가 내는 세금에는 어떤 것이 있는가?

우리나라의 세금은 종류가 매우 많다. 이것은 경제 활동이 활발해지고 경제구조가 점점 복잡해짐에 따라 어쩔 수 없이 파생하는 문제일 것이다. 그렇다고 일반인들이 세세한 이 세금의 종류를 다 기억하고 있기는 매우 어려울 뿐만 아니라 모두 기억하고 있을 필요도 없다. 다만, 특정한 경제 활동과 관련하여 어떤 종류 또는 어떤 성격의 세금이 있는지 정도만 알고 있으면 된다. 이를 기초로 하여 경제 활동 단계별로 절세전략을 파악할 수 있다.

● 우리나라 세금의 종류와 성격

다음 표는 우리나라 세금의 종류와 성격을 간략하게 나타낸 것이므로, 이것을 중심으로 세금파악을 하면 큰 무리가 없을 것이다.

▶ 우리나라 세금의 종류와 과세대상

구 분				세 목	과 세 대 상
국세	내국세	보통세	직접세	소득세	개인의 소득
				법인세	법인의 소득
				상속세 · 증여세	재산의 상속 · 증여
				자산재평가세	자산재평가차액
				부당이득세	물가안정에 관한 법률 등의 법률에서 정한 기준가액을 초과하여 거래한 금액
			간접세	부가가치세	재화 · 용역의 공급, 재화의 수입
				특별소비세	특정물품, 특정장소입장, 유흥음식행위
				전화세	전화사용료
				주세	주류
				인지세	재산권에 대한 문서의 작성
				증권거래세	주식 · 지분의 양도
		목적세		교육세	특정한 세액, 특정한 수입금액
				농어촌특별세	특정한 세액, 특정한 감면세액
				교통세	유류
	관 세				수입물품
지방세	도세	보통세		취득세 · 등록세	부동산 등의 취득 · 등록
				면허세	면허
				경주 · 마권세	경륜장, 경정장, 경마장
		목적세		공동시설세	건축물, 선박, 토지
				지역개발세	발전용수, 지하수, 지하자원, 컨테이너
	시 · 군세	보통세		재산세 · 종합토지세	건축물, 선박, 항공기, 토지
				주민세	개인 · 법인 및 개인 · 법인의 소득
				자동차세	차량
				담배소비세	담배
				농지세	농지의 경작으로 얻은 소득
				도축세	소 · 돼지의 도살
		목적세		사업소세	사업소
				도시계획세	토지, 건축물

제1장 세테크를 위한 전반적인 계획

경제 활동 단계에서 발생하는 세금에는 어떤 것이 있는지, 또한 내가 내는 세금은 무엇이며 어떻게 쓰여지는지에 관심을 갖고 있어야 민주시민의 자격이 있다고 할 수 있을 것이다.

모든 세금은 국가정책이 반영된 결과로서 생긴 것이므로, 이러한 세금의 성격을 이해하고 있다면 본인의 생산·투자·소비 활동을 합리적으로 조절하여 절세할 수 있다. 예를 들어 부가가치세가 과세되는 물건보다는 면세되는 물건을 구입하면 싼값에 구입할 수 있으며, 특별소비세가 과세되는 물건보다는 비슷한 물건이지만 과세되지 않는 물건을 구입하면 저렴하게 구입할 수가 있다.

- **국세** 국가에서 부과하는 세금을 말하며, 내국세와 관세로 구분된다.
- **내국세** 국내의 과세대상에 대하여 부과하는 세금을 말한다.
- **관세** 외국으로부터 수입하는 물품에 대하여 부과하는 세금을 말한다.
- **지방세** 지방자치단체에서 부과하는 세금을 말한다.
- **도세 · 시세 · 군세** 지방세는 도에서는 도세와 시 · 군세로 구분된다.
- **특별시(광역시)세 · 구세** 지방세는 특별시 · 광역시에서는 특별시 · 광역시세와 구세로 구분된다. 특별시 · 광역시의 세목은 거의 도세와 같으며, 구의 세목은 거의 시 · 군세와 같다.
- **보통세** 지출목적을 특정하지 아니하고 징수하는 세금을 말한다.
- **목적세** 지출목적을 특정하고 그 목적에 사용하기 위해 징수하는 세금을 말한다.
- **직접세** 실질적인 세부담자에게 직접 부과하는 세금이다.
- **간접세** 실질적인 세부담자와 납세의무자가 일치하지 않는 세금을 말한다.

3

세금을 고려한 가계예산편성표

기업뿐만 아니라 개인도 경영 마인드가 필요하다

◉ 기업, 국가, 가정 모두 예산이 필요

개인이나 기업 누구나 연말이나 연초가 되면 새해의 여러 가지 계획을 구상하곤 한다. 개인같은 경우에는 금연을 하겠다든지, 어학이나 컴퓨터를 배운다든지, 자동차나 주택을 구입한다든지 하는 계획을 세운다. 그러나 요즘같이 소비 중심적인 사회분위기 속에서 웬만큼 계획성있는 사람을 제외하고 가계예산을 수립하는 사람은 거의 없다. 가계예산을 수립하더라도 보통 은행이나 잡지사에서 제공하는 가계부에 간단하게 수입과 지출 내역만 기록하는 정도이다.

최근 국내경기가 불안정하고 경제성장시기에 발생한 거품이 꺼지면서 재테크붐이 한창 일고 있는데 이런 현상이 불행인지 다행인지 모르겠다. 어쨌든 이런 재테크 현상이 모든 국민의 합리적인 소비와 재산형성으로 국부가 형성되고 국가 경쟁력 회복의 기초를 다지는 데 이바지하길 바란다.

| 전략 2 | 모든 경영에는 계획과 그에 따른 예산을 세워야 절세가 가능하다 |

모든 경영에는 계획이 필요하며, 계획과정에 필수적인 사항이 바로 수입·지출에 대한 예산이다. 예산 편성시에는 수입과 지출에 대한 계획이 있어야 하며, 수입과 지출에 항상 따라다니는 세금을 고려하여 예산을 편성해야 계획에 차질이 생기지 않는다. 그러나 세금이란 너무나 복잡한 것이므로 세금을 고려해 예산을 세우는 일은 일반인에게는 매우 어렵다고 할 수 있다. 그러나 최소한 정기적으로 발생하는 세금항목과 예산항목별로 절세전략을 알고 대책을 마련해 둘 필요는 있다.

| 전략 3 | 모든 수입과 지출은 관련 세금을 가감한 후의 금액으로 파악해야 한다 |

모든 수입과 지출에는 거의 예외가 없을 정도로 세금문제가 수반된다. 따라서 세금을 고려하지 않고 예산을 수립하였다가는 큰 낭패를 볼 수 있다. 예를 들어 부동산을 양도하여 양도대금을 사용하려고 할 때 양도소득세가 발생하는 경우, 재산을 증여받은 후 증여세가 발생하는 경우 등 예산에 차질이 발생할 수도 있는 것이다.

● 세금을 고려한 가계예산편성표 작성

세금을 고려한 합리적인 예산을 편성하는데 도움이 되고자 수입과 지출에 대한 가장 기초적인 세금의 종류와 내용을 다음 표에서 예시적으로 작성해 보았다.

이 예산표는 세금에 대해 잘 모르거나, 전문가의 조언을 받기 어려운 개인소득자를 중심으로 작성한 것이며, 연간예산과 관련하여 발생하는 세금의 종류별 납부기준 및 절세계획을 예산표상에 간략하게 설명한 것이다. 그리고 예산표상에는 예상되는 세금의 납부내용과 절세계획을 설명하기 위해 연간금액으로 작성하였다. 연간소득이 투자 지출과 차입금 상환 및 소멸성 지출보다 부족하면 부족자금을 조달하거나, 예산을 재작성해야 한다. 반대로 남는 경우에는 여유자금을 예비비로 남겨 두거나, 예산을 재작성해야 한다.

모든 것이 첫술에 배부르지는 않는 법이다. 시작이 반이라고, 일단 다음의 예산표와 전년도의 세금자료를 이용하여 수입·지출과 관련하여 발생되는 세금에 대한 윤곽을 파악하여 예산을 편성하되, 정확한 세금에 대해서는 세무전문가의 협조를 받는다면 누구나 세테크 전문가가 될 수 있을 것이다.

▶ 세금을 고려한 가계예산편성표와 절세전략(예시)

구 분	종 류	연 간 금 액	세 금 금 액	가감후 순액	세금납부내용 및 절세계획
소 득	급 여		(근로소득세)		① 급여 지급시에 원천징수하고 연 말정산 후 타소득이 있는 경우에 는 이를 합산하여 누진세율로 익 년도 5월 중에 종합소득세를 신 고한다. ② 회사와 협의하여 비과세소득을 활 용한다. ③ 소득공제와 세액공제를 활용한다.
	이 자		(이자소득세)		① 이자 지급시에 원천징수하고 분 리과세 또는 종합과세된다. ② 비과세저축 · 세액공제저축 · 타 익신탁저축에 가입한다.
	배 당		(배당소득세)		① 원칙적으로 타소득과 합산하여 과세된다. ② 우리사주 조합원은 종합과세금액 이하일 때 분리과세된다.
	합 계				
투 자 지 출	예 금				특정한 무주택근로자는 주택관련저 축에 가입하여 세액공제를 받는다.
	주 식				
	채 권				
	부동산		(취득세 등록세)		① 취득세와 등록세는 과세표준의 2%와 3%로서, 취득시에 납부한 다. ② 일반적으로 과세표준이 매년 상 승하므로 가능한 한 취득세 과세 표준 기준일인 1월 1일 이전에 취 득 · 등기한다.

제1장 세테크를 위한 전반적인 계획

구 분	종 류	연 간 금 액	세 금 금 액	가감후 순액	세금납부내용 및 절세계획
투 자 지 출	부동산		(재산세)		① 건물에 대한 과세표준에 0.3%부터 7%까지 누진율을 적용하여 매년 5월 1일 기준으로 부과되어 6월 중에 납부한다. ② 취득시에는 중과세되는 별장 등의 사치성 재산 여부를 확인한다.
			(종합토지세)		① 토지종류별로 과세표준에 대하여 매년 6월 1일 기준으로 부과되어 10월 중에 납부한다. ② 취득시에는 중과세되는 별장 등의 사치성 재산 여부를 확인한다.
			(개발부담금)		① 토지개발시 개발이익에 대하여 부과된다. ② 개발시에는 개발부담금 예상액을 검토한다. 
	합 계				
차입금 상 환	주택자금대출				특정한 근로자의 경우 원리금 상환시 세액공제되므로 이를 활용한다.
	자동차 할부금		(자동차세)		① 자동차 보유시 배기량(cc)에 따라 매년 6월과 12월에 과세된다. ② 소형일수록 배기량당 세금이 적게 부과된다.
	합 계				
소멸성 지 출	보험료				① 영수증을 챙겨 연말정산시 근로소득공제를 받는다. ② 5년 이상 장기저축성보험은 비과세된다.
	의료비				
	교육비				
	기부금				
	세금과 공 과				세금납부 영수증은 최소한 5년간을 보관하여 세금에 관련된 분쟁 등의 증거로 활용한다.
	합 계				

3. 세금을 고려한 가계예산편성표

구 분	종 류	연 간 금 액	세 금 금 액	가감후 순액	세금납부내용 및 절세계획
부족 자금 조달 계획 (1 -2 -3 -4)	예 금 인 출				예금 해약시 세금이 추징되는 경우에는 예금담보대출을 검토한다.
	주 식 처 분		(증권거래세)		양도가액의 일정액을 다음달 10일까지 납부한다.
			(양도소득세)		① 양도차익의 일정액을 다음다음달 말일까지 납부한다. ② 상장주식과 장외등록주식의 양도차익은 원칙적으로 비과세된다.
	채 권 회 수				채권양도차익은 비과세된다.
	부동산 처 분		(양도소득세)		① 양도차익의 일정액을 2개월되는 달의 말일까지 자진납부한다. ② 1세대 1주택 등의 비과세요건을 검토한다.
	차 입				특정한 근로자의 경우 주택자금대출의 원리금 상환시 소득공제와 세액공제가 되므로 가능한 한 주택자금대출을 이용한다.
	증 여		(증여세)		① 증여공제액을 고려하여 증여한다. ② 증여일로부터 3개월 내에 신고·납부하여 세액공제를 받는다.
	합 계				

제 2 장

기업활동과 세테크

창업자가 알아야 할 세무전략

일반적으로 사업경험이 없는 신규창업자들은 창업과 관련된 많은 문제들을 체계적으로 해결하지 못하고, 그때 그때 상황이 발생하는 대로 해결한다. 결국 이로 인해 중대한 실수를 하거나, 창업과정의 효율성을 떨어뜨리기도 한다. 세금문제에 있어서는 특히 그러하므로 창업준비단계에서 세무회계 전문가의 조언을 받아 계획적으로 일을 추진해야 할 것이다.

● 창업의 4단계

1 사업계획단계
2 법인설립등기단계(법인사업자에만 해당됨)
3 사업자등록단계
4 영업활동단계

전략 4　사업타당성의 검토시 세금효과도 고려해야 한다

신규창업자의 경우에는 사업타당성을 검토할 때 주먹구구식으로 매출에서 매입과 기타의 비용을 차감한 금액을 이익으로 파악하는 경향이 있다. 그러다가 어느 정도 사업을 한 후에야 각종 세금고지서를 받아들고는 세금 때문에 사업을 할 수가 없다는 말을 한다. 그러나 세금은 사업을 하는 경우에 필수적으로 따라다니는 사항이므로 사업성의 검토단계에서부터 철저히 고려해야 할 것이다.

전략 5　창업자에 대한 조세감면제도를 검토하고 이를 활용해야 한다

정부에서는 국가경제의 기반이 될 수 있는 중소기업자에 대해 세제상의 지원제도를 두었다. 또한 창업시 특정한 업종이나 특정한 지역에 대해서도 각종 세제상의 지원제도가 있다. 이런 지원제도는 중소기업 창업, 벤처기업 창업 등 특정한 조건을 필요로 하기 때문에 사전에 정확한 정보를 수집하는 일이 필요하다.

전략 6　개인기업과 법인기업의 장·단점을 비교하여 기업의 형태를 결정한다

개인기업이란 개인명의로 사업하는 것을 말하며, 법인기업은 법인설립등기에 의해 사업하는 것을 말한다. 법인기업은 주식회사, 유한회사, 합자회사, 합명회사와 같은 형태가 일반적이며 기타 특수한

법인기업도 있을 수 있다.

개인기업과 법인기업(주식회사)의 중요한 차이점을 비교하면 다음 〈표1〉과 같다.

▶ 〈표1〉 개인기업과 법인기업의 중요한 차이점

구 분	개인기업	법인기업(주식회사)
설립절차	설립등기가 필요없이 사업자등록만으로도 사업을 개시할 수 있어 간편하다.	원칙적으로 5,000만원 이상의 자본금과 4인 이상의 인원이 있어야 주식회사의 설립등기에 의해 설립이 가능하므로 번거롭다(벤처기업 확인시에는 2,000만원으로도 가능함).
소득세와 법인세의 부담	10%에서 40%까지의 4단계 초과누진세율로서 소득이 많은 경우에는 소득세 부담이 법인세 부담보다 크다.	16%와 28%의 2단계 초과누진세율로서 소득이 많은 경우에는 법인세 부담이 소득세 부담보다 적다(법인이익의 배당에 대해 배당소득세가 부과되어 이중과세로 인식할 수 있으나, 배당세액공제제도가 있어 이중과세의 대부분이 조정되며, 배당시점까지 배당소득세 납부의 연기효과가 발생한다).
기업 자금의 개인적인 사용	대표자에 의한 기업자금의 개인적인 사용이 자유롭고, 불이익이 거의 없다.	대표자가 기업자금을 개인용도로 사용하면 회사는 대표자로부터 이자를 받아야 하는 등 세제상 각종 불이익이 있다.
책임의 한계	대표자는 회사 채무자에 대해 무한책임을 진다.	대표자는 회사운영과 관련하여 일정한 책임을 지며, 주주는 원칙적으로 주금납입액을 한도로 회사 채무자에 대해 유한책임을 진다.

구 분	개인기업	법인기업(주식회사)
기업의 계속성	대표자가 바뀌는 경우에는 폐업을 하고, 신규로 사업자등록을 해야 하므로 기업의 계속성이 단절된다.	주식 양도에 의해 사업의 양도가 가능하므로 기업주는 바뀌어도 기업의 계속성은 유지된다.
사업 양도시의 세금	사업을 양도하면 양도된 영업권 또는 부동산에 대하여 높은 세율의 양도소득세가 부과된다.	사업을 양도하려면 주식을 양도하면 되고, 주식 양도에 대해서는 원칙적으로 낮은 세율의 양도소득세가 부과된다. 또한 주식을 상장 후에 양도하면 원칙적으로 세금이 없다.
결 론	일정 규모 이상은 성장하지 않는 중소 규모의 사업에 적합하다.	일정 규모 이상으로 성장 가능한 유망사업의 경우에 적합하다.

2단계 법인설립등기단계

> **전략 7** 자본금의 규모와 자금조달 방법을 먼저 결정해야 한다

법인의 자본금은 한 번 납입되면 임의로 주주에게 반환할 수 없다. 자본금이 많으면 대외적인 신용도를 높일 수가 있지만, 차입금은 이자를 지급하기 때문에 재무상태 및 경영성과가 악화돼 대외적인 신용도를 떨어뜨린다. 그러나 결과적으로 지급이자를 비용으로

계상하여 이익을 감소시키므로 법인세를 절감할 수 있다. 주의할 점은 차입금 이용시 채권자가 불분명한 차입금에 대한 지급이자는 비용으로 계상할 수 없으므로 채권자가 분명한 차입금을 이용해야 한다.

그러므로 이런 사항을 고려하여 자본금의 규모와 조달 방법을 결정해야 한다.

전략 8 법인설립등기 서류와 사업자등록 서류를 동시에 준비한다

법인설립등기 서류와 사업자등록 서류가 서로 중복되는 경우가 있기 때문에 한 번에 준비하여 창업 진행에 차질이 없도록 해야 한다. 또한 서류를 준비하는 동안 상호의 등록 여부를 확인하여 상호를 미리 결정해야 한다. 동일한 지역에서 동일한 목적으로 동일한 상호를 사용할 수 없을 뿐만 아니라, 상호를 결정하지 않고서는 간판, 명함, 서류인쇄 등 다른 일을 진행할 수가 없으므로 미리 확인해 봐야 할 것이다.

전략 9 주주명부 작성시 타인의 이름으로 등재하지 않도록 한다

주주명부를 작성시 타인의 이름으로 등재하는 일이 없도록 해야 한다. 이는 현행 세법상 조세회피 목적이 있는 주식의 명의신탁은 증여로 간주하기 때문이며, 또한 나중에 주식의 소유권에 관한 분쟁이 발생할 수도 있다.

이외에도 주식취득자금의 출처가 분명한 사람만을 주주로 해야 한다. 이는 주식취득에 대한 자금출처조사가 있는 경우에 자금출처를

입증하지 못하면 이를 증여받은 것으로 추정하기 때문이다.

전략 10 법인설립등기 완료시까지 발생하는 비용은 창업비로 인정된다

법인설립등기 완료시까지 발생하는 비용은 창업비로 인정되므로 증빙을 챙겨야 한다. 그러나 발생한 모든 비용이 창업비로 인정되는 것은 아니며, 일부 특정항목만 창업비로 인정되므로 비용지출 전에 충분한 검토를 거쳐야 한다.

3단계 사업자등록단계

전략 11 영업허가업종인지를 검토하여 먼저 영업허가증을 받아야 한다

음식점, 건설업, 학원, 병원 등은 관할기관에서 영업허가를 받아야 사업을 할 수 있다. 또한 학원 등의 일부 업종은 관할기관의 허가를 받아야만 부가가치세법에 따른 면세혜택이 적용되는 경우도 있다. 따라서 먼저 영업허가업종인지를 검토하여 사업자등록 전에 영업허가증을 받아야 한다. 영업허가 관련사항은 각각의 관련법규에서 규제하고 있으며, 영업허가증은 사업자등록시에도 필요한 서류이다.

 사업개시일로부터 20일 이내에 사업자등록을 신청해야 한다

사업개시일은 재화 또는 용역의 공급개시일 또는 재화의 제조개시일 또는 광물의 채취개시일을 의미한다. 사업자등록을 하지 않으면 세금계산서를 교부하지 못하며, 미등록가산세가 부과되고, 사업자등록 전에 발생한 부가가치세 매입세액을 매출세액에서 공제받지 못한다. 또한 조세범처벌법에 의한 처분을 받는 등 불이익이 있다.

사업자등록은 사업개시 전이라도 가능하므로 특별한 사유가 없는 한 되도록 빨리 등록하는 것이 유리하다. 부가가치세가 면제되는 면세사업자의 경우에도 소득세법 등의 규정에 의해 사업자등록을 해야 한다.

전략 13　개인사업자의 경우 동업자가 있다면 공동사업자로의 등록을 검토한다

현행 소득세법은 4단계 초과누진세율을 적용하고 있다. 따라서 공동사업자의 경우 소득을 동업자의 수로 나누어 세율을 적용하면 단일소득자로 계산한 세금보다 절감된다. 그러나 공동사업자는 거래 등의 불편이 있을 수 있으므로 종합적으로 검토해야 한다. 공동사업자와 관련된 세금문제는 뒤에서 다시 설명하기로 하겠다.

전략 14　개인사업자의 경우 사업자등록시 사업자 유형을 결정해야 한다

개인사업자의 경우 부가가치세가 과세되는 사업자는 매출액의 규모에 따라 과세특례자(2000년 7월 1일 폐지 예정), 간이과세자 및 일반과세자로 구분되며, 부가가치세액의 계산방법이 각각 다르므로 특성에 맞게 사업자등록을 하는 것이 필요하다.

사업자 유형을 비교 요약하면 〈표2〉와 같다.

▶ 〈표2〉 부가가치세가 과세되는 개인사업자의 유형

구 분	과세특례자[1]	간이과세자	일반과세자
적용대상	특정 업종 사업자로서 공급대가가 4,800만원(일부 업종은 1,200만원) 미만인 사업자	특정 업종 사업자로서 공급대가가 1억 5,000만원 미만인 사업자[2]	과세특례자, 간이과세자 이외의 사업자
납부세액	공급대가×2%(일부 업종은 3.5%)	공급대가×업종별 부가가치율×10%	매출액×10%-매입세액
세금계산서 또는 영수증 교부 여부	영수증만 교부	영수증만 교부	세금계산서 또는 영수증 교부
장 점	납부세액이 감소될 수 있으며 기장이 간편하다.	좌동	세금계산서 교부가 가능하므로 거래가 용이하며, 매입세액이 전액 공제된다.
단 점	세금계산서 교부가 불가능하므로 거래가 불편하고, 매입세액이 미공제되어 어떤 경우에는 일반과세자보다 세금이 많을 수 있다.	좌동	매출액이 적은 경우에는 비교적 세금이 많을 수 있으며, 기장이 번거롭다.
비 고	납세자의 신청에 의해 과세특례 포기가 가능하다.	납세자의 신청에 의해 간이과세 포기가 가능하다.	매입세액이 많은 경우에는 일반과세 적용이 유리하다.

1) 2000년 7월 1일 폐지 예정
2) 2000년 7월 1일부터는 4,800만원 미만 사업자

 증빙을 철저히 챙긴다

법인설립등기 완료(개인사업자는 사업준비단계)부터 사업개시일까지 발생하는 비용도 창업비로 인정되므로 증빙을 철저히 챙겨야 한다. 그러나 발생하는 모든 비용이 창업비로 인정되는 것은 아니며, 사업 인·허가 과정에서 발생한 비용 등 특정한 지출만이 인정되므로 지출 전에 충분한 검토를 거치도록 한다.

4단계　영업활동단계

 회계관련장부의 기장 및 비치의무를 준수해야 한다

법인사업자는 무조건 회계관련장부를 기록하고 유지해야 하며, 개인사업자는 일정 규모 이상일 경우에 회계관련장부를 기록하고 유지해야 한다. 이런 장부기장 및 보관의무를 이행하지 않으면 높은 표준소득율이 적용되어 과다한 세금이 부과되며, 또한 가산세의 적용 등으로 세부담이 상당히 증가하게 된다.

 각종 신고·납부의무를 준수해야 한다

대부분의 개별 세법에서는 각종 신고·납부의무의 이행이 하루만 늦은 경우에도 관련 세금의 10%에서 20% 정도의 높은 가산세가 붙는 등 불이익이 발생한다.

사업자의 기본적인 신고·납부 기한은 다음 〈표3〉과 같다.

▶ 〈표3〉 사업자의 각종 신고·납부 기한

종 류	신고·납부 의무자	신고·납부할 내용	신고·납부의 기한
원천징수	원천징수대상소득을 지급하는 자	원천징수한 세액	원천징수한 다음 달 10일
부가가치세	부가가치세 과세사업자	1월~3월의 매출액	당년도 4월 1일~25일
		4월~6월의 매출액	당년도 7월 1일~25일
		7월~9월의 매출액	당년도 10월 1일~25일
		10월~12월의 매출액	익년도 1월 1일~25일
사업장 현황보고	부가가치세 면세사업자	1월~12월의 수입금액	익년도 1월 1일~31일
소득세	개인사업자	중간예납	원칙적으로 고지된 세금을 당년도 11월 30일까지 납부한다.
		확정신고	익년도 5월 1일~31일
법인세	법인사업자	중간예납	상반기 6개월 경과 후 2월 이내
		각 사업연도의 과세표준과 세액	사업연도 종료일부터 3월이 되는 날까지
특별소비세	과세유흥장소 등의 특별소비세 대상 사업자	매월의 수입금액 등	익월 말일까지

조세제도는 정부의 정책에 많이 의존하므로 정책적으로 결정된 각종 세제지원제도를 이용하도록 한다. 연구개발비, 중소기업지원, 설비투자비 등과 같이 특정한 경우에 각종 조세지원제도가 있으므로 이를 활용한다.

이상은 창업자라면 상식적으로 파악하고 있어야 할 기본적인 사항이다. 물론 복잡하고 세세한 사항까지 알 필요는 없으며, 자세한 사항들은 전문가와 상의하면 된다. 따라서 지금까지 제시한 사항들을 토대로 사업자의 각종 의무를 이행하여 불이익을 받지 않도록 하고, 각종 조세지원제도를 활용하여 절세하는 것은 합리적인 사업자의 기본자세라고 할 수 있다.

2

중소제조업 등의 절세

세제·금융혜택은 제조업뿐만 아니라 특정 업종에도 있다

대부분의 사업자들은 제조업에 한해서만 세제·금융 등 각종 혜택이 주어지는 것으로 알고 있다. 그러나 이런 혜택은 제조업뿐만 아니라 정책상 필요에 따라 기타 업종에도 부여하고 있다.

여기서 업종이란 업태와 종목을 말한다. 예를 들어 사무기기 제조를 하는 경우 업태는 제조이며 종목은 사무기기이다. 이를 우리는 일반적으로 사무기기제조업이라고 부른다. 또한 소프트웨어개발을 하는 경우 업태는 서비스이며 종목은 소프트웨어개발이다. 이를 우리는 일반적으로 소프트웨어개발업이라고 부른다.

특정 기업이 영위하는 업종이 무엇인지는 그 기업이 지금까지 영위해 온 사업내용을 보면 알 수 있다. 그 기업의 사업내용은 대개 대차대조표와 손익계산서같은 결산서에 잘 나타나 있는데, 또한 부수적으로 사업자등록증을 보면 짐작할 수 있다.

업종을 파악할 때 한 가지 알아야 할 것은 제조업이라고 해서 반드시 공장이 있어야 한다거나 공장등록증이 있어야 하는 것은 아니라는 점이다. 따라서 위탁가공하여 판매하는 업자도 제조업자가 될

제2장 기업활동과 세테크

수 있다. 제조업에 해당되는 위탁가공업자의 조건은 소득세법 시행령 제31조(제조업의 범위) 제2호에 나와 있으며, 다음에 설명할 제조업의 범위에 자세히 나와 있다.

세제상 중소제조업 등에 대한 대표적인 혜택을 전략별로 정리하면 다음과 같다.

전략 19 중소기업에 대한 투자세액공제를 활용하자

특정 조건을 갖춘 중소기업을 영위하는 거주자 또는 내국법인이 2003년 12월 31일까지 사업용 자산을 새로이 취득하여 투자(중고품 제외)한 경우에는 당해 투자금액의 3%를 소득세 또는 법인세에서 공제해 준다.

이상에서 중소기업에 해당하는 업종은 제조업, 광업, 건설업, 운수업(물류산업과 여객운송업), 어업, 도매업, 소매업, 부가통신업, 연구 및 개발업, 방송업(종합유선방송국 및 프로그램공급업과 방송프로그램제작업), 엔지니어링사업, 정보처리 및 컴퓨터운용관련업(컴퓨터설비자문업, 소프트웨어의 자문·개발 및 공급업과 자료처리업 및 데이터베이스업), 자동차정비공장운영업, 의료기관, 폐기물처리업, 폐수처리업을 말한다. 이와 같은 제조업 이외의 업종도 필요에 따라 제조업과 동일한 세제혜택을 주고 있다.

그러나 사업자등록이 제조업으로 되어 있더라도 제조업 매출이 없는 경우에는 아무런 혜택이 없으므로 주의해야 한다.

한편, 1999년 12월 31일까지는 중고설비에 투자하는 경우 5%의 세액을 공제하고 있다.

2. 중소제조업 등의 절세

특정 중소기업(농어촌 지역에서 창업하는 중소기업, 수도권 중 일부 지역 이외에서 창업하는 기술집약형 중소기업, 벤처기업전용단지 또는 벤처기업집적시설에서 창업하는 중소기업 중 연구개발비가 매출액의 5% 이상인 벤처기업)을 창업하는 거주자 또는 내국법인에 대해서는 당해 사업에서 최초로 소득이 발생한 날이 속하는 과세연도와 그 후 5년간의 과세연도의 소득에 대한 소득세 또는 법인세의 50%를 감면해 주고 있다. 또한 취득세와 등록세도 감면된다.

창업중소기업에 대해 세액이 감면되는 업종은 앞에서 설명한 제조업 등에만 해당된다.

전략 21　중소제조업 등에 대한 특별세액감면을 활용하자

제조업, 부가통신업, 연구 및 개발업, 방송업, 엔지니어링사업, 정보처리 및 컴퓨터운용관련업 또는 물류산업을 영위하는 중소기업에 해당하는 거주자 또는 내국법인에 대해서는 2003년 12월 31일 이전에 종료하는 과세연도까지 발생한 소득세의 20%를 감면해 준다.

전략 22　중소기업에 대한 기타의 세제지원을 활용하자

이상은 가장 대표적인 세제지원혜택이며, 이외에도 접대비의 손금한도 계산시 1,800만원(일반기업은 1,200만원)을 기본적으로 인정하고 있으며, 법인세의 분납 기한도 45일(일반기업은 30일)간 인정하고 있다. 이외에도 중소사업자의 경영안정 지원을 위한 양도소득

세 등의 감면혜택 등이 있다.

이상에서 본 바와 같이 제조업 등을 영위하는 중소기업에 대해서는 각종 혜택을 부여하고 있다. 이를 잘 활용하면 상당한 절세 효과를 볼 수 있을 것이다.

● 제조업의 범위

1 소득세법 시행령 제31조(제조업의 범위) 제2호

자기가 제품을 직접 제조하지 아니하고 제조업체에 의뢰하여 제조하는 경우로서 다음 각목의 요건을 총족하는 경우(1998. 12. 31. 신설) 제조업으로 본다.

① 생산할 제품을 직접 기획(고안 및 디자인, 견본제작 등을 포함한다)할 것
② 그 제품을 자기명의로 제조할 것
③ 그 제품을 인수하여 자기 책임하에 직접 판매할 것

2 소득세법 시행령 제29조(사업의 범위)

법 제19조 각호의 규정에 의한 사업의 범위에 관하여는 이 영에 특별한 규정이 있는 것을 제외하고는 한국표준산업분류를 기준으로 한다. 다만, 재정경제부령이 정하는 경우에는 그러하지 아니한다 (1994. 12. 31. 개정).

③ 한국 표준산업분류표상의 제조업의 분류

특정 제품을 직접 제조하지 않고 계약업체에 위탁 제조하게 할 경우
라도 다음 4가지 조건이 충족된다면 그 제품의 제조산업으로 분류한다.

① 제조하고자 하는 자기고유 제품을 직접 기획(구상 또는 디자
인, 견본제작 등)할 것
② 소요되는 각종 원재료 일체를 자기명의로 구입하여 계약업체
에 제공할 것
③ 자기명의로 제품을 제조하게 할 것
④ 이를 인수하여 자기책임과 시장관리하에서 시장에 직접 판매
할 것

④ 부가가치세법 기본통칙 1-2-6(위탁가공·판매하는 사업자의
　업태)

사업자가 제조장을 설치하지 아니하고 타제조업자에게 위탁가공
(외주가공)하여 판매하는 사업은 판매업으로서 형태에 따라 도매업
또는 소매업에 해당된다. 다만, 사업자가 특정 제품을 자기가 직접
제조하지 않고 다른 제조업체에 의뢰하여 제조하게 하여, 이를 판매
하는 경우에도 다음의 4가지 조건이 모두 충족된다면 제조업을 영
위하는 것으로 본다(1998. 8. 1 개정).

① 생산할 제품을 직접 기획(고안 및 디자인, 견본제작 등)할 것
② 자기소유의 원재료를 다른 계약사업체에 제공할 것

③ 그 제품을 자기명의로 제조하게 할 것(자기명의로만 된 고유상표를 부착하는 경우를 말하며, 거래처의 상표를 부착하거나 O.E.M. 방식 및 상표부착없이 판매하는 경우에는 이에 포함하지 않음)
④ 이를 인수하여 자기 책임하에서 직접 판매할 것

⑤ 부가가치세법 기본통칙 1-2-5(수탁가공하는 사업자의 업태)

사업자가 주요 자재의 전부 또는 일부를 부담하고 상대방으로부터 인도받은 재화에 공작을 가하여 새로운 재화를 만드는 사업은 제조업에 해당하는 것이나, 인도받은 재화에 주요 자재를 부담하지 아니하고 가공만 하는 것은 용역업에 해당된다(1998. 8. 1 개정).

⑥ 조세특례제한법 기본통칙 7-0-1

중소기업을 영위하는 사업자가 특정 제품을 직접 제조하지 않고 국내기업에 위탁하여 제조하더라도 다음 각호의 요건을 모두 충족하는 경우에는 법 제7조의 규정에 의한 특별세액감면을 적용한다 (1997. 7. 1 개정).

① 생산할 제품을 직접 기획(고안 및 디자인, 견본제작 등)할 것
② 자기소유의 원재료를 다른 계약사업체(국내기업인 경우에 한함)에 제공하여 그 제품을 자기명의로 제조하고 이를 인수하여 자기책임하에 자기의 고유상표로 직접 시장에 판매하는 사업일 것

3

사업소득세의 절세

일반적으로 개인사업자는 사업소득세가 어떻게 계산되는지 자세히 알지 못한다. 다만 경험적으로 얼마의 매출이 발생했으니까 대충 얼마의 세금이 나올 것이다 라고 추측만 할 뿐이다.

즉, 사업소득세라고 하면 대략적으로 매출액의 일정비율만큼 고정적으로 부과되는 것이라고만 생각하고 있다. 따라서 매출액의 증가에만 관심을 갖고 사업소득세의 절세에는 별로 신경을 쓰지 않는다. 그러나 사업소득세도 세액계산구조를 이해하면 충분히 절세가 가능하다. 특히 1995년도분 소득세 신고부터는 종전의 정부조사결정제도에서 자진신고납세제도로 전환되어 납세자에게 자율과 책임을 부여하고 있기 때문에 납세자는 기본적인 세액계산구조 정도는 알고 있어야 한다.

다음에서는 사업소득세 절세를 위해 사업소득세의 세액계산구조를 표에서 요약 설명하고 전략별로 절세방법에 대해 설명하도록 하겠다.

▶ 사업소득세의 계산구조 및 절세전략

계 산 구 조	계산방법 및 절세전략		
총수입금액			
(-) 필요경비	사업과 관련된 각종 비용 지출액		전략 23
사업소득금액			
(-) 소 득 공 제	기 본 공 제	본인, 배우자, 부양가족공제	전략 24
	추 가 공 제	경로자, 장애자, 부녀자공제	
	소수공제자 추 가 공 제	① 1인인 경우 100만원 추가공제 ② 기본공제 2인인 경우 50만원 추가공제	
	특 별 공 제	표준공제 60만원	
	기 타 공 제	개인연금저축	
과 세 표 준			
(×) 세　　율	1,000만원까지 10%, 4,000만원까지 20%, 8,000만원까지 30%, 초과분 40%		
산 출 세 액			
(-) 세액공제 · 감면	외국납부세액공제, 중소기업 등에 대한 특별세액감면 등		전략 25
결 정 세 액	각종 의무 불이행에 대한 가산세는 결정세액에 가산됨		전략 26
(-) 기납부세액	원천징수세액, 중간예납세액, 수시부과세액		
납부할세액	결정세액보다 기납부한 세액이 많은 경우에는 환급받음		전략 27

전략 23　필요경비를 철저히 활용하자

사업소득세를 절감하기 위한 핵심적인 사항은 바로 필요경비를 활용하는 것이다. 필요경비란 총수입금액을 얻기 위해 지출된 모든 비용을 말한다. 그러나 모든 필요경비가 비용으로 인정되는 것은 아니므로 주의해야 한다.

3. 사업소득세의 절세

1 필요경비로 인정받기 위해서는 증빙에 의한 장부를 작성해야 한다

장부를 작성하지 아니한 경우에는 총수입금액에 정부에서 정한 업종별 표준소득율을 곱하여 산출된 금액을 사업소득금액으로 간주한다. 그러므로 필요경비가 많아 사업소득금액이 거의 발생하지 않는 경우 장부가 없다면, 업종별 표준소득율에 의해 소득금액을 계산하게 되고, 이는 실제의 소득금액보다 많아 결과적으로 소득세 부담이 늘어난다. 또한 총수입금액이 일정금액 이상인 사업자가 장부를 작성하지 않으면 업종별 표준소득율도 20% 높게 적용하고, 산출세액에도 20%의 가산세를 가산하여 적용한다.

2 필요경비는 반드시 사업과 관련된 비용만이 인정된다

사업과 관련된 비용이라면 원칙적으로 모두 필요경비로 인정된다. 예를 들어, 부도일로부터 6개월이 경과된 어음금액은 필요경비로 인정되며, 사업운영자금으로 사용하고 있는 차입금에 대한 지급이자도 필요경비로 인정된다. 반면 채권자를 알 수 없는 지급이자는 필요경비로 인정되지 않는다. 그리고 사업과 관계없는 가사관련비용, 벌금, 과료, 과태료, 가산세, 가산금 등은 필요경비로 인정되지 않는다. 또한 업무와 관련하여 고의 또는 중대한 과실로 다른 사람의 권리를 침해함으로써 지급되는 손해배상금도 필요경비로 인정되지 않는다.

③ 사업과 관련된 비용 중에서도 일정 한도만큼만 인정되는 비용
의 지출은 주의한다

세법에는 사업과 관련된 비용이라 하더라도 일정한 범위 내에서
만 인정되는 접대비, 기밀비, 지정기부금, 광고선전비, 감가상각비
같은 항목이 있다. 예를 들어 식대로 지출한 비용이라 하더라도 직
원회식비는 복리후생비로서 전액 비용으로 인정되지만, 거래처 식
대는 접대비로서 일정 한도만큼만 비용으로 인정된다. 따라서 지출
비용이 무조건 비용으로 인정되는 것은 아니므로 한도를 고려하여
지출해야 한다.

| 전략 24 | 소득공제를 철저히 활용하자

소득세법에는 기본공제, 추가공제, 특별공제로 구분되는 소득공제
제도가 있는데, 이를 적절히 활용하면 절세가 가능하다. 특히 이런
소득공제는 납세자에게 적용되는 세율이 높을수록 절세효과가 크다
는 점에 유의해야 한다.

소득공제의 종류

① 기본공제와 추가공제

배우자의 존재 여부, 부양가족의 존재 여부 등에 대해 원칙적으로
매년 말 현재의 상황을 파악하여 공제하는 것이므로 매년 말 현재
상황에 유의해야 한다.

② 특별공제

근로소득자는 의료비, 보험료, 교육비, 주택자금, 기부금공제 등이 가능하지만, 사업소득자는 표준공제로 60만원을 공제해 줄 뿐이다. 따라서 사업소득자의 경우에는 의료비, 보험료 등의 지출이 아무리 많더라도 60만원만 공제가 된다. 그리고 개인연금저축공제는 저축 불입액의 40%(연 72만원 한도)를 공제해 준다.

전략 25 각종 세액공제·감면제도를 활용하자

세법에서 사업자에 대해 규정한 각종 세액공제·감면의 규정을 활용하면 절세할 수 있다. 즉, 현행 세법에는 특정 사업의 지원을 목적으로 각종 세액공제·감면제도를 두고 있다. 예를 들어 중소기업 투자 세액공제, 중소제조업 등의 특별세액공제, 기술 및 인력개발비에 대한 세액공제 등 많은 세액공제·감면규정이 있다. 이런 각종 세액공제·감면을 최대한 활용하기 위해서는 반드시 충분한 검토를 거치도록 한다.

전략 26 세법상 각종 의무규정을 준수하여 가산세 부담을 피하자

세법에서는 납세자에게 각종 의무를 부과하고 있는데, 납세자가 이를 이행하지 않는 경우에는 가산세를 부과하고 있다. 그러므로 납세자는 세법상의 각종 의무를 이행하여 가산세 부과와 같은 불이익을 당하지 않도록 해야 할 것이다.

 소득세분납제도를 활용하자

납부세액이 2,000만원 이하일 때에는 1,000만원을 초과하는 금액에 대해, 2,000만원을 초과할 때에는 납부세액의 50% 이내의 금액에 대해서는 납부기한이 경과한 뒤라도 45일 이내에는 납부할 수 있으므로 이를 활용하면 절세가 가능하다.

이상과 같이 자진신고납부제도하에서는 사업소득자가 약간의 관심을 기울여 사업소득세의 산출방법을 이해한다면 상당한 절세가 가능하다는 것을 알 수 있다.

📝 관련서식 참조

〈부록 4〉 사업(종합)소득세신고서

공동사업과 연대납세의무

공동사업자는 절세가 가능하나, 연대납세의무가 발생한다

개인사업자에게 가장 빈번하게 발생하는 세금은 종합소득세와 부가가치세이다. 그 중 종합소득세는 다단계 초과누진세율을 적용하는 세금이다. 따라서 소득이 증가하면 세금은 더욱더 많이 증가하게 된다. 초과누진세율이란 예를 들어 소득이 1,000만원인 경우에 세금이 100만원(세율 10%)이었다면, 소득이 2,000만원인 경우에는 세금이 200만원(세율 10%)이 아니라 그보다 더 많은 300만원(소득 1,000만원은 10% 적용하고 나머지 1,000만원은 20% 적용)이 되는 것을 말한다.

전략 28 공동사업자는 공동사업자등록을 하면 절세할 수 있다

이런 누진세율에 의한 종합소득세 부담은 동업을 하는 사업자의 경우 공동사업자로 사업자등록을 하면 어느 정도 줄일 수 있다.

그 이유는 누진세율체제하에서는 동일한 소득이 1인에게 발생한 경우보다 2인 이상으로 분배되어 발생한 경우가 보다 낮은 세율 적

용으로 인해 세부담이 줄기 때문이다. 따라서 동업으로 사업을 하는 경우에는 공동사업자로 등록하면 소득세 부담을 어느 정도 줄일 수 있다.

전략 29 연대납세의무가 있는 경우에는 상대방의 세금 납부에 관심을 가져야 한다

원칙적으로 공동사업자에게는 연대납세의무가 부가되므로 부담스러운 측면도 있다. 즉, 공동사업에서 발생한 세금은 사업자 모두가 공동으로 연대하여 이를 납부해야 하는 것이다.

그러므로 공동사업을 하고자 하는 자는 소득세 절감효과와 연대납세의무에 따른 위험부담을 비교하여 공동사업 여부를 결정해야 한다. 또한 이러한 연대납세의무는 공동사업의 경우에만 있는 것이 아니라 다른 다양한 경우도 있음에 주의해야 할 것이다.

◉ 세법상 연대납세의무의 내용

국세기본법에서는 공유물이나 공동사업 또는 공동사업에 속하는 재산에 관계되는 국세·가산금과 체납처분비는 그 공유자 또는 공동사업자가 연대하여 납부할 의무를 지도록 규정하고 있다.

다만, 예외적으로 개별세법에서 정하는 바에 따라 연대납세의무가 적용되지 않는 경우도 있으며, 또다른 연대납세의무가 적용되는 경우도 있다. 세법상의 연대납세의무를 요약하면 다음 표와 같다.

4. 공동사업과 연대납세의무

▶ 세법상 각종 연대납세의무의 내용

관련세법	연대납세의무의 내용	비 고
국 세 기본법	공유물이나 공동사업 또는 공동사업에 속하는 재산에 관계되는 국세·가산금과 체납처분비는 그 공유자 또는 공동사업자가 연대하여 납부할 의무를 진다.	개별세법에 특례규정이 없는 한 국세기본법에 따른다.
소득세법	공동소유자산 또는 공동사업에 관한 소득금액을 계산할 때에는 손익분배비율에 따라 당해 거주자별로 납세의무를 진다.	국세기본법의 예외적인 규정으로서 연대납세의무가 적용되지 않는다.
	〈공동사업자의 연대납세의무〉 거주자 또는 그 배우자가 이자소득, 배당소득 또는 부동산 임대소득이 있는 경우에는 둘 중 주된 소득자에게 소득이 있는 것으로 보고 주된 소득자의 소득과 합산하여 과세하며, 이 때에는 주된 소득자와 그 배우자가 연대하여 납세할 의무를 진다.	국세기본법의 추가적인 규정으로서 연대납세의무가 적용된다.
법인세법	법인이 해산한 경우에 각 사업연도의 소득에 대한 법인세 또는 청산소득에 대한 법인세를 납부하지 아니하고 잔여재산을 분배한 때에는 청산인과 잔여재산을 분배받은 자는 연대하여 납세할 의무를 진다. 다만 잔여재산의 분배를 받은 자는 그 받은 재산가액의 한도 내에서 그 책임을 진다.	국세기본법의 추가적인 규정으로서 국세기본법과 법인세법이 모두 적용된다.
상속세법	상속인 또는 수유자는 각자가 받았거나 받을 재산을 한도로 하여 상속세를 연대하여 납부할 의무를 진다.	국세기본법의 추가규정이다.

관련세법	연대납세의무의 내용	비 고
증여세법	증여자는 다음과 같은 경우에 증여를 받은 자가 납부할 증여세에 대해 연대하여 납부할 의무를 진다. ① 비거주자이거나 주소 또는 거소가 분명하지 않은 경우로서 조세채권의 확보가 곤란한 경우 ② 증여세를 납부할 능력이 없다고 인정되는 경우로서 체납으로 인해 체납처분을 하여도 조세채권의 확보가 곤란한 경우	국세기본법의 추가규정
자 산 재평가법	자산재평가를 한 법인은 해산한 경우에 재평가세를 납부하지 않고 잔여재산을 분배한 때에는 그 재평가세에 대해 청산인과 잔여재산의 분배를 받은 자가 연대하여 납부의 책임을 진다. 다만, 잔여재산의 분배를 받은 자는 그 분배를 받은 재산의 가액 한도 내에서 책임을 진다.	〃
인지세법	하나의 과세문서를 2인 이상이 공동으로 작성한 경우에는 그 작성자는 작성한 과세문서에 연대하여 인지세를 납부할 의무가 있다.	〃
전화세법	전화가입자가 2인 이상이거나 전화가입자와 사용자가 다른 경우에는 연대하여 전화세를 납부할 의무가 있다.	〃
기 타	부가가치세나 원천징수의무 등과 같이 연대납세의무에 대해 별도의 규정이 없는 경우에는 국세기본법에 따라 연대납세의무를 진다.	〃
지방세법	공유물(공동주택의 경우는 제외), 공동사용물, 공동사업 또는 이로 인하여 생긴 재산에 대한 지방자치단체의 징수금은 공유자나 공동사용자 또는 공동사업자가 연대하여 납부할 의무를 진다. 또한 공유물이나 공동사용물 또는 공동사업에 관계되어 특별징수의무를 지는 경우에는 공유자나 공동사용자 또는 공동사업자가 연대하여 납입할 의무를 진다.	국세기본법은 국세에만 적용되는 법률이며, 지방세는 지방세법의 규정에 따른다.

4. 공동사업과 연대납세의무

표에서 보는 바와 같이 공동사업자는 원칙적으로 연대납세의무를 부담하되, 관련 세법의 규정에 따라 연대납세의무가 배제되는 경우와 추가되는 경우가 있다. 공동사업자의 경우 종합소득세는 연대납세의무를 부담하지 않지만, 부가가치세 또는 사업자의 원천징수의무 등에 대해서는 연대납세의무를 부담한다. 예를 들어 공동사업자 간에 일정한 지분비율을 정하여 발생하는 모든 세금을 지분비율로 부담하여 납부하기로 서로 약정하고 공동사업을 할 때 공동사업과 관련된 세금을 납부하지 못하면 원칙적으로 공동사업자 모두가 연대하여 납세의무를 부담하는 것이다.

이상과 같이 개인사업자가 공동사업을 하고자 하는 경우에는 공동사업으로 인해 얻게 되는 종합소득세 절감 부분과 연대납세의무로 인한 위험부담을 미리 예상하고 공동사업 여부를 결정하는 것이 현명하다고 생각한다.

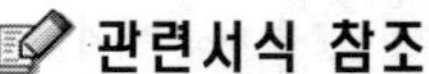

관련서식 참조

〈부록 5〉 공동사업장등이동신고서

장부기록과 절세

법인사업자뿐만 아니라 개인사업자도 장부를 기록하는 것이 원칙이다. 따라서 사업자가 세법상의 장부기록의무를 이행하지 않으면 각종 불이익을 받게 된다.

일반적으로 장부를 기록하면 절세가 가능하다. 그 이유는 가산세를 물지 않아도 되며, 실제 소득이 적은 경우에는 실제대로 신고할 수가 있기 때문이다. 또한 최근에는 장부를 기록하지 않는 사업자한테는 적극적인 세무조사를 실시한다고 하니 가능한 한 장부를 기록하는 것이 유리할 것이다.

전략 30 소규모 사업자 이외의 사업자는 장부를 기록하여 절세하자

일반적으로 개인사업자가 장부를 기록하는 것이 절세에 유리하며, 그 이유는 다음과 같다.

▶ 기장이 유리한 이유

① 일정규모 이상 사업자(〈표1〉 참조)가 무기장시에는 10%의 가산세가 적용된다(2000년 1월 1일부터 적용).

② 복식부기의무자(〈표2〉 참조)가 무기장시에는 20%의 가산세가 적용된다.

③ 일정규모 이상 사업자(〈표3〉 참조)가 무기장시에는 실제 소득이 적음에도 불구하고 표준소득율에 의한 금액에다가 10% 가산된 금액을 소득으로 보아 세금을 계산한다.

④ 복식부기의무자가 아닌 자(간편장부의무자)가 장부를 기록하여 신고하면 10%의 기장세액공제(100만원 한도)를 받을 수 있다.

▶ 〈표1〉 무기장시 10%의 가산세가 적용되는 업종별 매출액

업 종	수 입 금 액 (직전연도 합계액 기준)
대리 · 주선 · 중개 · 위탁매매 · 도급업	1,200만원 이상
기타의 업종	4,800만원 이상

▶ 〈표2〉 복식부기의무자 (다음 금액 미만인 사업자는 간편장부대상자)

업 종	수 입 금 액 (직전연도 개인별 합계액 기준)
부동산임대업, 사업서비스업, 교육서비스업, 보건 및 사회복지사업, 사회 및 개인서비스업, 가사서비스업	7,500만원 이상
제조업, 숙박 및 음식점업, 전기 · 가스 및 수도사업, 건설업, 소비자용품수리업, 운수 · 창고 및 통신업, 금융 및 보험업	1억 5,000만원 이상
농업, 수렵업, 임업, 어업, 광업, 도 · 소매업, 부동산매매업, 기타사업	3억원 이상

▶ 〈표3〉 무기장시 높은 소득율이 적용되는 업종별 매출액

업 종	수 입 금 액 (당해연도 사업장별 기준)
부동산임대업, 대리 · 중개 · 주선 · 위탁매매 · 도급업	4,800만원 이상
사업서비스업 등 각종 서비스업	7,500만원 이상
숙박 · 음식점업, 운수업, 통신업, 금융보험업, 부동산매매업	1억 5,000만원 이상
제조업, 건설업, 전기 · 가스 · 수도사업	2억원 이상
축산업, 수렵업, 임업, 어업, 광업, 도매업, 소매업, 산림소득	3억원 이상
농 · 축 · 수 · 임산물 도 · 소매업, 연탄 도 · 소매업	4억원 이상
주) 당해연도 사업기간이 1년 미만이면 1년으로 환산하며, 겸업인 경우에는 업종별로 환산함	

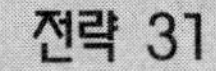 전략 31 증빙을 구비하여 불이익을 받지 말자

▶ 〈표4〉 주요증빙의 종류

거 래 유 형	주요증빙(예시)	보조증빙(예시)
현금 및 예금 입출금거래, 급여 등 비용지급거래	예금통장, 영수증, 계약서, 어음수표사본, 품의서	잔액확인서, 현금출납부, 출근부, 생산일보
상품 등 매입 · 매출거래	세금계산서(청구서), 영수증, 납품계약서, 수출면장, 수입면장	거래명세서, 주문서, 납품서, 견적서, 검수보고서, 입고증, 출고증, 인수증, 생산일보
고정자산구입 · 매각거래	세금계산서(청구서), 영수증, 구매계약서, 수출면장, 수입면장, 등기부등본	거래명세서, 주문서, 납품서, 견적서, 검수보고서, 입고증, 출고증, 인수증

거 래 유 형	주요증빙(예시)	보조증빙(예시)
은행차입금 증감거래	차입금통장, 영수증, 차입계약서, 리스계약서	잔액확인서, 이사회의사록
자본금 증감거래	주금납입증명서, 통장, 등기부등본, 영수증	이사회의사록, 주주총회의사록

● 장부기록과 무기장시 세금차이 비교

최근 명예퇴직한 김과장은 1억원을 투자해 체인음식점을 경영하기로 하였다. 체인음식점을 경영할 경우에 예상되는 월간 수지내역은 다음과 같다.

- 연간총수입 : 1억 9,800만원(부가가치세 10% 포함)
- 연간총비용 : 1억 5,300만원(부가가치세 제외)
- 표준소득율 : 20%
- 가 족 상 황 : 본인, 배우자, 자녀 2

▶ 〈표5〉 사업소득세의 계산내역 비교

계산구조	계 산 근 거	무기장시	장부 작성시
총수입금액	총수입 - 부가가치세	180,000,000	180,000,000
(-)필요경비	(무기장시) 180,000,000×(100%-20%) (기장시) 실제 발생한 금액	144,000,000	153,000,000
사업소득금액		36,000,000	27,000,000
(-)소득공제	(기본공제) 1인당 1,000,000원×4인 (추가공제) 60만원(표준공제 적용)	4,600,000	4,600,000
과 세 표 준		31,400,000	22,400,000
(×)세 율	1,000만원까지 10%, 4,000만원까지 20% 8,000만원까지 30%, 8,000만원초과 40%	10~20%	10~20%
산 출 세 액		5,280,000	3,480,000
(-)세액공제등	기장세액공제 : 해당사항 없음	-	-
(+)가 산 세	무기장 가산세 20%와 수입금액의 7/10,000 중 큰 금액	1,056,000	-
결 정 세 액		6,336,000	3,480,000
(-)기납부세액	원천징수, 중간예납 : 해당사항 없음	-	-
납부할세액		6,336,000	3,480,000
주 민 세	소득세 결정세액×10%	633,600	348,000
총부담세액		6,969,600	3,828,000

　이상의 김과장 상황을 근거로 하여 장부를 기장한 경우와 기장하지 않은 경우의 사업소득세를 계산한 결과는 〈표5〉와 같다.

　〈표5〉에서 보는 바와 같이 모든 사업자는 가능한 한 장부를 기록하는 것이 절세상 유리함을 알 수 있다. 만약 사업자가 장부기록 능력이 부족하다면 전문가의 조력을 받도록 한다. 물론 전문가의 조력

을 받으려면 약간의 비용이 발생하겠지만, 기장으로 인한 절세효과나 전문가의 조언 및 세무신고와 관련된 각종 업무 부담이 줄어드는 효과를 고려한다면 검토할 만한 가치가 충분히 있다.

최근 정부정책은 모든 사업자는 실제 사업내용에 따라 소득세를 부과하도록 하고 있으며, 이를 이행하지 않는 경우에는 각종 불이익을 주는 방향으로 나아가고 있다. 따라서 모든 사업자는 가능한 한 장부를 기록해야 하며, 아울러 사업의 타당성을 검토할 경우에는 반드시 관련세 부담도 함께 고려해야 할 것이다.

벤처기업과 절세

벤처기업으로 분류받아 세제혜택을 받도록 하자

벤처기업이란 모험기업으로서 여러 가지 의미로 사용될 수 있으나, 일반적으로 신기술을 바탕으로 위험은 많으나 높은 수익을 기대할 수 있는 사업을 하는 기업을 말한다.

현재 우리나라는 벤처기업에 대한 각종 지원책을 법으로 규정하고 있다.

● 벤처기업의 범위

벤처기업육성에관한특별조치법에 의하면 벤처기업이라 함은 중소기업기본법 제2조의 규정에 의한 중소기업으로서 다음 각호의 1에 해당하는 기업을 말한다.

유 형	내 용
벤처 캐피탈이 투자한 기업	당해 기업의 자본금 중 다음 각목의 1에 해당하는 자의 투자 금액(주식·무담보전환사채 또는 무담보신주인수권부사채를 인수하는 것)의 합계가 차지하는 비율이 자본금의 20% 이상이거나 주식인수 총액이 자본금의 10% 이상인 기업 ① 중소기업창업지원법 제2조 제4호의 규정에 의한 중소기업창업투자회사 ② 중소기업창업지원법 제2조 제6호의 규정에 의한 중소기업창업투자조합 ③ 여신전문금융업법 제2조 제14호의 규정에 의한 신기술사업금융업을 영위하는 자 ④ 여신전문금융업법 제41조 제3항의 규정에 의한 신기술사업투자조합 ⑤ 법 제4조의2의 규정에 의한 한국벤처투자조합
연구개발 기업	당해 기업의 직전연도 연간 총매출액에 대한 연구개발비의 비율이 5% 이상인 기업
신기술 개발 기업	다음 각목의 권리·신기술 또는 지식을 이용하여 사업화하는 기업으로서 사업화의 정도가 법 제3조의 규정에 의한 기준에 적합한 기업(당해 매출비율이 50% 이상이거나 당해 수출매출이 25% 이상인 기업) ① 특허권 또는 실용신안권(특허출원 또는 실용신안등록출원 중인 기술로서 특허청장이 인정하는 기술을 포함한다) ② 외국인투자촉진법 제25조의 규정에 의해 도입된 기술로서 동법 제26조의 규정에 의한 조세면제대상인 고도기술 ③ 다른 법률에 의한 기술개발사업으로서 대통령령이 정하는 사업에 의해 개발된 신기술 또는 지식
벤처평가 우수기업	다음 각목의 1에 해당하는 기업으로서 대통령령이 정하는 기관으로부터 기술성 또는 사업화 능력이 우수한 것으로 평가받은 기업 ① 창업중인 기업이거나 자체 개발한 기술을 응용하여 사업화하는 기업 ② 의장권(의장등록출원중인 기술로서 특허청장이 인정하는 기술을 포함)을 이용하여 사업화하는 기업 ③ 제3호 가목 내지 다목에 해당하는 권리·신기술 또는 지식을 이용하여 사업화하는 기업으로서 사업화의 정도가 법 제3조의 규정에 의한 기준에 미달하는 기업

 벤처기업전용단지 또는 벤처기업집적시설에서 창업하라

정부는 벤처기업전용단지 및 벤처기업집적시설에서 창업하는 벤처기업에 대해서는 다음과 같은 감면혜택을 부여한다. 주의할 것은 이전을 하는 경우에는 해당되지 않으며 창업에 대해서만 혜택을 준다는 점이다.

▶ 감면내용

① 법인세 또는 소득세 — 당해 사업에서 최초로 소득이 발생한 날이 속하는 연도와 그 후 5년간 소득세 또는 법인세의 100분의 50을 감면한다.

② 취득세 — 창업일부터 2년 이내에 취득하는 사업용 재산은 취득세를 전액 면제한다.

④ 등록세 — 창업일부터 2년 이내에 취득하는 사업용 재산 및 법인설립등기 등록세를 전액 면제한다.

③ 재산세 · 종합토지세 — 창업일부터 5년간 재산세와 종합토지세의 100분의 50을 감면한다.

※ 1999. 8. 12. 개정 세법안에 따르면 수도권 이외의 지방 대도시의 기술집약형 창업요건을 폐지하고, 수도권의 경우에도 벤처기업의 전용단지 입주요건을 폐지한다. 또한 벤처기업의 경우 감면 적용시점을 창업일 기준에서 벤처기업으로 인정받는 시점을 개선하여 수혜기간을 연장할 예정이다.

전략 33　연구개발 전담부서 또는 기업부설연구소를 설립하라

벤처기업에게 각종 지원을 하고 있으나 실제로 이를 활용하기 위해서는 연구인력을 연구개발 전담부서 또는 기업부설연구소를 설립하여 소속시켜야 한다. 그래야만 각종 혜택을 받을 수 있다.

▶ 연구개발 전담부서(기업부설연구소 포함)에 대한 혜택
① 연구개발 전담부서의 시설장치 구입시 투자액의 5%(국산 10%)를 법인세 또는 소득세에서 세액공제한다.
② 기업부설연구소용 부동산 취득시 취득세·등록세·재산세·종합토지세를 면제한다.
③ 연구개발 전담부서에서 사용한 경비는 연구개발비로 인정되어 세액공제할 수 있다.

전략 34　연구개발비 세액공제를 활용하라

연구개발비 지출시 지출액의 5%(중소기업 15%)와 증가지출액의 50% 중 선택하여 법인세 또는 소득세에서 세액공제한다. 당해 연도에 공제받지 못하면 7년간 이월공제할 수 있다. 연구개발비는 연구개발 전담부서에서 발생한 인건비 등 특정한 지출만 인정한다.

전략 35　벤처기업에 대한 기타의 세제혜택을 최대한 활용하라

▶ 기타의 세제혜택
① 벤처기업에 투자한 주식의 양도차익 비과세

② 벤처기업에 투자한 주식의 배당소득 분리과세
③ 벤처기업이 주식매입선택권 부여시 비과세

관련서식 참조

〈부록 6〉 기업부설연구소신고서

〈부록 7〉 기업의연구개발전담부서신고서

주식매입선택권과 절세

중소기업을 운영하는 것은 여러 가지 면에서 매우 어렵다. 특히 인력확보에 있어서는 더욱 그러하다. 최근에는 IMF상황이라 인력에 여유가 있는 편이긴 하지만 당해 기업에 꼭 필요한 인력을 확보하기란 쉽지 않다. 인력확보가 어려운 가장 큰 이유는 우수한 인력에게 충분한 급여를 지급할 수 없기 때문일 것이다. 하지만 이와 같은 경우라면 회사의 비전을 제시하고, 급여를 대신할 수 있는 주식매입선택권을 부여하는 방법을 활용할 수 있다.

● 주식매입선택권이란?

몇 년 전에 시중의 모 은행장이 취임하면서 월급을 받지 않고 대신 주식매입선택권(stock options)을 선언해 일반인들 사이에 큰 화제가 된 적이 있었다.

주식매입선택권(stock options)이란 회사의 설립과 경영·기술 혁신 등에 기여했거나, 기여할 능력을 갖춘 당해 법인의 임직원에게 특별히 부여하는 권리로서, 이들은 유리한 가격으로 당해 법인의 주식을 취득할 수 있다. 이런 주식매입선택권을 부여받아 행사하는 임직원은 당해 주식의 시가가 상승하면 시가와 행사 가격의 차이만큼 이익을 얻게 된다.

　이런 이익은 임직원의 근로소득 또는 배당소득이므로 과세되는 것이 원칙이나, 현행 세법에서는 특정한 주식매입선택권의 행사로 얻게 되는 이익(보상이익)에 대해서는 과세하지 않고 있다. 또한 주식매입선택권을 부여받아 약정된 주식매입시기에 주식을 실제로 매입하지 않고, 약정된 주식의 매입가액과 시가와의 차액을 현금 또는 창업법인 등이 발행한 주식으로 지급받는 경우에도 비과세한다. 따라서 임직원에게 급여 이외의 방법으로 보상하기 위해 주식매입선택권을 발행할 때에는 보상이익에 대한 비과세를 적용받아 더 큰 경제적 효과를 얻는 것이 좋다. 이를 위해 관련 세법의 규정을 충족하는 것이 바람직할 것이다.

전략 36 주식매입선택권 발행시 감면요건을 갖추자

　주식매입선택권을 발행하여 소득세를 감면받기 위해서는 다음의 표와 같은 일정한 요건을 충족해야 한다. 또한 주식매입선택권의 행사로 인한 이익에 대하여 비과세를 적용받기 위해서는 주식매입선택권을 행사한 연도의 다음 연도 1월분의 근로소득을 지급 받는 날(퇴직 후에 행사하는 경우에는 퇴직일부터 4월이 되는 날)까지 소득세감면신청서를 원천징수의무자에게 제출해야 한다.

▶ 주식매입선택권의 행사 이익에 대한 비과세요건

구 분	비 과 세 요 건
대상법인	① 창업자 또는 신기술 사업자 : 창업지원 업종을 영위하고, 정관에 기재한 뒤, 금융감독위원회와 증권거래소 또는 한국증권업협회에 신고한 내국 법인 ② 벤처기업 : 정관에 기재하고 중소기업청장에게 신고한 내국법인 ③ 주권상장법인 또는 협회등록법인 : 정관에 기재하고 금융감독위원회와 증권거래소 또는 한국증권업협회에 신고한 법인
적용요건	① 당해 주식매입선택권을 부여하기 전에 주식매입선택권의 수량·행사가액·부여받을 자 및 행사기간 등에 관해 주주총회의 특별결의를 거쳐 당해 종업원과 약정할 것 ② 모든 종업원을 대상으로 부여하지 않을 것 ③ 다른 사람에게 양도할 수 없는 것일 것
적용제외	① 부여받은 주식매입선택권을 모두 행사할 경우 총 발행주식의 10%를 초과하여 소유하게 되는 자는 적용되지 아니함 ② 지배주주 및 총 발행주식의 10%를 초과하여 소유하는 주주(이들과 특수한 관계에 있는 자 포함)는 적용되지 아니함
행 사 최저가액	주식매입선택권의 행사로 인한 주식의 매입가액 ① 자기주식을 취득하여 주식매입선택권을 부여하는 경우 : 주식매입선택권의 부여일을 기준으로 상속세 및 증여세법의 규정에 따라 평가한 주식의 시가 이상일 것 ② 기타의 경우 : 상속세 및 증여세법의 규정에 따라 평가한 주식의 시가와 당해 주식의 액면가액 중 높은 가액 이상일 것
행사기간	주식매입선택권을 부여받은 날부터 3년이 경과한 후에 주식매입선택권을 행사할 것. 다만 3년이 경과한 후에 퇴직한 경우에는 퇴직한 날부터 3월 이내에 행사하는 것에 한함.
행사수량 및 금 액	① 발행 총 한도 : 상장법인 또는 협회등록법인은 총 발행주식의 15%, 기타의 법인은 50% 이내 ② 개인별 한도 : 창업법인 등의 총 발행주식의 100분의 10의 범위 안에서 동일 종업원 등에게 주식매입선택권을 부여하고 주식 매입가액의 연간 합계액이 5,000만원 이하일 것

<table><tr><td>전략 37</td><td>가능한 한 현금 또는 자기주식으로 보상하여 법인세를 절감하자</td></tr></table>

주식매입선택권의 행사 대신에 현금 또는 자기주식으로 보상하면 보상금액이 세법상 회사의 손금으로 인정된다. 따라서 세법상 법인소득이 감소하게 되어 법인세를 절감할 수 있다.

<table><tr><td>전략 38</td><td>주식매입선택권 행사보다 현금으로 보상받아 주식을 취득, 양도소득세를 절세하자</td></tr></table>

주식매입선택권의 행사로 매입한 주식을 양도하는 경우에는 당해 주식이 양도소득세 과세대상이 되어 양도소득세를 계산할 때에는 실제 매입가액을 취득가액으로 보고 양도소득세를 계산한다. 또한 당해 주식을 양도하여 양도소득세가 과세될 경우 취득가액이 시가보다 낮으므로 양도차익이 많이 발생하여 양도소득세가 많아지게 된다.

이런 경우에 상장주식이나 장외등록주식의 양도차익은 원칙적으로 비과세되므로 당해 주식을 상장하거나 장외등록한 후에 양도하면 양도소득세를 절세할 수 있다. 또한 벤처기업에 직접 투자한 주식도 5년 후에 양도하면 양도소득세가 비과세된다. 한편 상장이나 장외등록 전에 당해 주식을 양도한다면 다음의 방법을 생각해 볼 수 있다.

즉, 주식매입선택권을 행사하지 않고 시가(150으로 가정)와 행사가액(100으로 가정)과의 차액(50)을 현금으로 보상받고, 여기에 행사가액을 더하여 회사의 주식을 시가(150)로 취득한 후에 당해 주식을 양도하면 취득가액이 150이 된다. 따라서 행사가액으로 주식을 취득하여 양도하는 것보다 취득가액이 높으므로 양도차익이 적어져 양도소득세를 절세할 수 있는 것이다.

　이상에서 알 수 있듯이 주식매입선택권은 이를 부여한 후에 기업가치가 증가하여 주가가 상승하는 경우 그 효력이 발휘된다. 따라서 주식매입선택권은 이를 부여받은 임직원이 기업가치의 증가를 위해 노력하도록 동기를 부여한다는 점에서는 우리사주제도와 동일하다. 하지만 주식매입선택권을 취득할 때 구입비용이 들지 않는다는 점에서는 우리사주제도와 차이가 있다. 결국 임직원에게 동기 부여를 해 주는 유용한 방법이므로 적극 고려해 볼 만한 제도라 할 것이다.

관련서식 참조

　〈부록 8〉 주식매입선택권부여계약서

제2장 기업활동과 세테크

8

연구용역비와 세금

최근 우리나라는 IMF체제를 맞아 이전과는 아주 다른 상황에 부딪히고 있으며 아울러 많은 변화가 이루어지고 있다. 정부는 IMF 여파로 인해 침체된 경기회복의 수단으로 수많은 벤처기업육성책을 발표하고 있다. 일반적으로 벤처기업이라 하면 신기술을 가지고 많은 위험을 부담하여 고수익을 얻고자 하는 기업을 의미한다. 벤처기업특별법상으로도 매출액 대비 연구개발비 비율이 5% 이상인 기업을 벤처기업으로 분류하고 있다. 즉, 벤처기업은 상당한 연구개발비를 지출하는 기업인 것이다. 그런데 최근 국세청에서는 대학이나 연구기관이 기업 등으로부터 지원받아서 지출한 연구개발비마저 세금을 부과하려고 하여 조세마찰이 발생하고 있다. 과연 연구개발비를 받아서 지출한 경우 어떤 과세문제가 발생하는지 알아보기로 하자.

● 연구용역비와 관련된 과세문제

① 연구비 지출내역 — 인건비, 연구용기자재 구입비, 기타의 비용

② 연구개발 수행자의 과세문제 — 사업소득세(법인세), 근로소득
세, 기타소득세, 부가가치세
③ 연구개발비 지급자의 과세문제 — 비용인정 여부, 원천징수 여부

전략 39 개인은 연구용역계약 내용에 따라 근로소득세·기타소득세·
사업소득세가 부과될 수 있으므로, 세무상 유리하게 계약해야 한다

1 근로소득세가 부과되는 경우(종속되고 근로의 대가인 경우)

연구개발자가 연구개발 의뢰자(예 : 대학)에게 종속된 개인으로서
근로의 대가로 연구비를 받으면 특정 연구활동비에 한해서만 근로
소득세가 비과세되며, 기타의 연구활동비는 근로소득세가 과세된다.
따라서 과세되는 연구활동비를 지급하는 자는 근로소득세원천징수
를 하고 이를 세무서에 납부해야 한다.

2 근로소득세가 비과세되는 특정 연구활동비의 범위

① 대학·전문대학 및 이에 준하는 학교의 교원이 받는 연구보조비
② 특정연구기관육성법의 적용을 받는 연구기관 또는 특별법에 의
해 설립된 정부출연연구기관에서 연구활동에 직접 종사하는 자가 받
는 연구활동비로서 재정경제부 장관이 정하는 금액(현재 정한 금액은
지급규정에 따라 지급되며 급여의 20% 범위 내에서 인정됨)
③ 연구기관 등에서 직접적으로 연구활동을 하는 자가 지원받는
연구활동비로서 월 20만원 이내의 금액

③ 기타소득세가 과세되는 경우(종속되고 일시적인 경우)

연구개발자(예 : 대학교수)가 연구개발 의뢰자(예 : 기업)로부터
연구 주체(예 : 대학)를 통해 연구비를 수령받는 경우에는 기타소득
으로 본다. 따라서 대학은 지급액의 75%를 필요경비로 공제한 후
기타소득금액의 3%를 원천징수하고 이를 세무서에 납부해야 한다.
그리고 기타소득금액이 연간 300만원(수입금액으로 환산하면 1,200
만원) 이상이면 종합소득에 포함되므로 주의해야 한다.

④ 사업소득세가 부과되는 경우(독립적이고 사업적인 경우)

연구개발자가 연구개발 의뢰자(예 : 기업)로부터 독립된 개인의
자격으로 연구개발계약 등에 의해 그 대가를 받고 연구 및 개발용
역을 제공하는 사업이면 사업소득세가 부과된다. 사업소득세는 원
칙적으로 수익에서 비용을 차감하여 계산된 이익에 대해 과세하는
것이다. 따라서 연구원은 비용지출에 대한 증빙을 철저히 확보할 필
요가 있다.
이 때 개인에게 연구개발비를 지급하는 자는 사업소득세를 원천
징수하여 이를 납부해야 한다.
한편, 독립되지만 사업적이지 않고 일시적인 경우라면 기타소득세
로 볼 수도 있다. 그러나 실무상 대부분은 사업소득에 해당된다고
하겠다.

8. 연구용역비와 세금

비영리법인이 연구용역 제공계약에 의하면 법인세가 과세된다

　연구개발자가 법인인 경우에는 법인세 문제가 발생하며, 또 영리법인이냐 비영리법인이냐에 따라 다르다.

　연구개발자가 영리법인인 경우에는 무조건 법인세가 과세된다. 반면 비영리법인인 경우에는 개인의 경우와 마찬가지로 계약 등에 의해 그 대가를 받고 연구 및 개발용역을 제공하는 사업이면 법인세가 과세된다. 법인세는 원칙적으로 수익에서 비용을 차감하여 생긴 이익에 대해 과세한다.

　이 때 법인에게 연구활동비를 지급한 자는 개인의 경우와는 달리 법인세를 원천징수하지 않는다.

연구용역의 경우 부가가치세의 면세 및 과세를 명확히 구분해야 한다

　부가가치세는 영리목적의 유무에 관계없이 사업상 독립적으로 재화나 용역을 제공하는 자에게 납세의무를 부과하고 있다. 다만, 특정한 재화나 용역을 제공하는 경우에 한해 부가가치세를 면세한다. 대부분의 연구개발용역은 면세가 적용되지만 일부의 용역은 부가가치세가 과세되는 경우가 있다. 예를 들어 학술이나 기술의 연구결과를 단순히 응용 또는 이용하여 공급하는 경우에는 과세대상이 된다.

▶ 연구개발과 관련된 면세
① 개인이 독립된 사업으로 제공하는 학술용역
② 개인이나 법인 또는 단체가 독립된 자격으로 제공하는 학술연

구용역과 기술연구용역

③ 주무관청에 등록된 종교·자선·학술·구호단체 및 기타 공익을 목적으로 하는 단체가 일시적으로 공급하거나 실비 또는 무상으로 공급하는 재화 및 용역

④ 학술연구단체 또는 기술연구단체가 연구와 관련하여 공급하는 재화 및 용역

사 례　소득세법 예규(법인 46013-1589, 1999. 4. 28.)

문　대학이 연구목적으로 고용한 연구원 등에게 지급하는 연구비의 소득구분이 궁금합니다.

대학교가 모든 연구과제의 계약을 체결하고, 연구비에 대해서는 관리기관에서 관리하도록 연구비관리규칙을 제정하여 연구비를 수령한 후 연구원 등에게 선지급하고 사후정산하는 경우 연구원 등에게 지급하는 연구비는 기타소득입니까?

답　먼저, 대학이 연구용역의 주체가 되어 연구용역계약을 체결하고 연구비를 수령한 후 교수 등에게 연구비를 선급금 형태로 지급하고 사후정산을 받는 경우에는 연구비 집행 증빙의 보관·관리 및 연구비 집행에 대한 모든 책임을 대학이 지며, 중앙관리하는 것으로 봅니다.

반면, 교수 또는 연구원 등이 연구목적의 고용과 관계없는 업무를 수행하고 대학으로부터 지급받은 연구비는 소득세법 제 21조 제1항 제19호의 기타소득에 해당합니다. 한편 연구목적으로 고용된 연구원 등이 지급받는 대가는 근로소득에 해당합니다.

▶ 연구용역비에 대한 과세문제

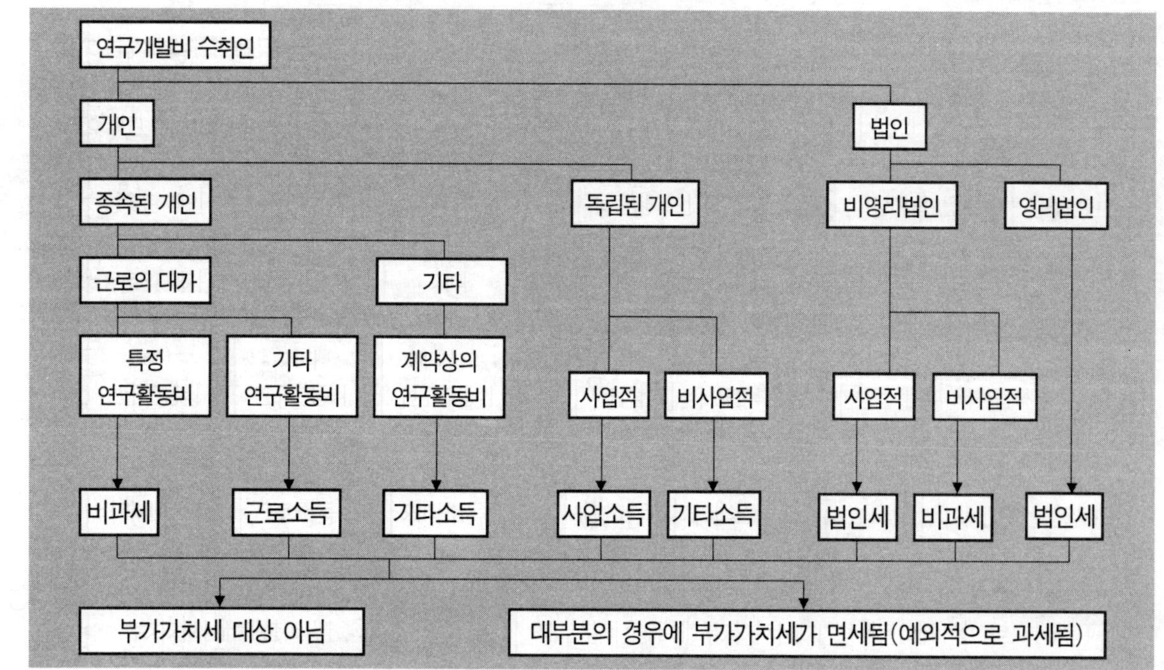

사 례　소득세법 예규(법인 46013-1433, 1999. 4. 16.)

문　정부는 출연연구기관 및 전문가들과 용역계약을 체결하여 정책연구를 수행하고 있으며, 이를 수주받은 출연연구기관은 연구의 일부분을 산·학·연 전문가들에게 재용역을 위탁하고 있습니다. 그렇다면 상업적 학술연구용역이 없는 경우에 소득세법기본통칙 19-11을 적용하여 학술용역을 제공하고 지급받는 연구비에 대해서는 소득세를 과세하지 않는 것입니까?

또한 1999. 8. "대학교부설연구소및교수등의연구개발용역에 대한 세원관리지침"에 따라 연구용역비를 사업소득으로 간주하여 3%를 원천징수하게 되는 것입니까?

답　연구용역을 수주한 정부출연연구기관이 연구의 일부를 외부 산·학·연 전문가 개인에게 다시 위탁함에 있어서, 당해 전문가가 독립된 자격으로 학술연구용역·기술연구용역 등을 제공하고 그 대가를 지급받는 경우에는 소득세법 제127조의 원천징수대상 사업소득에 해당합니다. 다만, 당해 전문가가 연구용역을 일시적으로 제공하는 경우에는 같은 법 시행령 제41조 제5항의 기타소득에 해당합니다.

이상의 연구개발용역에 대한 과세체계는 잘 이해하고 있어야 한다. 또한 구체적인 사례에 대해서는 사전에 충분한 검토를 거쳐서 연구개발과 관련하여 예상치 못한 세금이 부과되는 일이 없도록 해야 할 것이다.

사 례 　소득세법 예규(소득 46011-3559, 1998. 11. 20.)

문 　대학 교수 등이 포장기술개발을 위한 연구개발비를 지급하는 경우 소득구분은 어떻게 됩니까? 예를 들어 (사)○○○개발연구원이 산업자원부로부터 포장기술개발지원 사업비를 출연받아 대학 교수 등에게 포장기술개발을 위한 연구개발비를 지급하는 경우 당해 연구개발비의 소득 종류는 무엇입니까?

답 　이 경우 교수 등 개인이 연구 주체가 되어 연구계약을 체결하고 대가를 직접 수령하여 관리하면, 그 대가는 소득세법 제19조 제1항 제11호 규정의 사업소득에 해당합니다. 또한 대학의 중앙관리를 통해 받을 경우에는 소득세법 제21조 제1항 제19호 규정의 기타소득에 해당하는 것입니다.

사 례 　소득세법 예규(소득 46011-1444, 1998. 5. 30.)

문 　대학 교수가 일시적으로 제공하는 학술연구용역의 소득구분에 대해서입니다. 자연과학 분야 중 유전공학을 연구하는 대학 교수가 제약회사 등 영리법인으로부터 연구과제를 의뢰받고 연구결과를 보고서로 제출하고 받는 연구비 수입의 과세 여부는 어떻게 됩니까?

답 　대학 교수가 일시적 인적용역 제공으로서 연구개발을 하고 지급받는 대가는 소득세법 제21조 제1항 제19호 및 동법 시행령 제41조 제5항의 규정에 의해 기타소득에 해당하며, 그 지급받은 금액의 75%에 해당하는 금액을 필요경비로 인정받을 수 있습니다.

문 연구개발의 결과로 취득한 특허권의 양도 및 대여로 인한 소득의 구분 및 감면세액 계산방법이 궁금합니다. 연구결과가 특허권에 해당되는 경우가 있는데, 이를 양도할 때와 특허권을 대여하고 동 기술료를 지급받을 때의 소득구분은 어떻게 합니까? 또한, 특허권 양도대가와 기술료가 전액 감면되는 경우 감면세액 계산방법은 어떻게 됩니까?

답 연구개발의 결과 취득한 특허권을 양도함으로써 발생하는 소득은 동법 제20조의2 제1항 제2호의 규정에 의한 일시재산소득에 해당하며, 동 특허권을 대여하고 그 대가로 받는 금품은 동법 제21조 제1항 제7호의 규정에 의해 기타소득에 해당됩니다.

그리고 동 특허권을 내국인에게 양도 또는 대여함으로써 발생하는 소득에 대해서는 조세감면규제법 제11조 제1항의 규정에 의해 당해 소득에 대한 소득세를 면제받을 수 있습니다.

8. 연구용역비와 세금

성과급 지급과 절세

최근 기업경영 환경은 임직원에 대한 보상이 철저히 성과급 위주로 바뀌어가는 추세이며, 특히 벤처기업에서 그러한 현상이 두드러지고 있다. 예를 들어 기업경영결과 목표이익을 초과달성하면 주주총회 결의에 의해 초과이익의 일정액을 임원 또는 종업원에게 현금이나 전환사채, 자기주식, 주식매입선택권 등의 형태로 성과급을 지급하기도 한다.

이런 성과급을 지급하는 방법에는 두 가지가 있는데, 그 지급액을 당해 법인의 비용으로 처리하는 방법과 이익처분으로 처리하는 방법이 있다(단, 1999년 8월 12일 개정 세법안에 따르면 기업의 이익잉여금 처분에 의한 성과급에 대해서는 현재 비용부인하고 있으나 앞으로는 전액 비용인정될 예정이다).

비용으로 처리하면 회사의 이익은 감소하지만 법인세를 절감하는 효과가 있다. 반면에 이익처분으로 처리하면 회사의 이익은 감소하지 않지만 법인세를 부담해야 하는 문제가 발생한다. 이 때 경영자 또는 관리자의 입장에서는 '이익은 많게, 세금은 적게'라는 두 마리

제2장 기업활동과 세테크

토끼를 잡는 방법을 생각해 볼 수도 있다.

전략 42 성과급을 잉여금처분으로 지급하되, 세무상 비용으로 인정되면 당기순이익이 가장 크다

성과급을 잉여금처분에 의해 지급하되, 세무상 비용으로 인정되는 방법은 법인세가 절감되므로 당기순이익이 가장 커진다.

▶ 성과급 지급방법에 따른 당기순이익 비교

성과급 지급방법에 따른 이익의 크기를 비교한 이익효과는 〈표1〉과 같다. 여기서 성과급 지급 전의 이익은 2억원, 성과급은 1억원으로 가정하였고, 계산의 편의상 법인세율은 16%로 가정하였다.

〈표1〉을 보면 이익처분으로 성과급을 지급하는 방법(B, C, D)이 회사비용으로 성과급을 지급하는 방법(A)보다 당기순이익이 크다는 것을 확인할 수 있다.

또한 비용으로 처리하는 방법(A)의 법인세와 이익처분으로 지급하는 방법 중 손금으로 인정되는 방법(C, D)의 법인세가 동일함을 알 수 있다.

▶ 〈표1〉 성과급 지급방법에 따른 당기순이익 효과 비교

구 분	성과급을 회사비용으로 처리시(A)	성과급을 이익처분으로 지급시		
		손금불인정 · 과세급여(B)	손금인정 · 과세급여(C)	손금인정 · 비과세급여(D)
성과급 지급 전의 이익	200,000,000	200,000,000	200,000,000	200,000,000
성과급 지급액 (비용)	(-)100,000,000	-	-	-
성과급 지급 후의 이익	100,000,000	200,000,000	200,000,000	200,000,000
법인세 비용 (16% 기준)	(-)16,000,000	(-)32,000,000	(-)16,000,000 (※)	(-)16,000,000 (※)
당기순이익	84,000,000	168,000,000	184,000,000	184,000,000
성과급 지급액 (이익처분)	-	(-)100,000,000	(-)100,000,000	(-)100,000,000
잔여이익	84,000,000	68,000,000	84,000,000	84,000,000

※ 법인세 산출근거 : (성과급 지급 후 이익 200,000,000 - 성과급의 손금인정액
100,000,000)×16%＝16,000,000

전략 43 비과세되는 성과급을 잉여금처분으로 지급하되, 세무상 비용으로 인정되면 총부담세금이 가장 적다

　비과세되는 성과급을 잉여금처분에 의해 지급하되, 세무상 비용으로 인정되면 법인세가 절감되므로 성과급을 비용으로 지급할 때의 경우와 법인세는 동일하다. 그러나 잉여금으로 지급할 때 비과세되는 성과급은 근로소득세도 절감된다. 따라서 잉여금으로 지급시 비과세되는 성과급에 의한 지급방법이 법인세와 근로소득세를 합한 총부담세액을 가장 적게 하는 방법이다.

▶ 성과급 지급방법에 따른 세금효과 비교

상기의 예를 가지고 성과급 지급방법에 따른 소득세 효과를 비교하면 〈표2〉와 같다. 여기서는 계산의 편의상 종합소득공제는 기본공제만을 고려했다. 〈표2〉에서 보면 성과급을 이익처분으로 지급하는 방법 중에서도 비과세되는 방법(D)이 가장 소득세가 적음을 알 수 있다.

또한 앞의 〈표1〉에서 비교한 법인세와 여기서 분석한 소득세를 모두 합한 총세금액을 비교하면 성과급을 이익처분하여 지급하되 비과세되는 방법(D)이 가장 유리함을 알 수 있다.

▶ 〈표2〉 성과급 지급방법에 따른 세금효과 비교

구 분	성과급을 회사비용으로 처리시(a)	성과급을 이익처분으로 지급시		
		손금불인정 · 과세급여(b)	손금인정 · 과세급여(c)	손금인정 · 비과세급여(d)
성과급 지급액 (비용)	100,000,000	100,000,000	100,000,000	–
성과급 지급액 (이익처분)	–	–	–	100,000,000
비과세급여	–	–	–	(–)100,000,000
근로소득공제	(–)9,000,000	(–)9,000,000	(–)9,000,000	–
종합소득공제	(–)2,600,000	(–)2,600,000	(–)2,600,000	–
과 세 표 준	88,400,000	88,400,000	88,400,000	–
한 계 세 율	40%	40%	40%	–
산 출 세 액	22,360,000	22,360,000	22,360,000	–
근로소득세액공제	(–)600,000	(–)600,000	(–)600,000	–
근로소득세 부담액	21,760,000	21,760,000	21,760,000	–
법인세 부담액 (16%기준)	(+)16,000,000	(+)32,000,000	(+)16,000,000	(+)16,000,000
총부담세액	37,760,000	53,760,000	37,760,000	16,000,000

9. 성과급 지급과 절세

구　　　분	지급하는 회사	지급하는 임직원
① 비용으로 성과급 지급시	손금인정	근로소득세 과세
② 이익처분으로 성과급 지급시	손금불인정	근로소득세 과세
③ 상법 제513조의 규정에 의해 발행하는 전환사채로 지급하는 성과급	손금인정	근로소득세 과세
④ 증권거래법 제189조의2의 규정에 의해 취득한 자기주식으로 지급하는 성과급으로서 동법 제2조 제18항의 규정에 의한 우리사주조합을 통하여 지급하는 것. 이 경우 증권거래법에 의한 유가증권시장에서 당해 법인의 주식을 취득하여 조합원에게 분배한 우리사주조합에게 당해 법인이 성과급으로 그 대금을 지급하는 것을 포함한다.	손금인정	근로소득세 과세
⑤ 조세감면규제법 제13조의2 제2항의 규정에 의해 지급하는 금액(즉, 창업법인 등의 종업원이 주식매입선택권을 부여받아 약정된 주식 매입시기에 주식을 실제로 매입하지 아니하고 약정된 주식의 매입가액과 시가와의 차액을 현금 또는 창업법인 등이 발행한 주식으로 지급하는 경우)	손금인정	비과세

결론적으로 〈표1〉〈표2〉〈표3〉을 보면 이익처분방식으로 주식매입선택권으로 보상하는 방법(D)이 회사에서는 손금으로 인정되고, 동시에 지급받는 자에게는 근로소득세가 비과세되는 방법으로서 '이익은 크게, 세금은 적게'를 충족시킬 수 있는 방법임을 알 수 있다.

법인세의 절세

법인사업자는 개인사업자보다 더 큰 책임을 진다

사업자는 법인사업자와 개인사업자로 구분할 수 있으며, 법인사업자의 소득에 대해서 부과되는 세금이 법인세이다. 이런 법인세의 세액계산구조를 이해하면 법인세 부담을 최소한으로 줄일 수 있다.

법인세의 세율은 소득세와는 다르며, 손금불산입의 경우에도 세금효과 등이 다르다. 법인세의 세액계산구조를 검토하고 절세전략에 따른다면 최대한의 절세가 가능할 것이다.

전략 45 매출누락이 발생하지 않도록 한다

법인사업자의 경우 매출누락이 과세당국에 적발되면 매출누락으로 인한 법인세뿐만 아니라 매출누락을 대표자의 소득으로 보고 소득세도 추징된다. 이는 개인사업자의 경우와 다른 점이므로 주의해야 할 것이다.

계산구조	계산방법 및 절세전략	
익　　금	회계상 수익 + 익금산입 - 익금불산입	전략 45
(-) 손　　금	회계상 비용 + 손금산입 - 손금불산입	전략 46
소득금액	회계상 당기순이익 + 익금산입(손금불산입) - 익금불산입(손금산입)	
(-) 이월결손금 　비과세소득 　소득공제		전략 47
과세표준		
(×) 세　　율	1억원까지 16%, 초과분 28%	
산출세액		
(-) 세액공제·감면	기술개발세액공제, 중소기업세액감면 등	전략 48
결정세액	각종 의무 불이행에 대한 가산세가 포함됨	전략 49
(-) 기납부세액	원천징수세액, 중간예납세액, 수시부과세액	
납부할세액	결정세액보다 기납부한 세액이 많은 경우에는 환급받음	전략 50

전략 46　세법에서 규제하고 있는 비용지출을 최대한 억제한다

　세법에서 규제하고 있는 특정 지출, 업무무관 지출, 부당한 지출을 억제해야만 당기순이익에서 적절한 규모의 세금을 부담하게 된다. 즉, 당기순이익은 적은데 세금은 필요 이상으로 과다하게 부담하는 경우가 발생하지 않는다는 뜻이다.

1 특정 지출의 억제

　세법에서는 정책적인 목적으로 기밀비, 접대비, 기부금, 광고선전비 등의 지출에 대해 지출한도를 두고 초과액은 비용으로 인정하지 않는다. 따라서 비용으로 지출하여 이익이 감소했음에도 불구하고 법인세는 감소하지 않는다. 그러므로 이런 비용은 손금한도 내에서 지출하는 것이 유리하다.

② 업무무관 지출의 억제

법인세법에서는 법인의 업무와 무관한 지출을 법인의 비용으로 계상한 경우에는 이를 비용으로 인정하지 않는다. 동시에 인정하지 않은 금액은 혜택을 본 자의 소득으로 보아 소득세를 추징한다. 따라서 법인은 이중으로 세금부담을 지게 될 지 모르므로 주의해야 한다.

③ 업무무관 지출의 사례

① 업무와 무관한 자산을 취득하고 관리하는 데 발생한 비용
② 주주인 임원 또는 그 친족이 사용하는 사택의 유지비 등의 비용

④ 부당한 행위로 인한 지출의 억제

특수관계자와의 거래로 인하여 조세부담을 부당히 감소시킨 경우에는 이를 인정하지 않고 법인세를 추징하므로 주의해야 한다.

전략 47 이월결손금 등의 공제를 놓치지 말아야 한다

세법에서 정한 이월결손금, 소득공제, 비과세소득이 있는 경우에

제2장 기업활동과 세테크

는 이를 최대한 활용해야 한다.

① 이월결손금의 적시성있는 공제

법인세법에서는 결손금(손금 - 익금)이 발생하면 이를 다음 연도부터 5년 이내에 발생한 소득에서 공제해 주고 있다. 따라서 결손금이 발생한 지 5년이 지나면 공제되지 않는다. 그러므로 이를 고려하여 반드시 공제받도록 하면 그만큼 법인세를 절감할 수 있다.

② 소득공제의 활용

소득공제란 특정한 요건을 갖춘 경우에 소득에서 차감해 주는 제도이다. 종전에는 증자소득공제 등의 제도가 있었으나 대부분 축소되고, 현재는 축산업소득에 대한 소득공제제도가 있다.

③ 비과세소득의 활용

비과세소득은 국가에서 과세권을 포기한 소득으로서 법인에게는 소득으로 구성되지 않는다. 현재 비과세소득의 예로는 중소기업창업투자회사 등이 벤처기업의 주식을 취득한 뒤 양도할 때 발생하는 소득, 배당받은 소득 등이다.

전략 48 세액공제와 감면을 최대한 활용한다

세법은 생산적인 기업, 기술개발적인 기업, 중소기업에게는 많은 혜택을 주고 있는데, 대표적인 혜택이 바로 세액공제와 세액감면이다. 이런 세액공제 등은 당해 연도에 공제받지 못하면 다음 연도로 이월해서 공제받을 수 있는 것도 있으므로 이를 적절히 활용하면 절세에 큰 도움이 된다. 대표적인 예로는 중소기업 특별세액감면, 기술개발비 세액공제 등이 있다.

전략 49 법인세법상의 각종 의무를 이행한다

모든 세법은 납세자에게 각종 의무를 부여한다. 법인세법에서도 역시 각종 의무를 부여하고 있으므로 이런 의무를 잘 지켜야 불필요하게 가산세를 부담하는 일이 없을 것이다.

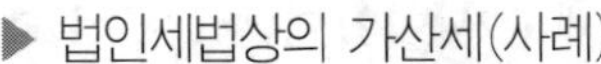

▶ 법인세법상의 가산세(사례)
① 법인세 과세표준 무신고 또는 과소신고 가산세
② 법인세 미납부 또는 과소납부 가산세
③ 원천징수 불성실 가산세
④ 지급조서 불성실 가산세
⑤ 주식변동상황명세서 미제출 또는 불성실 가산세

전략 50 분납과 납부기한 연장을 활용한다

법인세법에서는 납부할 세액이 1,000만원을 초과하면 납부세액의 50%(최소한 1,000만원)를 납부기한까지 납부하고, 나머지는 납부기한 종료 후 1월 내(중소기업은 45일 내)에 납부할 수 있도록 분납 규정을 두고 있다.

또한, 특별한 사유가 있으면 납기연장 신청을 하여 승인받으면 납
기를 연장할 수도 있다.

〈부록 9〉법인세과세표준및세액신고서

〈부록 10〉법인세과세표준및세액조정계산서

11

주주의 의무와 2차 납세의무

특정한 과점주주는 세법상의 제2차 납세의무를 부담한다

창업을 하고자 하는 사람은 개인기업으로 할 것인가 아니면 법인기업으로 할 것인가를 검토하게 된다. 이때 법인으로 할 경우 부딪히는 문제가 있는데, 이는 누구를 주주로 할 것인가를 결정하는 것이다.

주식회사를 설립할 때에는 최소한 3명의 주주가 필요하며, 최소한 이사 3명(단, 자본의 총액이 5억원 미만인 회사는 1인 또는 2인으로 할 수 있다)과 감사 1명으로 구성된 4명의 임원이 필요하다. 이때 주주와 임원은 동일인이어도 무방하다. 따라서 주식회사를 설립하기 위한 최소 인원은 4명이어야 한다. 문제는 이런 인원을 확보하기가 어렵다는 점이다. 일반적으로 사람들은 임원이나 주주가 되어달라고 부탁받으면 혹시 본인에게 무슨 문제라도 생길까 두려워 이를 회피하기 때문이다.

지금부터 주주의 의무에는 어떠한 것이 있는지 알아보자.

● 주주의 권리와 의무

① 상법상의 권리·의무 — 주주란 상법에 규정되어 있는 용어로서 주식회사의 출자자로 주식을 소유한 자를 말한다. 이러한 주주는 출자자로서의 권리를 갖게 되며, 주주의 권리에 대해서는 상법에 규정되어 있다. 예를 들어 주주총회에서의 의결권, 회사의 이익에 대한 배당권, 신주발행시의 신주인수권, 회계장부의 열람청구권 등 여러 가지 권리가 주어진다. 반면에 상법상 주주의 의무는 전혀 없다.

② 세법상의 권리·의무 — 상법상 주주에 대해 어떠한 의무도 없다 하더라도 세법상으로는 특정한 주주에 대하여 의무를 부여하고 있다. 즉, 과점주주의 제2차 납세의무와 과점주주의 취득세 납세의무가 있다.

> **전략 51**   과점주주의 제2차 납세의무를 피해야 한다

과점주주의 제2차 납세의무란 그 회사(상장회사는 제외)에 부과되거나 그 회사가 납부할 국세·가산금과 체납처분비가 회사의 재산으로 충당하여도 부족한 경우, 그 국세의 납세의무 성립일 현재 일정한 조건을 갖춘 과점주주가 그 부족한 국세 등에 대해 자기소유 지분율만큼의 세금납부의무를 지는 것을 말한다. 지방세의 경우에도 마찬가지이다. 따라서 가능한 한 제2차 납세의무에 해당되지 않도록 하는 것이 바람직하다.

1 과점주주의 제2차 납세의무의 요건(국세)

① 상장법인 이외의 법인 주주여야 한다.

그러므로 비상장법인 주주에 한정된다. 이 때 주주란 주주명부의 기재유무와 관계없이 사실상 주주권을 가진 자를 말하며, 주주권이 양도된 경우에는 양수인을 말한다.

② 납세의무 성립일 현재 과점주주여야 한다.

납세의무 성립일은 일반적으로 각종 과세기간을 의미한다. 예를 들어 법인세는 사업연도 종료일 현재이고, 부가가치세는 6월 말과 12월 말(수입시에는 수입신고시)을 말한다.

③ 과점주주 중 일정한 조건을 갖춘 자에게 제2차 납세의무가 발생한다. 먼저 과점주주란 주주 1인과 친족 및 기타 특수관계에 있는 자로서 그들 소유 주식의 합계가 당해 법인의 발행주식 총액의 100분의 51 이상인 자를 말한다.

여기서 친족 및 기타 특수관계에 있는 자는 〈표1〉에 자세히 나와 있다.

▶ 〈표1〉 친족 및 기타 특수관계에 있는 자

친 족	① 6촌 이내의 부계 혈족과 4촌 이내의 부계 혈족의 처 ② 3촌 이내의 부계 혈족의 남편 및 자녀 ③ 3촌 이내의 모계 혈족과 그 배우자 및 자녀 ④ 처의 2촌 이내의 부계 혈족 및 그 배우자 ⑤ 배우자(사실상의 혼인관계에 있는 자를 포함) ⑥ 입양자의 생가의 직계존속 ⑦ 출양자 및 그 배우자와 출양자의 양가의 직계비속 ⑧ 혼인 외의 출생자의 생모 ※ 상기의 경우 주주가 출가녀인 경우에는 그 남편과의 관계에 의한다.
기 타	⑨ 사용인 및 기타 고용관계에 있는 자 ※ 주주의 사용인을 의미하며, 회사의 사용인을 의미하지는 않는다. ⑩ 주주의 금전 및 기타 재산에 의해 생계를 유지하는 자와 생계를 함께 하는 자 ⑪ 주주가 개인인 경우에는 그 주주와 상기의 ① 내지 ⑩의 관계에 있는 자들의 소유주식 금액의 합계액이 발행주식 총액의 100분의 50 이상인 법인 ⑫ 주주가 법인인 경우에는 그 법인의 소유주식 금액의 발행주식 총액의 100분의 50 이상인 법인과 소유주식 금액이 당해 법인의 발행주식 총액의 100분의 50 이상인 법인 또는 개인 ⑬ 주주 및 그와 상기의 ① 내지 ⑧의 관계에 있는 자가 이사의 과반수 이상이거나 그 1인이 설립자인 비영리법인. 다만, 당해 법인의 발행주식 총액의 100분의 20 이상 소유한 경우에 한한다.

다음으로 일정한 조건을 갖춘 자란 〈표2〉에 나와 있으며, 이런 자는 제2차 납세의무가 발생한다. 따라서 과세관청은 이런 자 누구에게나 부족 세금을 부과·징수할 수 있다.

▶ 〈표2〉 과점주주 중 제2차 납세의무자

① 당해 법인 주식의 51% 이상에 대한 권리를 실질적으로 행사하는 자
② 명예회장, 회장, 사장, 부사장, 전무, 상무, 이사 등 그 명칭에 불문하고 법인의 경영을 사실상 지배하는 자
③ 앞의 ①과 ②에 정하는 자의 배우자(사실상 혼인관계에 있는 자를 포함) 및 그와 생계를 같이 하는 직계존비속

따라서 주주를 구성할 경우에는 가능한 한 특수한 관계가 없는 자를 대상으로 구성해야 세법상의 불이익을 피할 수 있다.

② 과점주주의 취득세 납세의무(지방세)

과점주주의 경우에 또 하나 문제되는 것은 취득세 납세의무가 발생할 수 있다는 점이다. 즉, 법인의 주식을 취득함으로써 과점주주가 되는 경우(법인 설립시에 발행하는 주식을 취득함으로써 과점주주가 된 경우는 제외)에는 그 과점주주가 당해 법인의 부동산·차량·기계장비·입목·항공기·선박·광업권·어업권·골프 회원권·콘도미니엄 회원권 또는 종합체육시설이용 회원권을 취득한 것으로 본다.

따라서 부동산 등을 보유하고 있는 법인의 주주는 주식을 증자하거나 양도·양수할 경우에는 과점주주에 해당되는지를 검토해야 취득세의 부담을 피할 수 있다.

예를 들어 30%의 주식을 보유하다가 추가로 주식을 취득하거나 증자하여 60%의 주식을 보유하게 됨으로서 과점주주가 된 경우에는 부동산 등의 60%를 과점주주가 취득한 것으로 보아 과점주주에게 취득세를 부과한다. 또한 60%의 주식을 보유하고 있는 과점주주가 20%의 주식을 추가로 취득하여 80%가 되는 경우에는 부동산 등의 20%를 과점주주가 취득한 것으로 보아 과점주주에게 취득세를 부과한다.

전략 52   주식명의신탁으로 인한 증여세 부담을 피해야 한다

이상과 같이 과점주주가 되는 경우에는 세법상 의무조항이 있어서 이를 형식적으로 피하기 위해 아는 사람의 명의를 빌려 주주로 등재하는 경우가 있다. 그러나 이 경우에 명의신탁한 주식임이 밝혀지면 명의를 빌려준 사람이 증여받은 것으로 간주되어 증여세가 부과될 수 있다. 또한 실질 소유자가 밝혀져 실질 소유자가 과점주주인 것으로 판명되면 세법상의 의무조항에 따라 납세의무가 발생한다.

이상의 사항을 고려하지 않고 섣불리 주주를 구성하였다가 세금을 납부하지 못하는 불가피한 상황이 발생하면 과점주주에 속하는 주주는 친척이나 임원이라는 이유로 제2차 납세의무자가 될 수 있으므로, 이런 사실을 염두에 두어야 한다. 또한 부동산 등이 있는 법인의 주주가 주식을 양도·양수할 때에도 과점주주에 속하는지를 고려해야 취득세 납세의무를 피할 수 있다.

12

이사·감사의 의무와 세금

이사와 감사는 각종 의무 불이행시 책임이 있다

주식회사와 같은 법인을 설립하려면 반드시 이사와 감사를 선임해야 한다. 그런데 선임된 이사와 감사가 실질적으로 회사에 근무하는 경우도 있지만, 소규모 회사에서는 대표이사를 제외한 나머지 이사와 감사는 선임만 하고 실제로 근무하지 않는 경우가 대부분이다.

이런 경우 근무하지 않는 이사와 감사를 선임하기 위해 친지 등에게 부탁하여 선임하고 회사를 설립하게 된다. 또 이런 부탁을 받은 사람은 이사와 감사로 등재하는데 어떤 문제가 있는지 잘 몰라 부탁을 들어주어야 할지, 말아야 할지 고민하는 경우가 종종 있다. 특히 대표이사의 부탁을 받는 경우에는 더욱더 그렇다.

주식회사의 이사와 감사의 권한·의무 및 책임관계에 대해서는 상법에 규정되어 있으며, 세법에는 특별한 규정이 없다. 다만 법인의 대표자 또는 사용인 등이 조세범처벌법에서 규정하는 범칙행위를 하는 경우에는 징역이나 벌금이 부과될 수 있다. 또한 이사와 감사는 당해 법인의 특수관계자에 해당되므로 세법상의 여러 가지 규정을 적용할 때 불이익을 당할 수도 있다.

 이사와 감사는 세법상 의무를 이행해야 불이익이 없다

조세범처벌법에 의하면 대표이사 또는 임직원이 범칙행위를 하는 경우에는 징역이나 벌금의 처벌을 받는다.

1 조세범처벌법상의 임직원의 주요 처벌내용

① 원천징수의무 위반
② 세금계산서 교부의무 위반
③ 세금계산서 허위교부
④ 납세증명서 등의 불법사용
⑤ 조세포탈의 증거 인멸을 목적으로 장부를 파기 또는 은닉
⑥ 과세표준의 허위신고

2 상법상 이사의 권한·의무 및 책임

주식회사의 이사는 업무집행기관인 이사회의 구성원으로서 이사의 권한·의무 및 책임에 대해서는 상법에 규정되어 있으며, 주요 사항을 요약하면 〈표1〉과 같다.

▶ 〈표1〉 주식회사 이사의 상법상의 권한·의무 및 책임

구 분	내 용
권 한 · 의 무	① 대표이사의 경우 회사 대표권 ② 주주총회의 특별결의로 이사를 해임하는 경우 회사에 대한 손해배상청구권 ③ 주주총회 출석권 ④ 총회결의취소의 소 등과 같은 각종 소의 제기권 ⑤ 경업·겸직 금지의무 : 이사는 이사회의 승인이 없으면 자기 또는 제3자의 계산으로 회사의 영업부류에 속한 거래를 하거나, 동종 영업을 목적으로 하는 다른 회사의 무한책임 사원이나 이사가 되지 못한다. ⑥ 자기거래의 제한의무 : 이사는 자기 또는 제3자의 계산으로 회사와 거래를 하는 경우에는 이사회의 승인을 얻어야 한다. ⑦ 보고의무 : 이사는 회사에 현저하게 손해를 미칠 염려가 있는 사실을 발견한 때에는 즉시 감사에게 이를 보고해야 한다. ⑧ 주주총회의 특별결의로 해임시 회사에 대한 손해배상청구권
책 임	① 법령이나 정관에 위반한 행위를 하는 경우 회사에 대한 손해배상책임(이사회의 결의에 의한 것인 때에는 그 결의에 찬성한 이사도 손해배상책임) ② 임무해태시 회사에 대한 손해배상책임 ③ 악의 또는 중대한 과실로 인한 경우에는 제3자에 대해 행위자는 연대하여 손해배상책임(이사회의 결의에 의한 것인 때에는 그 결의에 찬성한 이사도 손해배상책임)

③ 상법상 감사의 권한·의무 및 책임

주식회사 감사의 권한·의무 및 책임에 대해서는 상법에 규정되어 있으며, 주요한 사항을 요약하면 〈표2〉와 같다.

제2장 기업활동과 세테크

▶ 〈표2〉 주식회사 감사의 상법상의 권한·의무 및 책임

구 분	내　　　　　용
권 한 · 의 무	① 이사업무집행의 적법성에 대한 감사권 ② 주주총회에 제출할 의안·서류조사권 및 주주총회 보고의무 ③ 이사에 대한 영업보고 요구권 ④ 회사의 업무와 재산상태 조사권 ⑤ 재무제표와 영업보고서에 대한 감사권 및 감사보고서 제출의무 ⑥ 이사회에서의 의견 진술권 ⑦ 이사위법행위유지청구권 및 이사회 보고의무 ⑧ 임시주주총회 소집 청구권 ⑨ 자회사에 대한 영업보고 요구권 ⑩ 감사록 작성의무 ⑪ 주주총회의 특별결의로 해임시 회사에 대한 손해배상청구권 책임
책 임	① 임무해태시 회사에 대한 손해배상책임 ② 임무해태가 악의 또는 중대한 과실로 인한 경우 제3자에 대한 손해배상책임

이상에서 본 바와 같이 주식회사의 이사와 감사는 각종 의무를 이행해야 하며, 특히 대표이사의 경우에는 조세와 관련하여 조세범처벌법의 적용을 받을 수도 있다는 점에 유의해야 한다.

13

배당금 지급과 절세(1)

적정 규모의 배당금을 지급하면 절세 가능하다

　회사에서는 회사의 영업결과 이익이 발생하여 누적이익이 많아지게 되면 주주에 대한 배당금 지급을 고려하게 된다. 한편 이런 배당금 지급시에는 배당소득세가 발생하게 되어 세부담 때문에 배당금의 지급을 유보하는 경우가 있다.

　그러나 배당금을 지급한다고 해서 항상 배당소득세가 발생하는 것은 아니다. 그 이유는 법인세와 배당소득세의 이중과세 조정이 있기 때문이다. 즉, 법인에서 발생한 이익에 대해서는 법인세를 납부하게 되며, 배당금은 법인세를 납부한 후의 이익을 가지고 지급하는 것이므로 배당금에 대해 배당소득세를 부과하는 이중과세라고 볼 수 있다.

　그러나 현행 세법에서는 이런 이중과세 부분에 대하여 세액공제 방식에 의거 전액 조정해 주고 있기 때문에 배당소득 발생시 배당소득세를 납부하는 경우도 있고 납부하지 않는 경우도 있다.

 매년 일정 규모 이하의 배당금을 지급하면 소득세
부담을 피할 수 있다

현행 세법을 잘 살펴보면 배당소득에 대한 배당소득세를 하나도
부담하지 않는 방법이 있다. 즉, 배당세액공제를 받을 수 있는 범위
내에서 배당금을 지급하면 소득세 부담이 전혀 발생하지 않는다.

① 배당소득세의 부담이 없는 배당규모

타소득이 없고 배당금만 있는 소득자의 경우 〈표1〉의 계산에서 보
는 바와 같이 소득세는 전혀 부담하지 않는다. 오히려 종전에 배당

▶ 〈표1〉 배당소득만 있는 경우의 세액계산 내역

구 분	계산내역 (단위:천원)	계 산 근 거
배당수입금액	31,666	
(＋) 배당가산액	6,016	배당수입액의 19% 가산
배당소득금액	37,682	
(－) 소 득 공 제	2,600	본인 및 배우자공제와 표준공제만 가정
과 세 표 준	35,082	
(×) 세 율	10~20%	과세표준 1,000만원:10%, 나머지:20%
산 출 세 액	6,016	
(－) 배당세액공제	6,016	배당수입액의 19% 공제(단, 배당소득에 관련된 산출세액을 한도로 공제)
결 정 세 액	-	
(－) 기납부세액	6,333	배당금 지급시 20% 원천징수한 세액
납부(환급)할 세액	(6,333)	

금 수령시 원천징수당한 세액을 환급받는다.

위의 〈표1〉은 어떤 주주가 비상장 미등록된 주식회사로부터 31,666천원의 배당금을 받을 경우에 그 주주가 배당소득 이외의 다른 소득이 없다고 가정하고 세금관계를 요약한 것이다. 여기서 배당소득 금액의 계산시 배당수입액의 19%를 가산하고, 동시에 배당세액공제로 19%를 공제해 주는 이유는 법인세와 배당소득세의 이중과세를 조정하기 위한 것이다.

즉, 주주가 받는 배당수입 금액은 법인세 납부 전 이익 100을 기준으로 해서 법인세 16을 납부하고 남은 법인소득 84를 배당받은 것이므로, 이 배당수입 금액 84를 법인세 지급 전의 소득 100을 배당받은 것으로 보기 위해 배당수입금액에 19%를 가산(16÷84=19%)하고, 동 가산액 19%는 배당소득세를 미리 납부한 것으로 보아 배당세액공제를 해 주는 것이다. 그 결과 배당소득자는 부담할 세액이 전혀 발생하지 않는다.

② 세부담없는 배당금 규모의 산출 근거

이와 같이 다른 소득은 없고 배당소득만 있을 경우에는 배당소득세를 전혀 부담하지 않는다. 따라서 배당소득에 대한 원천징수세액을 전액 환급받을 수 있는 최대한의 배당수입액이 얼마인지를 계산하면 〈표2〉와 같다(단, 소득공제는 260만원으로 가정).

가　　정	① 소득공제는 2,600,000원만 적용 ② 배당가산율을 19%를 적용
계산근거	부담세액이 0이 되기 위해서는 결정세액-배당세액공=0이어야 하고 (배당수입액+배당가산액-소득공제)×세율-배당세액공제=0이므로, (X+0.19X-2,600,000)×0.2(한계세율)-1,000,000(누진공제액)- 0.19X=0이 된다. 따라서 배당소득세 부담없는 최대한의 배당수입액 X=31,666,666원이다.

③ 배당소득세 부담과 관련된 결론

결론적으로 배당소득이 있는 경우 종합소득세 확정신고시 추가납부 또는 환급세액의 발생 여부는 배당소득을 포함한 종합소득이 많아 배당소득에 대해 높은 소득세율이 적용되는 경우에는 추가로 납부할 세액이 발생하고, 종합소득이 작아 배당소득에 대해 낮은 소득세율이 적용되는 경우에는 환급받을 세액이 발생함을 알 수 있다.

따라서 이상의 배당소득세 계산방법을 고려하여 적절한 배당계획에 의해 배당금을 지급한다면 어느 정도는 배당소득세를 절감할 수 있다.

④ 세법상의 배당소득의 종류

① 배당금으로 수령한 현금
② 법인세법에 의해 배당으로 처분된 금액
③ 의제배당액 ― 〈표3〉 참조

▶ 〈표3〉 세법에서 배당으로 보는 것들(의제배당)

종 류	내 용
자본감소시 주주의 이익	주식의 소각이나 자본의 감소로 인해 주주가 취득하는 금전 및 기타 재산의 가액 또는 퇴사·탈퇴나 출자의 감소로 인해 사원이나 출자자가 취득하는 금전 및 기타 재산의 가액이 주주·사원이나 출자자가 당해 주식 또는 출자를 취득하기 위해 소요된 금액을 초과하는 가액
이익잉여금으로 무상증자시 주주의 이익	법인이 잉여금의 전부 또는 일부를 자본 또는 출자의 금액에 전입함으로써 취득하는 주식 또는 출자의 가액. 다만, 주식발행초과금, 감자차익, 합병차익, 분할차익(특정한 합병평가차익, 분할평가차익 등은 제외하며, 자기주식소각이익의 경우에는 소각일로부터 2년이 경과한 후 자본에 전입하는 경우에 한한다)과 자산재평가법의 규정에 의해 재평가적립금(토지의 재평가차액은 제외한다)을 자본에 전입하는 경우는 제외한다.
해산시 주주의 이익	해산한 법인(법인으로 보는 단체를 포함한다)의 주주·사원·출자자 또는 구성원이 그 법인의 해산으로 인한 잔여재산의 분배로서 취득하는 금전 및 기타 재산의 가액이 당해 주식 및 출자 또는 자본을 취득하기 위해 소요된 금액을 초과하는 금액
합병시 주주의 이익	합병으로 인해 소멸한 법인의 주주·사원 또는 출자자가 합병 후 존속하는 법인 또는 합병으로 인해 취득하는 주식 또는 출자의 가액과 금전의 합계액이 그 합병으로 인해 소멸한 법인의 주식 또는 출자를 취득하기 위해 소요된 금액을 초과하는 금액
자본잉여금에 의한 무상증자시 주주의 이익	위의 두 번째 의제배당규정의 단서 규정에 의한 자본전입을 함에 있어서 법인이 보유한 자기주식 또는 자기출자지분에 대한 주식 또는 출자의 가액을 그 법인이 배정받지 아니함에 따라 다른 주주 또는 출자자가 이를 배정받은 경우 그 주식 또는 출자의 가액
법인분할시 주주의 이익	법인이 분할하는 경우 분할되는 법인 또는 소멸한 분할합병의 상대방 법인의 주주가 받는 분할대가가 분할되는 법인 또는 소멸한 분할합병의 상대방 법인의 주식을 취득하기 위해 소요된 금액을 초과하는 금액

제2장 기업활동과 세테크

배당금 지급과 절세(2)

배당금 지급과 급여 지급의 세금효과를 비교해 지급한다

주식회사는 영업활동을 통해 이익을 창출한다. 이렇게 창출된 이익은 회사에 유보되어 재투자하거나 주주에게 배당금으로 지급하는데 사용된다. 그리고 회사의 경영활동을 수행하는 임원에게는 급여를 지급하는 것이 원칙이고, 투자자인 주주에게는 배당금을 지급하는 것이 원칙이다. 그런데 중소 규모의 회사에서는 주주와 임원이 동일인인 경우가 흔하다. 따라서 주주인 임원 입장에서는 급여를 받건 배당금을 받건 크게 차이가 없다. 이런 경우 급여 지급방법과 배당금 지급방법 중 어떤 방법이 절세에 유리한지를 알아보자.

전략 55   임원이 주주와 동일인일 때는 배당금보다 급여가 절세상 유리하다

일반적으로 급여로 지급하는 방법이 배당금으로 지급하는 방법보다 절세 측면에서 볼 때 훨씬 유리하다. 그러나 배당금을 즉시 지급하지 않고 상당한 기간이 경과한 후에 지급하면 배당소득세를 나중에 납부하게 되므로 이에 대한 이자비용을 고려하면 배당금 지급방

법이 유리할 수도 있다.

◉ 급여로 지급하는 경우 주의할 점

① 임원 상여금은 반드시 정관이나 주주총회의 결의에 따른 급여 지급기준에 따라 지급해야만 세무상 비용으로 인정된다. 따라서 급여 지급기준을 초과하여 지급하는 금액은 비용으로 인정되지 않아 법인세 부담이 늘어나므로 주의해야 한다.

② 급여로 지급하는 방법은 절세 측면에서는 유리하지만 회사 입장에서는 배당으로 지급하는 방법보다 이익이 적게 계상되는 방법이므로, 이를 고려해 급여로 지급할 것인지 배당으로 지급할 것인지를 결정해야 한다.

◉ 배당금 지급과 급여 지급의 세금효과 비교

이와 같이 회사의 주주이면서 임원인 경우 배당금을 지급하면 배당소득이 되며, 급여로 지급하는 경우에는 근로소득이 된다. 이 경우 세금효과 측면에서 배당금으로 지급하는 방법(B)이 유리한지 아니면 급여로 지급하는 방법(A)이 유리한지를 비교해 보면 표와 같다.

표에서 배당가산액과 배당세액공제를 적용하는 이유는 이중과세를 방지하기 위한 것이다. 다시 말해, 법인활동의 결과 발생하는 소득에 대해서 법인세가 과세되므로 법인세를 납부하고 남은 최종적인 법인 소득을 주주에게 배당금으로 지급하면 배당소득세가 과세되어 이중과세가 된다. 따라서 법인세로 납부한 금액을 배당금 지급으로 간주하고 배당금 지급액에 가산하여 소득세를 계산한 다음 같은 금액을 배당세액공제로 산출세액에서 차감하여 이중과세를 조정하는 것이다.

▶ 급여와 배당금의 세금효과 비교

회사비용으로 급여 처리시(A)		잉여금처분으로 배당금 지급시(B)	
급 여 액	100,000,000	배 당 액	100,000,000
근로소득공제	(−)9,000,000	배당가산액(19%기준)	(＋)19,000,000
종합소득공제	(−)2,600,000	종합소득공제	(−)2,600,000
과세표준	88,400,000	과세표준	116,400,000
한계세율	40%	한계세율	40%
산출세액	22,360,000	산출세액	33,560,000
근로소득세액공제	(−)600,000	배당세액공제	(−)19,000,000
납부세액	21,760,000	납부세액	14,560,000
법인세부담액(16%기준)	(＋)16,000,000	법인세부담액(16%기준)	(＋)32,000,000
총부담액	37,760,000	총부담액	46,560,000

부당행위계산부인과 세테크

세법에서 특수관계자와의 부당거래는 인정되지 않는다

기업 활동을 함에 있어서 경제적 의사결정은 원칙적으로 기업의 자유의사에 달려 있다. 그러나 이런 사적 자치의 원칙도 공정하고 자유로운 경쟁을 촉진하기 위해 법률로 제한하는 경우가 있다.

마찬가지로 세법에서도 공평한 과세를 실현하기 위해 특수관계자 간에 부당한 행위를 한 결과 세금부담을 감소시키는 경우에는 이를 인정하지 않고 정상적인 거래를 기준으로 세금계산을 하고 있다.

전략 56 특수관계자간 거래시에는 객관성을 확보해야 불이익이 없다

세법에서는 특수관계자간에 부당행위를 하는 경우에는 이를 부인하여 세금을 계산한다. 이때 부인된 금액은 당해 법인의 손금으로 인정되지 않는다. 그 결과 법인의 소득이 늘어나고 법인세 부담도 늘어나게 된다.

또한 부인액은 거래 상대방(이익을 얻은 자)의 배당소득, 근로소득 등으로 보아 소득세가 과세된다. 따라서 정상적인 거래를 하였다

면 손금으로 인정될 부분도 부당행위계산부인에 의하면 손금으로도 인정되지 않고 소득세도 추징되므로 이중으로 손해가 발생한다.

그러므로 사업자는 특수관계자와의 거래에 있어서는 부당행위계산부인이 되지 않도록 주의하여 거래해야 할 것이다.

◉ 부당행위계산부인의 조건

법인의 행위 또는 소득금액의 계산이 그 법인과 특수관계에 있는 자와의 거래에 있어서 그 법인의 소득에 대한 조세의 부담을 부당히 감소시킨 것으로 인정되는 경우가 있다.

이 경우에는 그 법인의 행위 또는 소득금액의 계산에 관계없이 그 법인의 각 사업연도의 소득금액을 계산하는데, 이를 부당행위계산부인이라고 한다(다음 표 참조).

▶ 부당행위계산부인의 조건

적 용 요 건	내 용
부당행위의 존재	부당행위란 건전한 사회통념 및 상관행과 특수관계자가 아닌 자간에 정상적인 거래에서 적용될 것으로 판단되는 가격을 기준으로 하여 이와 다르게 이루어진 것을 말한다.
특수관계자간의 거래	세법상 특수관계자의 범위는 매우 광범위하다. ① 임원임명권의 행사, 사업방침의 결정 등 당해 법인의 경영에 대해 사실상 영향력을 행사하고 있다고 인정되는 자와 그 친족 ② 주주 등(소액주주 제외)과 그 친족 ③ 법인의 임원, 사용인 또는 주주 등의 사용인이나 사용인 이외의 자로서 법인 또는 주주 등의 금전 등에 의해 생계를 유지하는 자와 이들과 생계를 함께 하는 친족 ④ 상기의 자가 30% 이상을 출자하고 있는 다른 법인 ⑤ 기타 세법에서 정한 특정한 관계에 있는 법인이나 개인
조세의 부담을 부당히 감소시킴	조세의 부담을 부당히 감소시킨 대표적인 사례를 예시하면 다음과 같다. ① 자산을 시가보다 높게 매입하는 경우 ② 자산을 시가보다 낮게 양도하는 경우 ③ 무수익 자산을 매입한 경우 ④ 금전을 무상 또는 낮은 이율로 대여한 경우 ⑤ 금전을 높은 이율로 차입한 경우 ⑦ 기타 부당한 행위

증자와 세테크

회사 설립 후 자본조달, 부채비율 감소, 기업신용 증대, 과소자본으로 인한 세무상의 불이익을 피하기 위해서 등등 여러 가지 목적으로 자본금을 늘리고자 할 때가 있다. 이런 경우 증자와 관련된 부수적인 세금문제에 대한 사전 검토가 있어야 한다. 그래야만 예상치 못한 세금이 부과되는 경우가 없을 것이다.

● 증자와 관련된 세금문제

① 증자시에 납부해야 하는 등록세
② 증자시 과점주주가 될 경우 취득세
③ 과점주주의 제2차 납세의무
④ 신주인수권을 포기한 경우의 증여세

① 등록세 중과세를 피하자

세법에서는 대도시 내에서의 법인설립을 억제하기 위해 대도시 내에서 법인을 설립하는 경우 법인설립에 따른 등록세를 일반법인에게 적용되는 세율인 0.4%의 3배인 1.2%를 적용한다. 이런 중과는 설립시뿐만 아니라 설립 후 5년 내에 증자를 하는 경우에도 적용된다. 그러므로 자본금을 1억원 증자하는 경우에는 등록세로 120만원을 납부해야 한다. 따라서 설립 후 5년이 얼마 남지 않은 법인이라면 5년이 지난 후에 증자하는 것이 절세에 도움이 된다.

또한 특정 업종을 영위하는 경우에는 중과세에서 제외되므로 중과에서 제외되는 업종을 영위하고 있다면 중과세받지 않도록 유의해야 한다.

● 등록세 중과세에서 제외되는 업종

- 소프트웨어사업
- 초고속망사업
- 자원재활용업종
- 협동화사업으로서 도시형 공장을 영위하는사업
- 의료업
- 통상산업부 장관이 고시하는 첨단기술산업
- 공업배치 및 공장설립에 관한 법률에 의한 첨단업종
- 전기통신사업
- 5년 이상 제조업을 하던 개인의 법인전환

② 과점주주의 취득세 부과에 주의한다

증자시에는 과점주주에 해당되는지를 검토해야 한다. 과점주주란 주주 1인과 특수관계자의 주식을 합한 지분율이 51% 이상인 주주를 말한다. 이런 과점주주에 해당되면 부동산 취득세가 부과될 수 있으며 제2차 납세의무가 적용될 수 있다.

과점주주에 대한 취득세 부과란 취득세 과세대상(부동산, 차량, 기계장비, 입목, 항공기, 선박, 광업권, 어업권, 골프 회원권, 콘도미니엄 회원권, 종합체육시설이용 회원권)을 보유하고 있는 법인의 주주가 과점주주가 되면 당해 취득세 과세대상을 과점주주가 취득한 것으로 보아 과점주주에게 취득세를 부과하는 것을 말한다.

사 례 설립시 과점주주인 자의 지분율이 늘어난 경우

설립시 60%의 지분을 가진 주주가 증자 또는 다른 주주로부터 취득하여 70%의 지분을 갖게 되었다면, 이 시점에서 회사가 보유하고 있는 취득세 과세대상의 10%(증가된 비율만큼)를 과점주주가 취득한 것으로 보아 취득세를 부과한다. 부과되는 취득세는 산출세액에서 증가된 지분율 10%를 곱하여 계산된 금액이 부과된다.

사 례 설립시 과점주주가 아닌 자의 지분율이 늘어나서 과점주주가 된 경우

설립시 45%의 지분을 가진 주주가 증자 또는 다른 주주로부터 취득하여 60%의 지분을 갖게 되었다면, 이 시점에서 회사가 보유하고 있는 취득세 과세대상의 60%를 과점주주가 취득한 것으로 보아 취

득세를 부과한다. 부과되는 취득세는 산출세액에서 과점주주의 지분율 60%를 곱하여 계산된 금액이 부과된다.

이와 같이 취득세 과세대상 물건을 보유하고 있는 법인이 증자시에는 반드시 과점주주 해당 여부를 검토하여 증자를 결정해야 할 것이다.

③ 과점주주의 제2차 납세의무에 주의한다

앞에서 말한 과점주주에 해당되면 취득세가 부과될 수도 있으며, 또한 제2차 납세의무가 발생할 수도 있다.

과점주주의 제2차 납세의무는 과점주주로서 51% 이상의 권리를 실질적으로 행사하는 자 및 법인의 경영을 사실상 지배하는 자 또는 앞의 자의 배우자 및 생계를 같이하는 직계존비속에게 발생한다. 따라서 법인이 납부할 세금을 납부하지 않으면 제2차 납세의무가 발생하게 된다.

이처럼 제2차 납세의무가 부여되는 자들은 당해 법인이 세금이 체납되고 있는지 항상 관심을 가져야 한다. 아니면 아예 처음 주주 구성을 할 때부터 과점주주에 해당되지 않도록 주의해야 할 것이다.

④ 신주인수권 포기시 이익을 얻은 자는 증여로 보므로 주의한다

기존 주주가 증자시에 부여된 고유한 권리인 신주인수권을 포기하게 되면 기존 주주의 포기로 인해 이익을 얻은 자에게 증여세가 부과될 수 있다. 예를 들어 시가 10,000원인 주식을 8,000원으로신주를 발행하는 경우 기존 주주가 신주인수를 포기하고 다른 사람이

제2장 기업활동과 세테크

신주인수를 할 경우에는 신주인수를 받는 자에게 증여세가 부과된다.

증여로 보는 경우는 두 가지가 있다.

첫째, 기존 주주가 포기한 신주를 다시 배정한 경우에는 이를 배정받아 이익을 얻은 자에게 증여세가 부과된다.

둘째, 기존 주주가 포기한 신주를 다시 배정하지 않은 경우에는 포기한 주주와 특수관계에 있는 대주주가 얻는 이익에 대해서만 증여세가 부과된다.

⑤ 주식명의신탁시 증여로 보므로 주의한다

증자로 인해 신주를 인수해야 할 상황에서 과점주주 등 여러 가지 이유로 다른 사람의 명의를 빌려 주주로 등재하는 경우가 있다. 그러나 이런 경우에는 명의신탁주식에 해당되어 증여세가 부과될 수 있다. 따라서 증자시에는 과점주주, 명의신탁 등의 관련 세법을 잘 검토한 후에 결정해야 할 것이다.

17

소비성 경비와 세금

실무를 하다 보면 여러 가지 문의가 들어오는데 그 중에 하나가 각종 소비성 경비에 대한 회계처리와 세금문제에 관한 것이다. 소비성 경비란 법률상의 용어가 아니며, 일반적으로 사업자가 수익을 발생시키기 위해 직접적이 아니라 간접적으로 발생시키는 비용으로서 주로 먹고 마시고 즐기는 데 사용하는 비용을 말한다. 대표적인 예가 바로 접대비, 기밀비이다. 유사한 지출로는 광고선전비, 판매촉진비, 복리후생비, 기부금 등이 있다.

기업 활동을 하는데 있어 수익을 발생시키기 위해 비용을 지출하는 것은 기업 경영자의 자유지만, 정부에서는 산업구조를 건전하게 하고, 자본축적을 유도하기 위해 정책적으로 소비성 경비에 대해 세제상 불이익을 주고 있다.

즉, 세제상 접대비 등의 각종 지출에 지출한도를 두고 이를 초과하는 지출은 비용으로 인정하지 않는 것이다. 따라서 사업자는 소비성 경비와 관련된 규제사항을 잘 이해하고 있어야만 세제상의 불이익을 최소화할 수 있을 것이다.

먼저 소비성 경비와 유사 경비 각 항목에 대한 비교를 보면 표와 같다.

▶ 소비성 경비 등의 과목별 비교

과 목	내 용	비 고
접 대 비	사업과 관련하여 특정인에게 금품 등을 제공하는데 발생한 비용으로서 사용한 영수증이 필요하다.	일정 한도 내에서 비용 인정
기 밀 비	사업과 관련하여 특정인에게 금품 등을 제공하기 위해 임직원에게 지급하는 금액으로서 사용 영수증은 필요하지 않다.	일정 범위 내에서 접대비로 인정(2000년 폐지 예정)
광고선전비	사업과 관련하여 불특정 다수에게 금품 등을 제공하는데 발생한 비용을 말한다.	전액 비용 인정(단, 소비성 서비스업 영위자는 일정 한도 내에서 비용 인정)
판매장려금	사업과 관련하여 거래처와 사전 약정에 따라 지급하는 금품을 말한다.	전액 비용 인정
복리후생비	사업과 관련하여 임직원의 복리와 후생을 위해 지출하는 모든 비용을 말한다. 의료보험료, 산재보험료, 고용보험료, 경조비, 직장연예비, 야근식대비 등이 있다.	전액 비용 인정
기 부 금	사업과 관련없이 특정인에게 무상으로 지급하는 금품 등을 제공하는 것을 말한다.	일정 한도 내에서 비용 인정

17. 소비성 경비와 세금

이상으로 소비성 경비와 유사 경비의 종류 및 내용에 대한 기본적인 사항을 알아보았다. 그런데 문제는 어떠한 지출이 발생했을 때 그 지출이 과연 어디에 속하는 비용인지 실무상 구분하기가 매우 애매하다는 점이다. 회계상으로 볼 때 모두 다 같은 비용과목이므로 금액이 중요하지 않다면 어떤 비용과목으로 처리해도 큰 문제가 되지 않는다. 그러나 세무상으로 볼 때는 당해 지출이 어떤 비용과목이냐에 따라 세금문제가 다르게 발생하기 때문에 실무상 정확하게 판단해야 절세에 도움이 될 수 있다. 이에 대해 각 과목별로 중요한 세법상의 전략과 세금효과를 설명하기로 한다.

① 접대비는 사업과 관련하여 한도 내에서만 인정된다

첫째, 접대비는 사업과 관련되어야만 인정된다.

사업과 관련없이 지출된 금액은 비용으로 인정되지 않으며 지출로 인해 혜택을 받은 자의 소득으로 본다. 예를 들어 대표자가 개인적으로 사용한 비용은 대표자의 상여금으로 보아 소득세를 징수해야 한다.

둘째, 일정한 한도 내에서 비용으로 인정된다.

접대비는 기밀비(한도내의 금액)를 포함하여 일정한 한도를 두고 있으며, 한도를 초과하여 지출한 비용은 비용으로 인정되지 않는다. 접대비의 한도는 현재 기본 1,200만원(중소기업 1,800만원)에 매출액에 대한 일정율(0.3%~0.06%)의 금액(부동산임대업 등의 사업자는 이 금액의 20%만 인정)을 더한 금액이다(단, 중소기업은 1998년도만 자기자본의 1%를 포함해 인정). 이런 한도 내의 경우에도 신용카드 사용비율(예 : 서울 80%)에 미달하는 금액은 비용으로 인

제2장 기업활동과 세테크

정되지 않는다. 특히 1999년부터는 접대비의 한도도 줄어들었으며, 건당 5만원 이상은 반드시 신용카드, 세금계산서, 계산서를 사용해야 하는 것으로 되어 있다.

② 기밀비는 소득으로 보아 세금이 부과될 수 있으므로 주의한다

기밀비는 1999년도 말까지 개시하는 사업연도에 발생한 기밀비에 한하여 접대비 한도액의 10% 범위 내에서 접대비 사용으로 인정된다(2000년 폐지 예정).이때 인정되는 조건은 다음과 같다.

첫째, 사업과 관련되고 사용목적과 사용인별 지급한도액 등에 관한 지급기준에 의한 것만 접대비로 인정된다.

업무와 무관하거나 지급기준이 없이 지급된 경우에는 비용으로 인정되지 않으며, 동시에 기밀비 사용자의 소득으로 보아 세금이 징수된다.

둘째, 정액기밀비는 비용으로 인정되지 않는다.

지급기준에 의하더라도 매월 일정액을 지급하는 경우에는 비용으로 인정되지 않으며, 동시에 기밀비 사용자의 소득으로 보아 세금이 징수된다.

③ 광고선전비는 불특정 다수인에게 제공되어야 불이익이 없다

첫째, 사업과 관련되어 불특정 다수인에게 제공되어야 한다.

사업과 관련되어 특정인에게 제공되는 경우에는 접대비로 보아 접대비 한도 내에서만 비용으로 인정된다.

둘째, 제공 성격에 따라 제공받는 자의 소득으로 보아 과세될 수 있다. 예를 들어 백화점에서 경품을 받는 경우에는 기타소득에 해당되며, 물품을 무상으로 제공받으면 이는 자산수증이익이 된다.

셋째, 소비성 서비스업자의 지출은 일정 한도만 인정된다.

소비성 서비스업(음식점업, 숙박업, 오락·유흥관련업)을 영위하는 자는 수입금액의 2%만이 인정되며 초과액은 비용으로 인정되지 않는다.

④ 판매장려금은 사전 약정이 있어야 한다

첫째, 사업과 관련되어야 하고 거래처와 사전 약정이 있어야 한다.

사전 약정이 없이 임의로 지급되는 판매장려금은 접대비로 처리된다.

둘째, 판매장려금은 제공받는 거래처의 수입이 된다.

판매장려금을 지급받는 거래처, 즉, 판매업자는 판매장려금을 반드시 수입으로 계상해야 한다. 이를 누락시키면 세금을 추징당한다.

⑤ 복리후생비는 직원의 소득이 되지 않도록 주의한다

복리후생비는 원칙적으로 모두 비용으로 인정된다. 그러나 제공받는 임직원의 입장에서 경우에 따라 근로소득, 기타소득, 증여 등으로 보아 과세될 수 있으므로 주의해야 한다. 즉, 복리후생비로 지급된 금액이 세법 규정에 따라 근로소득, 기타소득, 증여 등에 해당하면 과세된다.

⑥ 기부금은 사업과 관계없어야 하며 한도가 있다

첫째, 사업과 관계없이 제공되어야 한다.

사업과 관계있는 자에게 제공되는 기부금은 접대비로 보아 처리한다.

둘째, 자기의 재화를 제공할 경우에는 부가가치세가 과세될 수 있다. 부가가치세법에 따라 자기의 재화를 사업과 관계없이 자기, 사용인, 고객이나 불특정 다수인 등에게 무상으로 제공하는 것은 원칙적으로 부가가치세가 과세되므로 주의해야 한다.

셋째, 기부금 종류에 따라 비용으로 인정되는 한도가 다르다.

소득(이월결손금 차감 후) 범위 내에서 전액 인정되는 기부금(국가, 지방자치단체, 국방헌금, 구호금품 등), 소득의 5%만 인정되는 기부금(대부분의 공익목적기부금), 전액 인정되지 않는 기부금(기타의 기부금)으로 구분된다. 한편, 전액 인정되지 않는 기부금은 받는 자의 사업수입, 증여 등으로 보아 과세된다.

이상에서 살펴 본 바와 같이 납세자가 소비성 경비의 지출시에는 세금문제까지 고려하여 지출 여부를 합리적으로 결정해야 할 것이다.

거래처의 부도와 절세방안

사업을 하다 보면 불가피하게 외상채권이 발생하게 되거나 어음이나 수표를 수취하게 되는데, 이런 외상채권이나 어음 또는 수표가 거래처의 부도 등으로 회수할 수 없게 되는 경우도 종종 있다. 이처럼 이미 회수할 수 없게 된 외상채권이나 어음 또는 수표 등을 대손금이라 한다. 이런 대손금은 어쩔 수 없이 포기해야 하겠지만, 대손과 관련된 세법의 규정을 알고 있으면 어느 정도의 세금은 절세할 수 있다. 결과적으로 대손으로 인한 손실 중 절세액만큼은 손해가 줄어든다고 할 수 있다. 현행 세법에서는 대손세액공제규정과 대손금에 대해 비용으로 인정하는 규정이 있으므로 이를 잘 활용하면 절세가 가능하다.

① 부가가치세 대손세액공제를 받자

부가가치세법에 의하면 사업자가 재화 또는 용역을 공급한 후에 공급받는 자에게 부도가 발생하여 공급받는 자로부터 매출부가가치세를 받지 못했음에도 불구하고 매출부가가치세를 세무서에 납부해야 하기 때문에 공급자의 입장에서는 손해가 가중된다. 이런 경우 공급받는 자로부터 받지 못한 매출부가가치세를 부가가치세 매출세액에서 공제해 주는 것이 바로 대손세액공제규정이다.

대손세액공제 사유

① 파산법에 의한 파산선고를 받은 경우(강제화의를 포함한다)
② 민사소송법에 의한 강제집행을 받은 경우
③ 사망·실종 선고를 받은 경우
④ 회사정리법에 의한 회사정리계획인가의 결정을 받은 경우
⑤ 상법상의 소멸시효가 완성된 경우
　(상법상의 소멸시효는 채권의 종류에 따라 1년에서 5년까지 다양하다)
⑥ 수표 또는 어음의 부도 발생일로부터 6월이 경과한 경우(단, 당해 사업자가
　채무자의 재산에 대하여 저당권을 설정하고 있는 경우는 제외한다)

● 대손세액공제대상 금액

　재화 또는 용역을 공급한 후 공급받은 자에게 위의 표와 같은 사유가 발생하여 공급자가 당해 재화 또는 용역의 공급에 대한 매출채권(부가가치세 매출세액을 포함)의 전부 또는 일부를 회수할 수 없는 경우에는 회수할 수 없는 금액의 10/110을 매출세액에서 공제하고 납부한다. 다만, 대손세액공제를 받은 후에 대손금액의 전부 또는 일부를 회수한 경우에는 회수한 금액과 관련된 대손세액을 회수한 날의 과세기간의 매출세액에 가산한다.

◉ 대손세액공제시기

대손이 확정된 날이 속하는 과세기간(부가가치세법상 과세기간은 제1기가 1월부터 6월까지이고, 제2기가 7월부터 12월까지이다)의 다음 과세기간 확정신고시에 부가가치세 매출세액에서 차감한다 (예 : 1999년 5월 10일에 부도가 발생하였다면 1999년 2기 확정신고기한인 2000년 1월 1일부터 25일까지 신고하여 공제받을 수 있다).

이런 대손세액공제는 사업자가 부가가치세가 과세되는 재화 또는 용역을 공급한 후 공급일로부터 5년이 경과된 날이 속하는 과세기간에 대한 확정신고기한(부가가치세법상 확정신고기한은 제1기가 7월 25일까지이고, 제2기가 다음 연도 1월 25일까지이다)까지 확정되는 대손에 대하여 적용한다.

◉ 부도 발생일이란?

제시기간 내 또는 제시기간 경과 후에 금융기관이 당해 어음이나 수표에 부도 확인한 날을 말한다.

◉ 저당권 설정시 적용 여부

부도액 중 채권 최고액을 초과하는 금액은 대손세액공제를 적용받을 수 있다.

◉ 대손세액공제를 적용하지 않은 경우

공제해야 할 시기에 공제 신청하지 못한 경우에는 신고기한 경과 후 1년 이내에 경정신청에 의해 공제받을 수 있다.

◉ 대손세액공제 신청 서류

① 부도 — 부도어음 또는 수표 사본과 세금계산서 사본
② 파산 또는 강제집행 — 채권배분계산서와 세금계산서 사본
③ 사망 또는 실종 선고 — 가정법원 판결문, 채권배분계산서와 세금계산서 사본
④ 회사정리계획인가 결정 — 회사정리인가서와 세금계산서 사본

② 대손금을 비용으로 계상하자

한편 소득세법과 법인세법에 의하면 아래 표와 같은 대손금을 비용으로 인정하고 있다. 소득세와 법인세는 기본적으로 매출수익에서 사업과 관련된 비용을 차감하여 계산된 세전이익에 대해 해당세율을 적용하여 산출한다. 그러므로 대손금을 비용으로 계상하면 비용금액이 증가하고 세전이익은 감소한다. 따라서 세전이익에 해당세율을 적용하여 산출한 소득세 또는 법인세가 감소하게 된다.

① 채권자의 파산·강제집행·형의집행 또는 사업의 폐지로 인하여 회수할 수 없는 채권
② 채권자의 사망·실종·행방불명으로 인하여 회수할 수 없는 채권
③ 외상매출금 및 미수금으로서 상법상의 소멸시효가 완성된 것
④ 외상매출금 또는 미수금과 관련하여 받은 어음법상의 소멸시효가 완성된 어음
   (어음법상의 소멸시효는 경우에 따라 6개월에서 1년까지이다)
⑤ 외상매출금 또는 미수금과 관련하여 받은 수표법상의 소멸시효가 완성된 수표
   (수표법상의 소멸시효는 경우에 따라 6개월에서 1년까지이다)
⑥ 대여금 및 선급금으로서 민법상의 소멸시효가 완성된 것
   (민법상의 소멸시효는 종류에 따라 1년에서 10년까지이다)
⑦ 부도 발생일로부터 6월이 경과한 어음 또는 수표(단, 당해 사업자가 채무자의 재산에 대하여 저당권을 설정하고 있는 경우는 제외한다)
⑧ 국세징수법 제86조 제1항의 규정에 의해 세무서장으로부터 국세결손처분을 받은 채무자에 대한 채권(단, 저당권이 설정되어 있는 채권은 제외한다) 등
※ 이상의 대손금에는 대손세액공제를 받은 부가가치세 매출세액 미수금은 대손금으로 인정하지 않는다.

이상과 같이 사업자에게 대손이 발생한 경우에 부가가치세법에서는 부가가치세 매출세액에 대해 대손세액공제를 인정해 주고 있으며, 소득세법과 법인세법에서는 대손금을 비용으로 인정하고 있으므로 이를 잘 활용한다면 절세를 통해 대손으로 인한 손해를 어느 정도 줄일 수 있다.

사 례 부가가치세법 예규(부가 46015-864, 1999. 4. 1.)
중 일부 발췌

문 부도수표·어음에 대한 대손세액공제시 대손세액공제 적용시기를 언제부터 보아야 합니까?

답 1. 법령심사협의회에서 결정된 부가가치세 예규 변경사항

종 전	개 정
①부도수표·어음에 대한 대손세액공제 적용시기	①부도수표·어음에 대한 대손세액공제 적용 시기
- 대손이 확정된 날을 부도 발생일로부터 6월이 되는 날로 보아 그날이 속하는 과세기간의 확정신고시 대손세액공제 적용	- 대손이 확정된 날을 부도 발생일로부터 6월이 되는 날의 다음날로 보아 그날이 속하는 과세기간의 확정신고시 대손세액공제 적용
- 즉, 부도 발생일이 6월 30일, 12월 30일, 12월 31일인 경우 대손세액공제 적용시기는 다음과 같았음.	- 즉, 부도 발생일이 6월 30일, 12월 30일, 12월 31일인 경우 대손세액공제 적용시기는 다음과 같이 변경
②6월 30일 : → 제2기 과세기간의 확정 신고시	②6월 30일 : → 다음해 제1기 과세기간의 확정신고시
③12월 30일, 12월 31일 : → 다음해 제1기 과세기간의 확정신고시	③12월 30일, 12월 31일 : → 다음해 제2기 과세기간의 확정신고시

2. 새로운 예규의 적용시기

　새로운 예규 시행일 이후 신고하는 분부터 적용하되 기신고된 분 중 종전 예규처럼 신고된 분은 종전 예규에 의거 적법한 것으로 인정하고, 기신고된 분 중 변경된 예규처럼 신고한 분도 변경된 예규에 의거 적법한 것으로 인정하고 있다.

※ 이건 예규 변경은 과세재적부심사회의(1999년 2월 9일) 결정사항을 수용한 것임.

19

사업상 비용 지급과 원천징수

원천징수 불이행시 원천징수의무자가 책임져야 한다

사업을 하면 여러 가지 비용이 발생하게 된다. 비용의 종류에는 급여, 임대료, 접대비, 지급수수료, 외주용역비 등 여러 가지가 있다. 세법에서는 이런 비용 중 특정 비용을 지급할 때에는 반드시 세금을 차감하고 지급하도록 하고 있다. 예를 들어, 급여를 지급할 때에는 근로소득세를 원천징수하고 남은 차감액만을 지급한다. 또한 은행에서 이자를 지급할 때에도 이자소득세를 차감하고 남은 차감액만을 지급한다. 

이와 같이 특정 소득을 지급할 때 지급자가 세금을 징수하여 정부에 납부하는 것을 원천징수라고 한다. 원천징수는 지급시에 징수를 함으로써 국고 수입이 수입시기별로 평균화되고, 징수하기 쉬운 지급자가 징수하여 납부하므로 조세징수 비용을 절약할 수 있다는 장점이 있는 제도이다.

이런 원천징수 대상소득을 지급하는 자가 세법에서 정한 원천징수 의무를 이행하지 않으면 각종 불이익이 있으므로 주의해야 한다.

원천징수 대상소득과 원천징수할 세액은 다음의 표와 같다. 표는

151

원천징수 대상소득을 개인에게 지급하는 경우를 설명하고 있으며, 법인에게 지급하는 경우는 이자소득과 증권투자신탁 분배금에 대해서만 원천징수한다.

▶ 원천징수 대상소득과 원천징수액(개인에게 지급하는 경우)

원천징수 대상소득		원천징수할 세액 (주민세 10% 별도)	비 고
이자소득		지급액×22%	비영업대금의 이익(일명 사채이자)은 25%, 실지명의가 확인되지 않는 경우 40% 적용
배당소득		지급액×22%	실지명의가 확인되지 않는 경우 40% 적용
특 정 한 사업소득		지급액×3%	특정 사업소득은 국가·법인 또는 개인사업자가 부가가치세 면세대상인 의료보건용역과 인적용역에 대한 대가를 지급하는 경우에 원천징수함
근로 소득	월급직	지급액에 해당하는 간이세액	다음 연도 1월분 급여 지급시 연말정산을 해야 함
	일용직	(지급액-일당 5만원)×10%	원칙적으로 3개월 이상 계속 고용하면 월급직으로 원천징수해야 함
기타소득		(지급액-필요경비)×20%	
봉 사 료		지급액×5%	봉사료를 사업자의 수입금액에 포함하지 않고 지급하면서 봉사료가 공급가액의 20%를 초과하는 경우에 원천징수함
퇴직소득		지급액×퇴직소득세율	외국기관 또는 국외에 있는 외국인 또는 외국법인으로부터 받는 퇴직소득자는 제외

 원천징수시 주민세도 함께 징수한다

소득에는 반드시 세금이 뒤따르며, 이 세금 뒤에는 주민세의 부담이 있다. 따라서 원천징수할 세액의 10%에 상당하는 주민세를 동시에 원천징수한다.

전략 58 원천징수의무 불이행시에는 원천징수의무자가 부담해야 한다

원천징수의무를 이행하지 아니하면 세무서에서는 원천징수의무자에게 원천징수세액에 가산세를 추가해 징수한다. 따라서 어떤 경우에 원천징수를 해야 하는지에 대해서는 각종 비용을 지급하기 전에 충분한 검토를 거쳐 지급할 필요가 있다.

전략 59 비과세소득은 원천징수의무가 없다

특정의 비과세·면제소득에 대해서는 원천징수할 필요가 없다. 원천징수할 필요가 없는 비과세소득의 예를 들면 다음과 같다.

① 이자소득 중 공익신탁의 이익에 대해 얻는 소득
② 사업소득 중 농작물 생산업, 농가 부업적인 축산업, 연구 및 개발업, 학교 등
③ 근로소득 중 식사와 식사대(5만원 이하), 학자금, 생산직 근로자의 연장근로수당 등
④ 기타소득 중 국가유공자가 받는 보상금·학자금, 북한 이탈 주민의 정착금, 국가보안법과 상훈법에 의한 상금과 부상, 발명진흥법

19. 사업상 비용 지급과 원천징수

에 의한 종업원의 우수발명으로 인해 받는 보상금

전략 60 원천징수한 세액은 다음달 10일까지 관할세무서에 납부해야 한다

징수하지 않았거나, 징수한 세액을 납부하지 않았거나, 미달하게 납부한 경우 원천징수세액과 원천징수의무 불이행 가산세는 원천징수의무자에게 부과된다. 원천징수납부 불성실 가산세는 징수해야 할 세액의 10%이다.

전략 61 특히 외국에 송금하는 경우에는 주의해야 한다

외국에서 용역을 제공받고 지급하는 경우에는 반드시 원천징수 여부를 확인해야 한다. 예를 들어, 미국의 사업자에게 기술사용료를 지급하는 경우에는 15%의 소득세를 원천징수하여 납부해야 한다. 이처럼 외국과의 거래에서는 그 국가와 조세협약이 체결되어 있는지를 검토하고, 국내 세법과 비교하여 원천징수해야 하므로 반드시 전문가와 상의하여 지급하도록 한다.

관련서식 참조

〈부록 11〉 사업소득원천징수영수증

〈부록 12〉 사업소득원천징수영수증(연말정산용)

〈부록 13〉 근로소득원천징수영수증

〈부록 14〉 퇴직소득원천징수영수증

20

지급이자와 세무대책

모든 지급이자가 비용으로 인정되는 것은 아니다

사업자가 사업자금을 차입하고 이자를 지급하는 경우에는 원칙적으로 이를 손금(비용)으로 인정한다. 따라서 이익이 감소하고 세금도 감소하게 되는 것이다. 그러나 세법에서는 조세목적상 비용으로 인정하지 않는 경우가 있으므로 주의해야 한다. 이를 세법에서는 지급이자의 손금불산입이라고 한다.

이런 지급이자의 손금불산입에 관해 그 종류별로 손금불산입하는 취지와 세금효과를 살펴보면 다음과 같다.

▶ 지급이자의 손금불산입 내용(법인사업자의 경우)

취 지	내 용	손금불산입으로 인한 세금효과
재무구조의 개선	업무무관 대여금(가지급금)과 관련된 지급이자	- 비용부인액만큼 법인소득이 높아져 법인세 부담이 증가한다. - 또한 법인이 가지급금에 대한 대여금 이자를 받지 않은 경우에는 이자 상당액을 이익으로 보므로 법인세가 증가하게 된다. 동시에 이자 상당액은 가지급금 수령인의 소득으로 보아 소득세를 징수한다.
	비업무용 부동산과 관련된 관련이자	비용부인액만큼 법인소득이 높아져 법인세 부담이 증가한다.
	타법인 주식의 취득과 관련된 지급이자	
	기준초과 차입금에 대한 지급이자(2000년부터 시행)	
변칙거래 규제	채권자가 불분명한 지급이자	비용부인액만큼 법인소득이 높아져 법인세 부담이 증가한다. 동시에 이자 상당액은 대표자의 소득으로 보아 소득세를 징수한다.
	비실명 채권·증권의 지급이자	
자산의 취득가액	건설자금이자	비용부인액만큼 법인소득이 높아져 법인세 부담이 증가한다(추후에 자산처분시 또는 감가상각시 비용이 증가하고 법인소득이 감소해 법인세 부담이 감소한다).

● 개인사업자의 경우 지급이자 손금불산입 내용

상기의 표는 법인사업자의 경우에 해당되고, 개인사업자의 경우에는 개인과 개인사업자의 구분이 불분명하기 때문에 법인의 경우와는 약간의 차이가 있다. 그렇지만 기본적으로 업무와 관련이 없다고 판단되는 지급이자를 비용으로 인정하지 않는 점은 동일하다. 즉, 채권자 불분명 차입금이자, 건설자금의 이자, 초과인출금(자산 〈 부채)인 경우 초과인출금 상당액에 대한 지급이자를 손금불산입 대상으로 규정하고 있다. 이는 경제에서 차지하는 비중이 작은 개인기업에게는 사회적 책임을 보다 완화해 주고 있는 것이다.

> **전략 62** 업무무관자산을 보유하면 법인세 손실과 소득세 부담을 감수해야 한다

차입금이 있는 법인사업자가 업무와 무관한 가지급금(대여금), 업무무관자산 등을 보유하면 관련된 지급이자를 비용으로 인정하지 않는다. 동시에 대여금에 대한 이자를 받지 않은 경우에는 동액을 대여금을 받은 자의 소득으로 보아 소득세도 부과한다.

1 업무무관자산의 종류(예시)

① 서화 및 골동품 등이다. 다만, 장식·환경미화 등에 사용하는 것으로 사회통념상 타당하다고 인정되는 범위 안의 것은 제외한다.
② 업무에 직접 사용하지 않는 자동차·선박 및 항공기
③ 업무무관 가지급금

② 업무무관 가지급금으로 보지 않는 것

① 사용인에게 1998년 12월 31일까지 대여한 국민주택자금 중 2,000만원까지는 2001년 12월 31일까지 제외

② 법인이 당해 법인 주식 취득에 소요되는 금액을 우리사주조합 또는 그 조합원에게 대여한 경우

③ 사용인에 대한 월정급여액 범위 내에서의 일시적인 급여 가불금

④ 사용인에 대한 경조사비 대여액

⑤ 사용인(그 자녀 포함)에 대한 학자금 대여액

⑥ 국민연금법에 의해 근로자가 지급받은 것으로 보는 퇴직전환금

⑦ 미지급 소득에 대한 소득세를 법인이 납부한 경우

⑧ 귀속이 불분명하여 대표자에게 상여로 처분한 금액에 대한 소득세를 법인이 납부하고 이를 가지급금으로 계상한 경우

⑧ 정부인가를 받아 국외에 자본을 투자한 내국법인이 당해 국외투자법인에 종사하거나 종사할 자의 여비·급료·기타비용을 대신 부담하고 이를 가지급금 등으로 계상한 경우

전략 63 비업무용 부동산을 보유하면 법인세 손실을 감수해야 한다

부동산을 취득한 후 유예기간이 경과할 때까지 당해 법인의 업무에 직접 사용하지 않는 부동산 또한 부동산 매매업을 주업으로 하는 법인이 아닌 경우 유예기간 중에 당해 법인의 업무에 직접 사용하지 않고 양도하는 부동산은 비업무용 부동산으로 본다. 따라서 이와 관련된 차입금이자는 비용으로 인정되지 않는다. 그러므로 법인

세 부담이 증가하게 되는 것이다.

전략 64 차입금과다법인이 타법인 주식 등을 보유하면 법인세 손실을 감수해야 한다

자기자본적수의 2배(소비성 서비스업은 1배)를 초과하여 차입금을 보유하고 있는 차입금 과다 법인이 타법인 주식이나 임야 등을 보유하는 경우에는 법 소정 산식에 의해 계산한 지급이자를 손금불산입한다. 이는 차입금과다법인이 업무와 관련성이 적은 자산을 보유하는 것을 규제함으로써 법인의 재무구조를 개선하기 위한 것이다. 다만, 정책상 기관투자가가 취득하는 주식(특수관계자와의 합계가 10% 이하인 경우), 해외 직접 투자주식, 대물변제로 인해 취득하는 주식(취득일로부터 1년간만 제외됨), 외국인 투자기업의 주식 등은 제외된다.

이런 차입금과다법인은 차입금을 조정하거나, 법인세법에 규정된 손금부인대상자산을 확인하여 이에 대한 보유를 억제하는 것이 손금불산입을 최소화할 수 있는 방안이다.

전략 65 기준초과 차입금에 대한 이자는 비용으로 인정되지 않는다

기업(각 사업연도 종료일 현재 주권상장법인, 각 사업연도 종료일 현재 독점규제 및 공정거래에 관한 법률에 의한 대규모 기업집단에 속하는 내국법인)이 자기자본 적정배율의 5배(여신전문금융기관과 위탁회사의 경우 15배)를 초과하는 차입금에 해당하는 이자는 손금불산입한다. 다만, 이는 2000년 1월 1일 이후 최초로 개시하는 사업연도부터 적용한다. 이런 유예규정을 둔 것은 기업들로 하여금 스스

20. 지급이자와 세무대책

로 차입금을 감소시키도록 하기 위해서이다.

따라서 기준초과 차입금에 대한 이자의 손금불산입규정이 적용되는 기업인지를 확인하고, 기준차입금에 맞게 부채비율을 조정해야 할 것이다.

전략 66 건설자금이자도 비용으로 인정되지 않는다

법인이 본사 사옥이나 공장을 건설하는 경우 일반적으로 설계·건축허가·착공·준공검사 등의 절차를 거쳐 의도된 용도에 사용하기까지는 장기간이 소요된다. 법인세법은 사업용 고정자산의 취득기간 동안 그 자산의 취득에 사용된 차입금에 대한 지급이자를 해당 자산의 취득원가로 본다. 따라서 법인비용은 감소하고 법인세는 증가하므로 고정자산 취득시에는 적절한 세무대책이 필요하다.

전략 67 사채이자 지급시에는 법인세 손실과 소득세 부담을 감수해야 한다

사채(私債)업자를 통해 자금조달을 하는 경우에는 거래의 은밀성 때문에 과세관청에서는 사채업자가 획득한 이익을 포착하기가 어렵다. 그래서 차입하는 기업에게 불이익을 가중시켜 사채업자와의 거래를 밝히고, 이로 인해 사채시장의 양성화와 과세누락을 방지하고자 하는 규정이다. 여기서 채권자가 불분명한 경우란 채권자의 주소 또는 성명을 확인할 수 없는 차입금, 채권자의 능력 및 자산상태로 보아 금전을 대여한 것으로 인정할 수 없는 차입금, 또는 채권자와의 금전거래 사실 및 거래 내용이 불분명한 차입금을 말한다. 따라서 자금을 차입하는 경우에는 금전소비대차약정서를 작성하여 위의 요건에 해당되지 않게 해야 한다.

또한 비실명 채권·증권의 이자와 할인액도 비용으로 인정하지 않는다. 비실명 채권·증권의 이자와 할인액이란 채권 또는 증권의 이자·할인액이나 차익을 당해 채권 또는 증권의 발행법인이 직접 지급하는 경우 그 지급 사실이 객관적으로 인정되지 않는 이자·할인액 또는 차익을 말한다. 따라서 발행 법인이 직접 지급하지 않고 증권사 등을 통해 채권을 발행하고 이자를 지급해야 불이익이 없다.

부가가치세 세테크(총괄)

부가가치세 계산구조를 파악하면 절세에 도움이 된다

부가가치세는 매출자가 매입자로부터 매출대금과 함께 징수하여 세무서에 납부하는 세금으로서 매출자가 부담하는 세금이 아니라 매입자가 부담하는 세금이다. 따라서 매출자가 세금을 납부하기는 하나 실제로 부담하는 자는 매입자이다. 그러나 현실적으로 실제 거래시 매출자가 매입자로부터 부가가치세를 징수받아 납부하는데 많은 애로점이 있다. 그 원인은 여러 가지가 있을 수 있다. 예를 들어 매입자가 최종 소비자인 경우에 소비자가 부가가치세에 대해 정확히 인식하지 못하기 때문에 부가가치세를 부담하려고 하지 않는다. 반면 매입자가 면세사업자인 경우라 하더라도 매입세액을 공제받지 못한다는 이유로 면세사업자가 부가가치세를 부담하려고 하지 않는다. 또한 매입자가 일반사업자인 경우에도 비정상적인 거래를 통해 매입을 하고 매입에 상당하는 매출을 누락시켜 소득세 또는 법인세의 부담을 피하려고 하기 때문이다. 그러나 이런 비정상적인 거래를 하다가 과세당국에 적발되면 회사 경영에 치명적인 손실을 가져올 수 있다는 점을 잊지 말아야 한다.

이상과 같이 부가가치세는 매입자로부터 징수하여 납부하는 세금임에도 불구하고 여러 가지 문제가 발생하고 있다. 진정한 경쟁력을 가진 매출자라면 부가가치세의 계산구조를 이해하고 그에 따른 절세전략에 따라 절세하면서 정상적인 거래를 하는 것이 현명한 방법일 것이다.

● 부가가치세의 계산구조(일반사업자)

부가가치세의 계산구조를 일반과세자를 중심으로 설명하면 아래의 표와 같다. 원칙적으로 과세특례자와 간이과세자의 계산구조도 동일하다. 다만, 매출세액 계산방식이 다르며, 매입세액 공제방식이 다르다. 이에 대해서는 다음 '개인사업자의 부가가치세 세테크'에서 알아보기로 하자.

▶ 부가가치세의 계산구조 및 절세전략(일반과세자)

구 분	계산방법 및 절세전략	
매 출 세 액	- 공급가액의 10%(영세율은 0%) - 대손세액은 차감함	전략 68 · 69
(−)매 입 세 액	- 공급가액의 10%(영세율은 0%) - 불공제 매입세액은 제외함	전략 70 · 71
납 부 세 액 (환급세액)		
(−)경감 및 공제세액	세법에 따른 각종 공제세액	전략 72
(+)가 산 세 액	세법상 의무불이행시 발생함	전략 73
납부할세액 (환급받을 세액)		전략 74 · 75

전략 68   매출세금계산서를 정확히 발행하자

세금계산서에 반드시 포함되어야 할 내용인데 이를 잘못 기재하여 교부하면 매출처별세금계산서합계표를 잘못 작성하게 된다. 이런 경우 잘못 기재된 부분에 대해 공급가액의 1%(법인은 2%)의 가산세가 부과된다. 다만, 이런 부실기재나 누락이 예정신고기간에 있었고 같은 과세기간의 확정신고시에 제출하는 경우에는 지연제출 가산세 0.5%(법인은 1%)가 부과된다. 단, 부실기재분이 착오에 의한 경우로서 세금계산서에 의해 확인되는 경우에는 가산세의 적용을 받지 않는다. 그러므로 반드시 사업자등록증을 확인하여 정확하게 기재해야 한다.

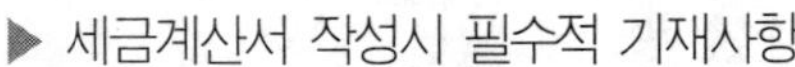

▶ 세금계산서 작성시 필수적 기재사항
① 공급하는 사업자의 사업자등록번호와 성명 또는 명칭
② 공급받는 자의 등록번호
③ 공급가액과 부가가치세액
④ 작성 년·월·일

전략 69   부도 등으로 회수가 곤란한 매출채권에 대해서는 대손세액공제를 받자

매출한 후 매출채권을 회수하기 전에 받을어음의 부도가 발생하는 등의 사유가 생기면 매출세액에서 공제받을 수 있다. 공제받을 수 있는 사유는 다음과 같으며 자세한 내용은 앞에서 언급한 '거래처의 부도와 절세방안'을 참고하기 바란다.

▶ 대손세액공제 사유

① 파산법에 의한 파산(강제화의를 포함함)

② 민사소송법에 의한 강제집행

③ 사망 · 실종선고

④ 회사정리법에 의한 회사정리계획인가의 결정

⑤ 상법상의 소멸시효가 완성된 경우

⑥ 수표 또는 어음의 부도 발생일로부터 6월이 경과한 경우. 다
만, 당해 사업자가 채무자의 재산에 대해 저당권을 설정하고 있는
경우에는 제외한다.

전략 70 매입세금계산서를 정확히 수취하자

매입세금계산서에 의해 매입세금계산서합계표를 작성하며, 유의
사항은 매출처별세금계산서합계표의 경우와 동일하다. 다만, 매입처
별세금계산서합계표의 경우 과소기재에 대해서는 매입세액이 공제
되지 않는 불이익이 있으며, 과다 기재하여 납부세액을 부당하게 감
소시킨 경우에는 가산세 1%(법인은 2%)가 부과된다.

전략 71 매입세액 불공제 사유를 정확히 알고 대처하자

부가가치세 납부세액은 매출세액에서 매입세액을 공제하고 납부
하는데, 매입세액으로 공제해 주지 않는 특정한 경우가 있다. 다음
에 해당하는 경우 매입세액이 공제되지 않으므로 이에 유의하여 불
이익이 없도록 해야 할 것이다.

▶ 매입세액 불공제대상

① 매입세금계산서를 수취하지 않은 경우

② 매입세금계산서의 필요적 기재사항이 기재되지 않았거나 사실과 다른 경우

③ 매입처별세금계산서합계표를 제출하지 않은 경우

④ 사업과 직접적인 관련이 없는 지출을 한 경우

⑤ 비영업용 소형승용차의 구입·유지와 관련된 경우(비영업용이란 통상적으로 택시회사 등에서 쓰는 영업용이 아닌 자가용을 말함)

⑥ 접대비와 관련된 지출에 대한 매입세액

⑦ 사업자등록 신청 20일 이전에 매입한 매입세액

전략 72 경감 및 공제세액을 활용하자

부가가치세법에서는 여러 가지 정책적인 목적으로 각종 세액공제 제도를 두고 있으므로 이를 활용하면 절세에 도움이 된다. 그 중 가장 일반적인 세액공제를 설명하면 다음과 같다.

① 세금계산서 제출 세액공제

간이과세자(과세특례자)가 다른 사업자로부터 교부받은 세금계산
서·매입처별세금계산서합계표 및 신용카드매출전표(이면확인분)
를 당해 확정신고와 함께 제출하거나 경정에 있어서 경정기관의 확
인을 거쳐 제출하는 경우에는 세금계산서 등에 기재된 매입세액의
20%(간이과세자의 부가율이 30%를 초과하면 30%)를 공제한다.

② 신용카드 세액공제

직전연도 공급가액이 5억원(대리, 중개, 주선, 위탁매매, 도급, 창
고업은 1억 2,500만원) 미만인 개인사업자가 신용카드매출전표를
발행한 경우에는 그 공급대가의 1%에 상당하는 금액(연 300만원 한
도)을 납부세액에서 공제한다.
이상은 1999년 9월 1일 현재 개정을 추진 중인 내용으로서, 모든
개인사업자를 대상으로 매출액의 2%를 공제할 것이다.

전략 73 부가가치세법상의 제 의무를 이행하여 가산세를 내지
말자

앞에서 언급한 매출계산서합계표와 매입계산서합계표에 관련된
가산세 이외에도 다음과 같은 가산세가 있으므로 주의해야 한다.

① 사업자 미등록 가산세

사업개시일로부터 20일 이내에 사업자등록 신청을 하지 않으면 미등록 가산세를 부과한다. 미등록 가산세는 사업개시일로부터 등록을 신청한 예정신고기간(예정신고기간 경과시 과세기간)까지의 공급가액에 개인은 1%, 법인은 2%를 가산세로 부과한다. 또한 사업자등록 신청을 사업개시 후 20일 이내에 하지 않으면, 신청 20일 이전의 매입세금계산서상의 매입세액공제를 인정하지 않으므로 불이익이 가중된다.

② 영세율 과세표준신고 불성실 가산세

영세율이 적용되는 과세표준을 신고하지 않거나, 신고해야 할 금액에 미달한 경우 또는 영세율 첨부서류를 제출하지 않은 경우에는 영세율 과세표준신고 불성실 가산세를 적용한다. 영세율 과세표준신고 불성실 가산세는 무신고 · 미달신고 · 첨부서류를 미제출한 과세표준의 1%이다.

전략 74 신고 · 납부 기한을 준수하자

부가가치세는 매분기 종료 후 25일 내에 관할 세무서장에게 신고 · 납부해야 한다. 신고일이 공휴일인 경우에는 다음날까지 신고하면 된다.

신고기한을 준수하지 않은 경우에는 신고해야 할 세액의 10%를 가산세로 부담해야 한다. 그리고 납부기한을 준수하지 않은 경우에는 납부해야 할 세액의 0.05%에 납부한 날까지의 일수를 곱한 금액을 가산세로 부담해야 한다.

▶ 부가가치세 신고 · 납부 기한

구 분	1 기		2 기	
	예정신고 (1~3월분)	확정신고 (4~6월분)	예정신고 (7~9월분)	확정신고 (10~12월분)
신고 · 납부 기한	4월 25일	7월 25일	10월 25일	익년 1월 25일

전략 75 불가피한 경우에는 납기연장을 활용하자

천재지변 및 기타 기한연장 사유에 해당하는 경우 사업자가 관할 세무서장의 승인 · 신청을 얻으면 납부기한 연장이 가능하다.

▶ 납기연장 사유
① 납세자의 화재 · 전화 기타 재해를 입거나 도난을 당한 때
② 납세자 또는 그 동거 가족이 질병으로 위중하거나 사망하여 상(喪)중인 때
③ 납세자가 그 사업에 심한 손해를 입거나, 그 사업이 중대한 위기에 처한 때. 단, 이 경우는 납부(징수)의 경우에만 한함.
④ 권한있는 기관에 장부 · 서류가 압수 또는 영치된 때
⑤ 위의 ① ② 또는 ④에 준하는 사유가 있는 때

22

부가가치세 세테크(개인사업자)

납세의무자의 유형에 따라 세부담에 차이가 발생한다

개인사업자의 경우에 납세의무자의 유형은 일반과세자·간이과세자·과세특례자로 구분되며, 세액계산방법과 납부세액이 각각 다르다. 따라서 개인사업자는 자신에게 가장 유리한 형태의 납세유형을 선택해야 부가가치세를 절세할 수 있다. 결론적으로 말해 동일한 금액의 매출이 있는 사업자의 매입세액이 평균적인 매입세액보다 많다면 일반과세자가 유리하고, 평균적인 매입세액보다 적다면 간이과세자 또는 과세특례자가 유리하다. 그러나 사업자라고 해서 누구나 간이과세자나 과세특례자로 등록할 수 있는 것은 아니다.

사업자의 유형별 납부세액 계산방식

일반과세자·간이과세자·과세특례자의 요건과 납부세액 계산방식을 보면 표와 같다.

▶ **개인과세사업자의 부가가치세 과세유형 및 세액계산**

구 분	과세특례자[1]	간이과세자	일반과세자
업 종	다음에 해당되지 않는 사업자로서 연간매출액이 4,800만원(대리·중개·주선·위탁매매·도급은 1,200만원) 미만인 사업자 - 광업 - 제조업(특정 제조업 제외) - 도매업 - 부동산 매매업 - 과세유흥업소 - 특별시(광역시)에서의 부동산 임대업 - 변호사 등 전문 자격 소지자 - 과세특례배제기준 사업자	다음에 해당되지 않는 사업자로서 연간 매출액이 1억 5,000만원 미만인 사업자[2] - 광업 - 제조업(특정 제조업 제외) - 도매업 - 부동산 매매업	과세특례자와 간이과세자 이외의 사업자
세 액 계 산	매출액(부가세 포함)×2%(대리 등은 3.5%)(영세율 적용시 0%)	매출액(부가세 포함)×업종별 부가가치율×10%(영세율 적용시 0%)	매출액(부가세 제외)×10%(영세율 적용시 0%) - 매입세액
업종별 부 가 가치율	해당 사항 없음	10%에서 50% 사이에서 업종별로 결정하며, 현재는 다음과 같다. - 제조 22% - 소매 20% - 건설 37% - 서비스 40%	해당 사항 없음

제2장 기업활동과 세테크

구 분	과세특례자	간이과세자	일반과세자
		- 음식·숙박 50% - 부동산 임대 43% - 농업 등 43% - 전기 등 21% - 운수 등 50% - 대리 등 41%	
세액 공제	신용카드 세액공제 - 신용카드 발행액의 1%(연간 300만원 한도) 매입세금계산서 세액공제 - 매입세액의 20%	신용카드 세액공제 - 신용카드 발행액의 1%(연간 300만원 한도) 매입세금계산서 세액공제 - 매입세액의 20% 또는 30%	신용카드 세액공제 - 직전연도 매출액이 5억원(대리 등은 1억2,500만원) 이하인 경우에만 신용카드 발행액의 1% 공제

※ 1) 2000년 7월 1일 폐지 예정
2) 2000년 7월 1일부터 매출액이 4,800만원 미만인 사업자에게도 적용 예정

전략 76 세금의 성격을 알아야 절세할 수 있다

개인사업자는 표와 같이 일반과세자·간이과세자·과세특례자로 구분되며, 납부세액 계산구조도 다르다. 과세특례자와 간이과세자는 매입세액과 관계없이 매출액의 일정액을 납부할 세액으로 계산하기 때문에 매입세액이 많다 하더라도 공제되지 않는다. 따라서 매입세액이 많은 사업자는 일반사업자로 전환하는 것이 유리하다.

 영세율이 적용되는 개인사업이라면 일반과세자가
유리하다

영세율이란 수출 등의 외화획득사업에 대하여 매출액에 '0'의 세
율을 적용하는 것을 말한다. 따라서 과세특례자나 간이과세자는 매
입세액이 있어도 환급받지 못하므로 일반사업자로 전환하는 것이
유리하다.

관련서식 참조

〈부록 18〉 부가가치세신고서(일반사업자)

〈부록 19〉 간이과세자부가가치세신고서

23

부가가치세 세테크(면세사업자)

면세는 영세율과는 달리 부분면세제도이므로 판매가격 결정에 유의해야 한다

사업을 하려는 자가 세무서에 사업자등록 신청을 하면, 사업내용에 따라 과세사업을 하는 경우에는 일반과세자용이나 간이과세자용 또는 과세특례자용 사업자등록증을 교부해 주며, 면세사업을 하는 경우에는 면세사업자용 사업자등록증을 교부해 준다. 일반적으로 사업자들은 과세사업과 면세사업 및 영세율 적용의 차이를 이해하지 못해 여러 가지 문제에 직면하게 된다. 그 중에서 대표적인 문제는 면세되는 재화·용역을 공급하는 경우에 발생하는 것이다.

◉ 면세사업자에게 발생하는 대표적 문제

① 면세사업자의 매입세액 불공제 문제 — 면세매출이 있는 사업자는 부가가치세를 신고할 때 면세되는 재화·용역의 매출과 관련된 매입세액을 과세매출세액에서 공제받지 못한다. 그렇기 때문에 매입시에 당연히 부담해야 하는 매입세액을 부담하지 않으려고 하

는 것이다.

② 면세사업자의 판매가격 결정 문제 — 사업자가 면세되는 재화·용역을 공급할 때에는 매출부가가치세가 없다는 점에서 영세율 매출과 동일하게 이해하고 면세되는 재화·용역의 판매가격을 결정하는 것이다. 예를 들어 어떤 물건을 110(매출부가가치세 10포함)에 판매하려고 하다가, 동 물건이 면세대상 재화로 확인되어 매출부가가치세 10을 면제하고 100에 판매해 버리는 오류를 범한다.

따라서 다음에서는 이상과 같은 문제들에 대한 대처방법을 설명하기로 하겠다.

① 과세매출을 면세매출로 처리하면 매출자가 부가가치세를 추징 당하므로 과세매출과 면세매출을 명확히 구분해야 한다

면세와 과세의 구분은 정책적으로 결정되는데 농산물, 의료용역 등의 기초생활 필수품이나 특정 인적용역 등의 재화·용역의 공급에 대해서는 면세를 적용하고 나머지는 과세하고 있다. 과세의 경우에는 원칙적으로 일반세율이 적용되지만 수출 등과 같이 외화획득과 관련된 재화·용역의 공급에 대해서는 영세율을 적용하고 있다.

이와 같이 면세와 과세가 세법에 명확하게 구분되어 있음에도 불구하고 과세매출을 면세매출로 처리하면, 세무서에서는 매출자로부터 매출부가가치세를 추징하게 된다. 이런 경우 매출자가 매입자로부터 매출부가가치세를 거래징수하기는 거의 불가능하기 때문에 매출자는 추징액만큼 손해를 보는 것이다.

그러므로 매출자는 본인의 매출이 과세매출인지 면세매출인지를 사전에 면밀히 살펴본 다음 매출해야 한다.

2️⃣ 일반과세되는 경우와 공급가액이 동일할 때에는 판매이익을 비교하여 적절한 판매가격을 설정할 수 있어야 한다

부가가치세법상 사업자는 기본적으로 과세사업자와 면세사업자로 구분된다. 과세사업자는 과세재화·용역의 공급에 대해 일반세율(원칙적으로 10%) 또는 영세율(0%)을 적용하며, 면세사업자는 면세재화·용역의 공급에 대해 부가가치세를 면제한다. 여기서 영세율과 면세는 매출부가가치세가 없다는 점에서 동일한 것처럼 보인다. 그러나 부가가치세 매출세액에서 부가가치세 매입세액을 공제하여 부가가치세 납부세액을 계산할 때, 영세율 적용시에는 매입세액을 공제받지만, 면세 적용시에는 매입세액을 공제받지 못한다는 차이가 있다.

따라서 부가가치세를 포함하지 않은 판매가격이 서로 동일할 경우 매입세액을 공제받지 못하는 면세사업자는 매입세액을 공제 받는 일반과세자보다 이익이 적음을 알아야 한다(사례 참조). 따라서 면세사업자는 과세사업일 경우의 부가가치세를 제외한 판매가액보다 높게 판매해야만 과세사업과 동일한 이익을 낼 수 있다(사례 참조).

● 부가가치세를 포함한 소비자가격의 비교

영세율 판매가액 (공급가액)	<	면세 판매가액 (공급가액 + α)	<	일반세율 판매가액 (공급가액 + 부가가치세)

  면세사업자와 과세사업자의 이익 비교

〈표1〉에서 공급가액이 1,000으로 동일한 경우 일반세율에서는 40의 납부세액이 발생하고, 영세율에서는 60의 환급세액이 발생하며, 면세에서는 매입세액이 불공제되므로 납부세액이 없다. 그 결과 영세율과 일반세율의 이익은 400으로 동일하지만, 면세는 매입세액공제를 받지 못하므로 불공제액 60만큼 이익이 적다.

이와 같이 면세사업자는 공제받지 못하는 매입세액 60을 부담하지 않고 600에 매입하려고 하지만, 상대공급자는 과세재화·용역의 공급으로서 부가세를 납부해야 하기 때문에 660에 공급하게 된다.

〈표1〉에서 공급가액이 1,000으로 동일한 경우 일반세율에서는 40의 납부세액이 발생하고, 영세율에서는 60의 환급세액이 발생하며, 면세에서는 매입세액이 불공제되므로 납부세액이 없다. 그 결과 영세율과 일반세율의 이익은 400으로 동일하지만, 면세는 매입세액공제를 받지 못하므로 불공제액 60만큼 이익이 적은 것이다.

▶ 〈표1〉 면세 공급가액이 과세와 동일할 경우의 이익 비교

구분	일반과세자(일반세율)			일반과세자(영세율)			면 세		
	공급가액	부가세	합계액	공급가액	부가세	합계액	공급가액	부가세	합계액
매 출	1,000	100	1,100	1,000	0	1,000	1,000	면세	1,000
매 입	600	60	660	600	60	660	600	60	660
차 액 (1-2)납부	400	40	440	400	(60)	340	400	60	340
세 액 (환급세액)	-	40	40	-	(60)	(60)	-	-	없음
이익(손실) (3-4)	400	-	400	400	-	400	400	(60)	340

제2장 기업활동과 세테크

위와 같이 매입세액 60을 공제받지 못하기 때문에 결과적으로 660에 공급받은 면세사업자는 자신의 이익을 일반세율이나 영세율의 이익과 같게 하려면 판매가격을 높이는 수밖에 없다. 그러면 판매가격을 얼마로 인상해야 할까?

〈표2〉에서 보듯이 일반세율이나 영세율의 이익과 동일하게 되기 위해서는 면세사업자의 판매가격을 1,060으로 인상하면 된다. 따라서 부가가치세를 포함한 판매가액 즉, 소비자 부담액은 일반세율이 1,100으로 가장 크고, 영세율이 1,000으로 가장 적으며, 면세가 1,060으로서 일반세율과 영세율의 중간이다.

결론적으로 동일한 재화·용역에 대해 면세를 적용할 때 면세사업자의 이익이 일반세율 또는 영세율 적용시와 동일하게 되기 위해서는 소비자가격이 일반세율과 영세율의 중간에서 결정되어야 한다.

▶ 〈표2〉 면세의 공급가액이 1,060일 경우의 이익 비교

구 분	일반세율			영세율			면 세		
	공급가액	부가세	합계액	공급가액	부가세	합계액	공급가액	부가세	합계액
매 출	1,000	100	1,100	1,000	0	1,000	1,060	면세	1,060
매 입	600	60	660	600	60	660	600	60	660
차 액 (1-2)	400	40	440	400	(60)	340	460	(60)	400
납부세액 (환급세액)	-	40	40	-	(60)	(60)	-	-	없음
이익(손실) (3-4)	400	-	400	400	-	400	460	(60)	400

그러므로 면세되는 재화·용역을 공급하는 사업자는 이상의 내용을
잘 이해하고 합리적으로 판매가격을 결정해야 손해를 보지 않을 것
이다.

부가가치세 세테크(수출업자)

수출업자는 영세율 서류를 철저히 관리해야 불이익이 없다

부가가치세법에서는 재화를 수출하는 경우 및 기타 외화획득사업의 경우에 영세율을 적용한다. 그 이유는 국가간에 재화 또는 용역이 이동할 때 수출하는 국가에서 부가가치세를 거래징수하지 않고, 소비지에서 과세하기 위한 것이며, 또한 국가간의 거래를 원활하게 하기 위한 목적도 있다.

이와 같이 영세율이 적용되는 사업자의 경우 주의해야 할 절세전략은 다음과 같다.

전략 78　과세표준을 정확히 신고한다

수출 등의 영세율이 적용되는 경우에는 세금계산서를 발행하지 않는 것이 일반적이기 때문에 매출 즉, 과세표준 신고시 누락되기 쉽다. 과세표준 신고가 누락되는 경우에는 공급가액의 1%가 가산세로 부과된다.

▶ 영세율 적용시 부가가치세의 과세표준

구 분	과 세 표 준
공급시기 도래 전에 원화로 환가한 경우	환가한 금액
공급시기 이후에 외국통화 및 기타 외국환의 상태로 보유하거나 지급받는 경우	공급시기의 기준환율 또는 재정환율에 의해 계산한 금액

전략 79　매입·매출의 공급시기에 맞춰 정확하게 신고한다

영세율이 적용되는 사업자는 일반적으로 매출세액이 거의 없고 매입세액만이 발생하므로 환급세액이 발생한다. 과세당국에서는 환급세액이 발생하는 경우 환급세액이 정당한지에 대해 조사하는 것이 원칙이다. 따라서 매입의 경우 공급받은 시기 또는 공급가액과 다르게 세금계산서를 교부받으면 이는 사실과 다른 세금계산서로 보아 매입세액을 공제해 주지 않는다. 따라서 공급시기에 정확하게 세금계산서를 수취해야 한다. 다만, 재화 또는 용역의 공급시기보다 먼저 세금계산서를 수령하는 경우에는 이를 인정한다.

전략 80　부가가치세 신고시 반드시 영세율 첨부서류를 함께 제출한다

부가가치세의 영세율을 적용받기 위해서는 영세율 적용대상임을 입증할 수 있는 서류를 과세관청에 제출해야 한다. 미제출시에는 신고하지 않은 것으로 보아 가산세가 적용되며, 가산세는 신고하지 않은 공급가액의 1%가 부과된다.

▶ 영세율 첨부서류

영세율 첨부서류는 다음과 같다. 부가가치세법 시행령상의 서류는 국세청장 지정 서류로 갈음할 수 있다. 즉, 부가세법 시행령상의 서류를 준비하지 못한 경우 국세청장이 지정한 서류를 준비함으로써 영세율을 적용받을 수 있다.

📝 관련서식 참조

〈부록 23〉 영세율첨부서류제출명세서

구 분		부가가치세법 시행령 서류	국세청장 지정 서류
수 출		수출대금입금증명서 또는 수출신고필증, 소포수출의 경우 소포수령증	- 대행수출 : 수출대행계약서 사본과 수출신고필증 - 내국 L/C수출 : 내국신용장 사본 또는 구매승인서 사본
국외 제공 용역		외화입금증명서 또는 용역공급계약서	
선박 또는 항공기의 외국항행용역		외화입금증명서 또는 공급 가액확정명세서(항공기)	- 선박에 의한 운송용역공급 가액일람표 - 화물운송 계약대행 등 : 공급자와 공급받는 자간의 송장집계표
기타 외화 획득 사업	비거주자에게 공급할 때	외화입금증명서 또는 수출신고필증	용역공급계약서 사본
	수출재화 임가공용역	임가공계약서 사본과 납품 사실증명서 또는 수출대금 입금증명서	
	외항선박 · 항공기 · 원양어선에의 공급	선(기)적 완료증명서	- 재화 : 물품 · 선(기)용품 적재 허가서 - 하역용역 : 수(출)입 품목 적재(하선)에 관한 작업신고 및 교통허가서 또는 작업보고필증이나 선박회사 대금 청구서 - 기타용역 : 승선허가증 사본 - 원양어선에 공급하는 재화 용역 : 입출항신고필증 사본, 선장 확인서 - 위 사항 불가능시 : 용역공급계약서 사본

구 분		부가가치세법 시행령 서류	국세청장 지정 서류
기타외화획득사업	외국 정부기관 등에 공급하는 재화·용역	수출(군납)대금입금증명서, 군납완료증명서 또는 납품증명서(단, 공급단위 구획 불가능한 경우에는 재화공급기록표)	용역 : 외화입금증명서
	관광사업자 관광기념품 판매업자	외국인 물품판매기록표	
	관광사업자 일반 여행업자	외화입금증명서	
	미국군 주둔지역 지정사업자	외화입금증명서 또는 외화매입증명서	
	주한 외교관 판매	외교관 면세판매기록표	
	차관자금에 의한 공급	외화입금증명서 또는 차관사업증명서	
	외신기자 클럽	재화 또는 용역 공급기록표	
	해외취업 근로자	외화면세판매품 인도보고서와 외화입금증명서	
장기공급으로 외화입금증명서 또는 수출신고필증을 발급받을 수 없을 때			제조·가공·역무 제공계약서 사본

24. 부가가치세 세테크(수출업자)

25

가공매입과 위장매입의 경제학

가공매입과 위장매입은 기업경영에 치명적일 수 있다

사업자가 사업을 하다 보면 자의 반 타의 반으로 가공의 매입세금계산서 또는 가공의 경비영수증에 의해 비용을 과대계상하는 경우가 종종 발생하게 된다. 이와 같이 가공의 매입세금계산서나 경비영수증에 의해 비용을 과대계상하게 되면 이는 이익을 과소계상하는 것이며 결과적으로 세금을 탈세하게 되는 것이다.

그러면 가공의 매입계산서를 수취하여 비용을 과대계상하는 것이 과연 사업자에게 득이 되는지 아니면 실이 되는지 비교해 보자. 사업자는 이런 비교결과를 놓고 볼 때 현명한 의사결정을 할 수 있을 것이다.

◉ 사업자가 가공의 매입세금계산서를 수취하는 대표적인 이유

① 실제로 매입하지 않고 비용을 과대계상하고 부가가치세 납부액을 줄일 목적의 경우

② 실제로 매입하지 않고 비용을 과대계상하여 비자금을 조성할

목적의 경우

③ 실제로 매입하였으나 당해 거래의 상대방으로부터 매입세금계산서를 수취하지 못하여 다른 사업자로부터 가공의 매입세금계산서를 수취하는 경우

● 사업자별 가공매입의 유형

구 분	실제 매입이 있는 경우	실제 매입이 없는 경우
개인사업자	a	A
법인사업자	b	B

● 가공매입 또는 위장매입시 불이익

1) 부가가치세와 소득세 등의 탈루세금을 추징당한다.
2) 세무서의 판단에 따라 세무조사를 받게 될 수도 있다.
3) 조세범처벌법에 의해 처벌을 받게 된다.

① 부가가치세법의 규정에 의해 매입처별세금계산서합계표 또는 세금계산서를 정부에 제출해야 할 자가 폭행, 협박, 선동, 교사 또는 통정에 의해 세금계산서를 교부받지 않거나 허위기재의 세금계산서를 교부받은 때에는 3년 이하의 징역 또는 100만원 이하의 벌금에 처한다.

② 세금계산서를 작성하여 교부해야 할 자로 하여금 세금계산서를 교부하지 아니하게 하거나 허위의 기재를 하게 할 목적으로 폭행, 협박, 선동, 교사한 때에도 동일하게 처벌받는다.

③ 부가가치세법의 규정에 의한 재화 또는 용역을 공급함이 없

이 세금계산서를 교부하거나 교부받은 자는 2년 이하의 징역 또는 그 세금계산서에 기재된 공급가액에 부가가치세법의 세율을 적용하여 계산한 세액의 2배 이하에 상당하는 벌금에 처한다.

④ 앞의 ③의 행위를 알선하거나 중개한 자도 동일하게 처벌한다.

전략 81 실제매입이 있는 사업자(a유형과 b유형)는 부가가치세가 추징된다

개인사업자나 법인사업자가 실제매입이 있었으나 다른 사업자로부터 사실과 다른 매입세금계산서에 의해 비용을 계상한 경우에는 매입부가가치세를 추징당한다.

이때 실제로 매입한 자와의 거래를 입증하는 경우에는 별 문제가 없으나, 입증하지 못하면 A유형(개인사업자) 또는 B유형(법인사업자)에 따라 세금을 추징당한다. 한편, 실거래를 입증하는 경우에는 실제로 거래한 자는 매출누락에 따른 부가가치세, 사업소득세, 근로소득세(법인의 경우 대표자의 상여 처분시)를 추징당한다.

전략 82 실제매입이 없는 개인사업자(A유형)는 부가가치세·소득세가 추징된다

개인사업자가 실제매입이 없이 가공의 매입세금계산서에 의해 비용을 과대계상한 경우로서 당해 개인사업자는 가공의 매입자료에 의해 공제받은 매입부가가치세를 추징당한다. 또한 가공의 매입자료에 의해 비용으로 계상하여 이익을 과소계상한 결과 과소납부한 사업소득세도 추징당하게 된다.

 실제매입이 없는 법인사업자(B유형)는 부가가치세·법인세·근로소득세가 추징된다

법인사업자가 실제매입이 없이 가공의 매입세금계산서에 의해 비용을 과대계상한 경우에는 매입부가가치세를 추징당한다.

또한 비용과소계상으로 인한 법인세가 추징되며, 개인사업자의 경우와는 달리 가공의 매입자료에 의해 지출된 것으로 처리한 금액만큼 대표자 상여금으로 처리되어 근로소득세가 추징당하게 된다.

이상의 내용을 고려해 볼 때, 사업자는 과연 가공매입에 의해 부가가치세를 과소납부하고 비용을 과대계상하는 것이 정말 현명한 일인지를 결정해야 한다. 만약, 적발될 확률이 50%라고 가정할 경우 세금만 고려한다면 위험중립형과 위험회피형 사업자는 가공매입하면 손해이다. 반면에 위험선호형 사업자는 위험선호도에 따라 가공매입을 할 수도 있을 것이다. 그러나 세금 이외에 조세범처벌법에 의해 처벌과 세무조사를 받는 사실을 고려하면 가공매입을 하는 것이 기업경영에 치명적일 수 있다는 점을 경영자는 명심해야 한다.

사 례 가공매입과 위장매입의 추징

매출이 100(매출부가세 10)이고, 가공매입이 100(매입부가세 10)인 상황에서 가공매입 사실이 적발될 경우에 추징세액을 계산하면 다음의 표와 같다. 단, 가공매입 전의 이익은 100, 가공매입 후의 이익은 0으로 하고, 법인세율은 28%, 소득세율은 40%라고 가정하였다.

아래의 비교에서 (a) 또는 (b)의 경우에 실제거래를 입증하지 못한다면 이때 추징될 세액은 (A) 또는 (B)의 경우와 동일하다.

▶ 가공매입 사업자 유형별 세부담 비교

구　　분		실제매입이 없는 경우		실제매입이 있는 경우 (실제거래에 입증시)	
		개인사업자 (A)	법인사업자 (B)	개인사업자 (a)	법인사업자 (b)
납부했어야 할 세액(가공매입 전)	① 부가가치세	10	10	10	10
	② 소득세 또는 법인세 (이익×세율)	40	28	-	-
	③ 합 계	50	38	10	10
실제로 납부한 세액(가공매입 후)	① 부가가치세	-	-	-	-
	② 소득세 또는 법인세 (이익×세율)	-	-	-	-
	③ 합 계	-	-	-	-
추징될 세액	① 과소납부액 추징(1-2)	50	38	10	10
	② 상여처분소득세	-	40	-	-
	③ 각종 가산세	14	8.6	2	3
	④ 합 계	64	86.6	12	13
추가부담하게 되는 세액	상기 '추징될 세액'의 ②+③	14	48.6	2	3

26

매출누락과 위장매출의 경제학

매출누락시 매출자와 매입자 모두 세금이 추징된다

가공매입의 경우 가공매입 사실이 적발되어 세금을 추징당하여, 많게는 가공매입액의 100%에 상당하는 금액이 세금으로 추징되고, 경우에 따라서는 조세범처벌법에 따라 처벌을 받게 된다. 따라서 가공의 매입세금계산서를 수취하여 비용을 과대계상하는 것이 기회이익보다는 기회비용이 크다고 앞에서 이미 언급한 바 있다.

이번에는 매출누락의 세금효과에 대해 알아보기로 한다.

● 매출누락 또는 위장매출의 대표적인 이유

① 매출누락을 통해 세금을 줄이고 비자금을 조성하는 것이다.

② 매출의 상대방인 매입자가 자신의 매출을 누락시키기 위해 매입세금계산서를 수취하지 않기 때문이다. 이 때 매출누락 사업자는 실제의 매입자가 아닌 가공의 매입자에게 위장의 매출세금계산서를 발행하기도 한다.

● 매출누락 또는 가공매입의 유형

구 분	위장매출의 경우	매출누락이 있는 경우
개인사업자	a	A
법인사업자	b	B

● 매출누락 또는 위장매출시의 불이익

1) 탈루세액을 추징받게 된다.

2) 매출누락자와 이의 상대방인 매입누락자는 세무조사를 받을 수 있다.

3) 조세범처벌법에 의해 처벌을 받을 수 있다.

　① 부가가치세법의 규정에 의해 매입처별세금계산서합계표 또는 세금계산서를 정부에 제출해야 할 자가 폭행, 협박, 선동, 교사 또는 통정에 의해 세금계산서를 교부받지 않거나 허위기재의 세금계산서를 교부받은 때에는 3년 이하의 징역 또는 100만원 이하의 벌금에 처한다.

　② 세금계산서를 작성하여 교부해야 할 자로 하여금 세금계산서를 교부하지 아니하게 하거나 허위의 기재를 하게 할 목적으로 폭행, 협박, 선동, 교사한 때에도 동일하게 처벌 받는다.

　③ 부가가치세법의 규정에 의한 재화 또는 용역을 공급함이 없이 세금계산서를 교부하거나 교부받은 자는 2년 이하의 징역 또는 그 세금계산서에 기재된 공급가액에 부가가치세법의 세율을 적용하여 계산한 세액의 2배 이하에 상당하는 벌금에 처한다.

　④ 앞의 ③의 행위를 알선하거나 중개한 자도 동일하게 처벌

한다.

<table><tr><td>전략 84</td><td>위장매출이 있는 사업자(a유형과 b유형)는
부가가치세가 추징된다</td></tr></table>

개인사업자 또는 법인사업자가 실제매출이 있으면서도 이를 매입한 사업자가 아닌 다른 사업자에게 매출세금계산서를 교부하는 경우에는 매출부가가치세를 추징당한다. 이 때 다른 사업자에게 위장의 매출세금계산서를 교부한 사실을 증명하면 가산세만 추징당한다. 한편, 위장의 매출세금계산서를 교부받은 자는 가공매입으로서 각종 세금을 추징당한다.

만약 다른 사업자에게 세금계산서를 교부한 사실을 증명하지 못하면 매출누락으로 보아 A유형(개인사업자) 또는 B유형(법인사업자)에 따라 각종 세금을 추징당한다.

<table><tr><td>전략 85</td><td>매출누락이 있는 개인사업자(A유형)는
부가가치세·소득세가 추징된다</td></tr></table>

개인사업자가 실제매출이 있었으나 매출을 계상하지 않은 경우 당해 개인사업자는 매출누락에 따른 매출부가가치세를 추징당한다. 또한, 매출누락으로 과소계상한 사업소득에 대해서도 산출된 사업소득세를 추징당한다.

<table><tr><td>전략 86</td><td>매출누락이 있는 법인사업자(B유형)는
부가가치세·법인세·근로소득세가 추징된다</td></tr></table>

법인사업자가 실제매출이 있었으나 매출을 계상하지 않은 경우 당해 법인사업자는 매출누락에 따른 매출부가가치세를 추징당한다. 또

26. 매출누락과 위장매출의 경제학

한, 매출누락으로 과소계상한 법인소득에 대해서도 산출된 법인세를 추징당한다. 동시에 매출누락에 대한 판매대금을 대표자의 상여금으로 보아 대표자에 대해 근로소득세를 추징하게 된다.

사업자는 이상의 내용을 고려하여 매출을 누락하거나 위장자료를 발행하는 것이 과연 현명한 것인지 잘 생각해 보아야 한다. 그리고 이런 매출누락 등이 세금추징과 사법처리 등으로 이어질 수 있다는 사실을 항상 명심해야 할 것이다.

제2장 기업활동과 세테크

매출이 100(매출부가세 10)인 사업자가 매출누락을 한 경우 추징세액을 계산하면 표와 같다. 단, 매출누락 전의 이익은 없으며, 법인세율이 28%이고, 소득세율이 40%라고 가정하였다.

아래의 사례에서 (A)와 (B)는 매출누락의 경우로서 매출누락자는

▶ 매출누락 유형별 세부담 비교

구　분		매출누락인 경우		위장매출인 경우	
		개인사업자 (A)	법인사업자 (B)	개인사업자 (a)	법인사업자 (b)
납부했어야 할 세액	① 부가가치세	10	10	10	10
	② 소득세 또는 법인세 (이익×세율)	40	28	40	28
	③ 합 계	50	38	50	38
실제로 납부한 세액	① 부가가치세	-	-	10	10
	② 소득세 또는 법인세 (이익×세율)	-	-	40	28
	③ 합 계	-	-	50	38
추징될 세액	① 과소납부액 추징(1-2)	50	38	-	-
	② 상여처분소득세	-	40	-	-
	③ 각종 가산세	14	8.6	1	2
	④ 합 계	64	86.6	1	2
추가부담 세액	상기 '추징될 세액' 의 ②+③	14	48.6	1	2

각종 세금을 추징당하며, 거래 상대방인 매입누락자도 세무조사를 통해 각종의 세금을 추징당한다.

　또한 (a)와 (b)의 경우는 매출누락과 동시에 사실과 다른 위장매출세금계산서를 발행한 경우로서 가산세만 추징당한다. 그러나 이때에도 거래 상대방인 매입누락자는 세무조사를 통해 각종 세금을 추징당하며, 사실과 다른 매입세금계산서를 수취한 사업자도 가공매입에 대해 각종 세금을 추징받게 된다는 점에 특히 유의해야 할 것이다. 만약 (a) 또는 (b)의 경우 매출누락만 있었다고 보면 당해 사업자는 (A) 또는 (B)의 경우와 동일한 금액만큼 세금을 추징당하게 된다.

사업폐업시의 세테크

폐업시에도 적절한 세무절차를 취해야 불이익이 없다

사업을 하다 보면 부득이한 사유로 폐업하는 경우가 종종 발생하게 된다. 불경기로 인해 폐업하는 경우, 부도로 인해 폐업하는 경우, 경영자의 사망으로 폐업하는 경우, 사업양도로 폐업하는 경우, 합병으로 폐업하는 경우 등 갖가지 사유가 있을 수 있다. 이런 여러 가지 사유 중 특히 불경기, 부도, 사망 등으로 폐업하는 경우는 경황이 없어 적절한 세무처리를 하지 못해 불이익을 당할 수도 있다. 그러므로 폐업시 주의해야 할 사항에 대하여 알아볼 필요가 있다.

전략 87 개인사업자는 부가가치세와 소득세를 주의해야 한다

개인사업자가 폐업시에는 부가가치세와 사업소득세가 발생할 수 있으므로 주의해야 불이익이 없다.

① 부가가치세

폐업시 보유하고 있는 재고자산, 고정자산에 대해서는 부가가치세가 부과된다. 즉, 폐업시 보유하고 있는 상품 등의 재고자산에 대해서는 재화의 공급으로 보아 시가를 기준으로 부가가치세가 과세되는 것이다. 또한 건물 또는 구축물은 취득가액에서 취득 후 6개월이 경과할 때마다 10% 감가한 금액을 기준으로 부가가치세가 과세되며, 기타 고정자산은 취득가액에서 취득 후 6개월이 경과할 때마다 25% 감가한 금액을 기준으로 부가가치세가 과세된다.

따라서 이를 고려하지 않고 폐업하면 부가가치세가 추징되므로 반드시 폐업 전에 재고자산, 고정자산에 대한 처분 여부를 결정해야 한다. 예를 들어 폐업신고 전에 재고자산 등을 처분하게 되면 매출부가가치세를 거래징수하여 납부할 수 있으므로 폐업하는 사업자에게는 불이익이 없다. 또한 고정자산을 보유하고 있으면서 폐업시기를 늦추면 감가가 발생하여 부가가치세를 줄일 수 있다. 그러나 폐업신고 후에 재고자산 등을 처분하면 매출부가가치세를 거래징수할 수 없으므로 폐업시 부과되는 부가가치세는 결국 폐업자의 추가적인 부담이 된다.

한편, 사업의 포괄양도로 인해 폐업하는 경우에는 부가가치세가 과세되지 않는다.

② 사업소득세

사업소득세는 폐업시에도 납부해야 하는 것이므로 기장관리를 해야 한다. 또한 사업소득세는 매해 소득에 대하여 다음 연도 5월 중에 확정신고납부해야 한다. 다만, 사업자가 사망한 경우에는 사망 후 6월 내에 신고납부해야 한다.

그런데 폐업시 기장관리를 하지 않았을 경우에는 세무서에서 확정신고 때까지 기다리지 않고 종합소득세를 수시로 부과한다. 그러면 실질적인 소득이 없음에도 불구하고 세금이 과다하게 부과될 수 있다. 보통 폐업하는 사업자는 적자기업인 경우가 많으므로 이를 반영하여 기장관리를 해야 불이익을 받지 않을 것이다.

전략 88 법인사업자는 2차 납세의무 등 추가부담을 주의해야 한다

법인사업자의 폐업시 부가가치세, 법인세, 부당행위부인, 청산소득법인세, 특별부가세 및 과점주주의 2차 납세의무가 발생할 수 있으므로 개인사업자보다 더욱더 주의해야 불이익이 없다.

① 부가가치세

폐업시 재고자산 등에 대해 부가가치세가 과세되므로 개인사업자와 동일한 주의를 해야 한다.

② 기간소득에 대한 법인세

법인세는 폐업시에도 납부해야 하는 것으로, 매 사업연도 종료 후 늦어도 90일 이내에 신고하고 납부해야 한다. 따라서 해산등기한 법인은 해산일로부터 90일 이내에 법인세 신고를 해야 하며, 해산등기를 하지 않은 경우에는 폐업신고일과는 관계없이 과세기간 종료일

(보통 12월 31일)로부터 90일 이내에 법인세를 신고해야 한다. 그러나 세무서에서는 폐업한 법인에 대해서는 신고가 들어올 때까지 기다리지 않고 수시로 부과할 수 있으므로 기장관리를 하지 않으면 큰 불이익을 볼 수 있다. 적자 등으로 폐업하는 법인은 경황이 없더라도 적자내용을 잘 반영하여 기장관리를 해 두어야 불이익을 받지 않을 것이다.

③ 부당행위계산부인

부채보다 자산이 많은 법인은 폐업시 가능한 한 해산등기를 하고 청산절차를 거치는 일이 필요하다. 법인은 세법상의 절차인 폐업신고를 했다고 해서 그 수명이 다한 것은 결코 아니다. 법인을 완전하게 정리하려면 상법상의 절차인 해산등기를 하고 청산절차를 거쳐야 한다. 그러나 실무상 부도 등으로 폐업하는 경우 이런 절차를 밟는 사업자는 거의 없다. 한편 이런 절차없이 자산으로 부채를 상환하고, 남은 자산을 주주들에게 나눠주면 원칙적으로 세법상 문제가 된다. 즉, 청산완료 전에 주주에게 나누어 준 가액은 부당행위로 볼 수 있기 때문이다.

④ 청산소득에 대한 법인세

법인을 청산하는 경우에는 청산소득에 대한 법인세가 과세되므로 유의해야 한다. 청산소득이란 청산일 현재 잔여순재산가액(시가)에서 해산등기일 현재 세법상의 자기자본을 차감한 금액을 말한다. 이런 청산소득은 법인이 존속하는 동안에 부과되지 않은 법인의 순자

산 증가액에 대한 과세이다. 따라서 법인세율(1억원까지 16%, 1억원 초과분 26%)을 적용하여 산출한 세금을 잔여재산가액 확정일로부터 3월 이내에 신고납부해야 한다.

⑤ 특별부가세

법인소유 부동산이 있는 경우에는 특별부가세가 과세되므로 유의해야 한다. 예를 들어 법인을 해산하고 소유토지를 주주에게 배분하고 청산하는 경우에는 토지의 양도로 보아 법인세와는 별도로 특별부가세가 과세된다. 특별부가세는 양도 당시의 정상가액에서 취득가액을 차감하여 계산된 양도차익에 대해 15%(미등기자산은 30%)의 세율을 적용하여 산출한 세액을 특별부가세로 납부해야 하는 것이다.

⑥ 과점주주의 제2차 납세의무

법인의 특정한 과점주주는 제2차 납세의무가 있다는 점에 주의해야 한다. 여기서 과점주주란 특수관계자가 소유한 주식을 포함하여 법인주식의 51% 이상을 소유하고 있는 주주를 말한다. 따라서 납세의무 성립일 현재 과점주주 중에서 51% 이상의 권리를 실질적으로 행사하는 자, 경영을 사실상 지배하는 자 및 이런 자의 배우자 또는 생계를 같이하는 직계존비속의 경우에 해당되면 법인이 납부하지 않은 세금에 대해서는 폐업 후라도 과점주주가 납부해야 한다. 이때 과점주주가 납부해야 할 세금은 실질적으로 권리를 행사하는 비율만큼의 금액이다. 이를 과점주주의 제2차 납세의무라고 한다.

이상과 같이 개인사업자와 법인사업자 모두 폐업시 발생하는 세금문제를 명확히 이해한 다음 제대로 마무리해야할 것이다.

28

근로소득세 세테크

월급생활자만큼 세금을 잘 내는 사람도 아마 없지 않을까 생각된다. 왜냐하면 급여를 받을 때 철저하게 근로소득세를 원천징수당하기 때문이다. 이런 이유로 근로소득자는 상대적으로 다른 사업소득자보다 세부담이 많다고 느끼는 것이다. 따라서 일부 사업체의 근로자들은 어떻게든 세금을 적게 부담하려고 부당한 소득공제와 세액공제를 이용하여 탈세하는 경우가 있는 것으로 알려졌다. 이에 따라 국세청에서는 매년 부당한 공제를 받은 혐의가 있다고 판단되는 국가·지방자치단체·학교 등의 공공기관, 비영리법인, 병원, 학원 등에 근무하는 근로소득자의 연말정산에 대해 표본조사를 실시하여 부당한 경우에는 세금을 추징하고 있다.

이런 상황에서 합리적으로 근로소득세를 절감하는 방법은 세법에서 허용하고 있는 각종 절세 가능한 제도를 이해하고, 이를 활용하여 사전에 세무계획을 세워 절세하는 방법 외에는 없다.

이를 위해 다음 표의 근로소득세 계산구조를 참조하여, 각 단계별로 절세전략을 설명하고자 한다.

203

▶ 근로소득세의 계산구조 및 절세전략

계산구조	계산방법 및 절세전략	
근 로 소 득	상여금 포함, 비과세소득과 근로소득으로 보지 않는 소득 제외	전략 89
(—)근로소득공제	500만원까지 전액, 1,500만원까지 40%, 초과분 10% (총공제한도 1,200만원)	
근로소득금액		
(—)소 득 공 제	기본공제	본인, 배우자, 부양가족공제	전략 90
	추가공제	경로자, 장애자, 부녀자, 자녀양육비공제	
	소수공제자 추가공제	① 기본공제 1인인 경우 100만원 추가 공제	
		② 기본공제 2인인 경우 50만원 추가 공제	
	특별공제	아래의 ①과 ②중에 선택해서 적용 가능함 ① 보험료, 의료비, 교육비, 주택자금, 기부금공제 ② 표준공제 60만원	
	기타공제	개인연금저축, 현장기술인력소득공제	
과 세 표 준		
(×)세 율	1,000만원까지 10%, 4,000만원까지 20%, 8,000만원까지 30%, 초과분 40%	
산 출 세 액		
(—)세액공제	근로소득, 재형저축, 주택자금이자, 주식저축, 외국납부세액공제	전략 91
결 정 세 액		
(—)원천징수세액	매월 급여 지급시 원천징수한 세액	
납부할 세액	결정세액보다 원천징수한 세액이 많은 경우에는 환급받음	

전략 89 　비과세소득과 근로소득 이외의 소득을 활용하자

　　먼저 근로소득자는 비과세소득과 근로소득으로 보지 않는 소득의 내용을 파악하고, 이를 사업주와 협의하여 월급 지급방법을 개선하면 근로소득세를 절감할 수 있다. 왜냐하면 사업주가 근로자에게 동일한 금액을 지급하더라도 월급여로 지급하는 것보다 비과세소득이나 근로소득으로 보지 않는 소득의 형태로 지급하는 것이 근로자에

제2장 기업활동과 세테크

게는 세금부담이 없어 훨씬 유리하기 때문이다. 구체적으로 활용 가능한 비과세소득과 근로소득으로 보지 않는 소득의 내용에 대해 대표적인 예를 제시하면 다음과 같다.

▶ 근로소득세가 과세되지 않는 경우(예시)

① 업무와 관련된 여비를 지급하는 대신 지급규정에 의해 지급하는 월 20만원 이내의 자가운전보조금은 비과세된다.

② 현물 또는 식권으로 제공되는 식사는 비과세되며, 현금으로 지급되는 식대 중 월 5만원까지도 비과세된다.

③ 국외근로소득 중 월 100만원까지는 비과세된다.

④ 공장·광산·어선에서 근무하는 월정급여액(상여금 등 부정기적인 급여를 제외한 금액)이 100만원 이하인 생산직 근로자가 받는 연장근로·야간근로·휴일근로수당은 연간 240만원 한도 내에서 비과세된다. 그러므로 상여금이 적고 월급여가 많아 비과세규정을 적용받지 못하는 업체는 상여금을 늘리고 월급여를 낮추면 비과세규정을 적용받을 수 있다.

⑤ 교육기간 이상 근무하지 않은 경우에는 반환하는 조건인 규정에 의해 지급되는 근로자의 학자금은 비과세된다.

⑥ 사내근로복지기금법에 의해 설립된 사내근로복지기금으로부터 근로자 또는 근로자의 자녀가 지급받는 학자금과 무주택근로자가 지급받는 주택보조금은 근로소득에 포함되지 않는다.

⑦ 종업원이 출퇴근을 위해 차량을 제공받는 경우에 상당하는 운임액은 근로소득에 포함되지 않는다.

28. 근로소득세 세테크

소득공제를 이해하고 근로자 스스로가 이를 활용하면 근로소득세를 절감할 수 있다. 이를 설명하면 다음과 같다.

① 기본공제와 추가공제

배우자의 존재 여부, 부양가족의 존재 여부 등은 원칙적으로 매년 말 현재 상황을 파악하여 공제하는 것이므로 매년 말 현재의 상황에 유의해야 한다.

② 특별공제

① 일년 동안의 지출액을 근거로 하여 일정액을 공제해 주는 것이므로 보험료, 교육비, 주택자금, 기부금공제에 대해서는 연초에 사전예산을 세워서 지출하고 지출증빙을 수시로 확보할 필요가 있다.

② 의료비공제 — 지출금액이 소액인 경우가 많아 영수증 챙기기를 소홀히 하는 경향이 있어, 거액의 의료비가 지출되는 예외적인 경우가 닥쳐서야 비로소 의료비공제를 받기 위해 과거의 의료비 영수증을 챙기려 하지만 때는 이미 늦은 일이다. 따라서 의료비의 경우에도 지출시마다 영수증을 챙겨두어야 연말에 이를 활용할 수가 있다.

의료비공제는 연간 급여액의 3%를 초과하는 의료비로서 연 200만원까지 공제된다. 이때 경로자나 장애자에 대한 의료비는 추가로 공제된다. 보험료공제는 의료보험료는 전액, 고용보험료도 전액이 공제되고, 생명보험 · 손해보험 · 화재보험 · 자동차보험 등의 보장성 보험료는 연 70만원까지 공제된다.

③ 교육비공제 — 근로자 본인의 초 · 중 · 고 · 대학의 입학금 및 수업료와 근로자의 배우자, 직계비속, 동거입양자, 형제자매의 유치원 또는 영유아 보육비(1인당 연 100만원 한도) · 초 · 중 · 고(무제한) · 대학(1인당 연 300만원 한도)의 입학금, 수업료를 공제해 준다.

④ 주택자금공제 — 배우자나 부양가족이 있는 무주택 세대주가 특정 주택을 취득하거나 임차한 경우 주택마련저축의 원금 또는 원리금 상환시에 연 180만원을 한도로 공제해 준다.

⑤ 기부금공제 — 국가 · 지방자치단체에의 기부금, 국방헌금, 위문금품, 수재의연금은 전액을 공제해 주고, 학교 · 장학단체 · 종교단체에의 기부금, 불우이웃돕기성금, 기타의 특정한 비영리단체에 기부한 기부금은 소득금액의 5% 범위 내에서 이를 공제해 준다.

⑥ 개인연금저축공제 — 저축 불입액의 40%(연 72만원 한도)를 공제해 준다.

전략 91 세액공제와 관련된 저축 등을 활용하자

마지막으로 세액공제의 규정을 활용하면 절세할 수 있다. 예를 들어 무주택 세대주나 1주택을 소유한 세대주가 서울시 이외에 국민주택규모 이하의 미분양 주택을 1998년 말까지 취득한 경우에는 당해 주택의 취득과 관련된 차입금의 이자상환액 30%를 주택자금이자 세액공제로 받을 수 있다. 이와 같이 세액공제는 소득세에서 직접 공제해 주기 때문에 절세효과가 크므로 세액공제제도에 관심을 가진다면 절세가 가능하다.

이상에서 본 바와 같이 근로소득자의 경우에도 근로소득세의 산출방법을 이해하고, 본인이 관심과 노력을 기울이고 이를 활용한다면 의외로 많은 근로소득세를 절감할 수 있다. 특히, 월급이 많아 높은 세율을 적용받는 경우에는 같은 소득공제를 받더라도 그 절세효과가 크다는 점에 유의해야 한다.

관련서식 참조

〈부록 13〉 근로소득원천징수영수증

29

기타소득의 세테크

당첨금 등의 기타소득도 소득세 납세의무가 있다

요즘 신문에서 흔히 볼 수 있는 광고가 경품지급행사에 대한 홍보이다. 그러나 이런 광고를 잘 보면 대개의 경우 경품지급시에 제세공과금은 본인 부담이라는 문구가 표시되어 있다. 이 때 제세공과금은 경품지급에 대한 소득세가 대부분이다. 이와 같이 세금은 개인의 일상생활에 거의 모든 영역에 걸쳐 있다. 그 중에서도 우리가 잘 모르는 세금이 바로 기타소득이다. 기타소득이란 다른 소득(이자소득, 배당소득, 부동산임대소득, 사업소득, 근로소득, 일시재산소득, 퇴직소득, 양도소득, 산림소득)에 속하지 않는 소득으로서 세법에서 규정하고 있는 소득을 말한다.

이런 기타소득에 대해서도 소득세가 과세되므로 지급자 또는 수령자는 세금효과를 고려하여 의사결정을 해야 한다. 즉, 소득의 지급자는 관련소득에 대한 원천징수의무는 없는지 확인해야 하고, 세후 소득을 고려하여 지급액을 결정해야 한다. 또한 소득의 수령자는 본인이 부담할 세금이 얼마인지를 고려하여 수령액을 검토해야 할 것이다.

● 기타소득의 종류와 필요경비

아래의 표는 기타소득에는 어떤 것이 있는지, 총수입에서 공제 가능한 필요경비는 얼마인지를 간략하게 표시하고 있다.

▶ 기타소득의 종류와 필요경비

구　분		필요경비	비　고
상금 등	① 공익법인이 주무관청의 승인을 얻어 시상하는 상금과 부상	75%	②의 포상금 등을 회사에서 근로자가 받는 경우에는 원칙적으로 근로소득에 포함됨
	② 전호 이외의 상금, 현상금, 포상금, 보로금 등	–	
	③ 복권, 경품권 기타 추첨권에 의해 받는 당첨금품	–	
	④ 사행행위 등의 규제 및 처벌특별법에 규정하는 행위에 참가하여 얻은 재산상의 이익	–	
	⑤ 한국마사회법에 의한 승마투표권 및 경륜·경정법에 의한 승자투표권의 구매자가 받는 환급금	투표권 구입액	
	⑥ 주택입주지 체상금	75%	
	⑦ 전호 이외의 계약 위약 또는 해약으로 인하여 받는 위약금과 배상금	–	
	⑧ 유실물 습득 또는 매장물 발견으로 인하여 받는 보상금 또는 새로 소유권을 취득하는 경우 그 자산	–	
	⑨ 무주물의 점유로 소유권을 취득하는 자산	–	
대여 등	① 저작권 또는 저작인접권을 상속, 증여 또는 양도받은 자가 그 권리를 타인에게 양도하거나 사용하게 하고 받는 금품	–	③의 경우 양도하고 받는 소득은 일시재산소득
	② 영화필름, 라디오·텔레비전 방송용 테이프 및 필름 또는 권리를 양도·대여하거나 사용의 대가로 받는 금품	–	③의 경우 내국인이 스스로 연구개발한 과학기

제2장 기업활동과 세테크

구　　분	필요경비	비　고
③ 광업권 · 어업권 · 산업재산권 · 산업정보, 산업상 비밀, 상표권 · 영업권(특정 점포임차권 포함), 토사석의 채취허가에 따른 권리, 지하수의 개발 · 이용권 기타 이와 유사한 자산이나 권리를 대여하고 받는 금품	80%	술분야의 기술비법 양도 · 대여시 세액의 50% 감면 ※ 기타소득항목이라도 사업적으로 제공하고 받는 경우에는 사업소득으로 구분됨
④ 물품 또는 장소를 일시적으로 대여	-	
⑤ 지역권 · 지상권(지하 또는 공중에 설정된 권리 포함)을 대여	75%	
① 고용관계없는 자가 다수인에게 강연을 하고 받는 강연료 등	75%	사업적으로 하는 경우에는 사업소득으로 구분됨
② 라디오 · 텔레비전 방송 등을 통하여 해설 · 계몽 또는 연기의 심사 등을 하고 받는 보수 등	75%	
③ 재산권에 관한 알선수수료	-	
④ 사례금	-	
⑤ 전속계약금	75%	
⑥ 일시적인 문예창작소득(원고료, 인세 등)	75%	
⑦ 저술가 · 작곡가 기타 특정한 인적용역을 일시적으로 제공하고 받는 금품	75%	
① 거주자 · 비거주자 또는 법인과 특수관계에 있는 자가 그 특수관계로 인하여 당해 거주자 · 비거주자 또는 법인으로부터 받는 경제적 이익으로서 급여 · 배당 또는 증여로 보지 않는 금품	-	

전략 92 지급자는 원천징수의무를 이행해야 한다

원천징수세율은 총수입에서 표의 필요경비를 공제한 소득금액의 20%(소득세의 10%에 상당하는 주민세 별도)를 원천징수하여 다음달 10일까지 납부해야 한다. 단, 봉사료 금액의 경우에는 총수

29. 기타소득의 세테크

입액의 20%를 초과하는 경우 봉사료 수입액의 5%를 원천징수한
다.

원천징수 납부하지 않은 경우에는 미납부세액의 10%를 포함하여
추징당하므로 반드시 원천징수하고 이를 납부해야 한다.

전략 93 지급자는 지급조서제출의무를 이행해야 한다

기타소득의 지급조서란 기타소득의 지급시에 원천징수하고 작성
하는 원천징수영수증을 말한다. 이런 지급조서는 지급일이 속하는
분기 종료일의 다음달 말일까지 관할세무서에 제출해야 한다. 지급
조서를 제출하지 않은 경우에는 지급금액의 2/100을 가산세로 부과
한다.

전략 94 소득자는 종합소득신고를 해야 한다

기타소득금액이 연 300만원 이하인 경우에는 원천징수로 납세의
무를 종료할 수 있지만, 연 300만원 이상인 경우에는 반드시 합산·
신고해야 한다(단, 주택복권 당첨소득 등은 합산하지 아니한다).

예를 들어 연간 원고료가 1,200만원을 초과하면 필요경비 75%
를 공제한 소득금액이 300만원을 초과하므로 종합소득세 신고를
해야 한다. 즉, 근로소득 등의 다른 소득이 있으면 그 소득과 합산
하여 신고하고 다른 소득이 없으면 기타소득만 신고해야 하는 것
이다.

일반적으로 종합소득세 신고를 하면 종합소득금액에서 소득공제
를 한 과세표준이 1,000만원까지는 10%의 세율이 적용되며, 4,000

제2장 기업활동과 세테크

만원까지는 20%, 8,000만원까지는 30%, 그 이상은 40%의 세율이 적용되므로 종합소득과세표준이 4,000만원 미만이라면 세금을 환급받게 된다. 왜냐하면 기타소득에 대한 원천징수세액이 20%이기 때문에 납부한 세금이 납부할 세금보다 많기 때문이다.

이런 종합소득세의 미신고시에는 20%의 가산세가 부과되며, 추가납부세액이 발생하는 경우에는 미납부세액에 대하여 1일 1/10,000의 비율을 적용한 가산세가 부과된다. 또한 환급세액의 발생시에도 환급받지 못할 수가 있으므로 주의해야 할 것이다.

전략 95 소득자는 필요경비를 검토해야 한다

기타소득금액은 총수입금액에서 필요경비를 차감하여 계산된다. 그리고 기타소득의 필요경비는 원칙적으로 표에 있는 필요경비만이 인정된다. 그렇더라도 당해 연도의 총수입금액에 대응하는 비용이 있으면 이를 필요경비로 인정받을 수 있으므로 세심하게 검토하는 일이 필요하다.

전략 96 소득자는 사업소득과 비교하여 유리한 것을 선택해야 한다

사업소득과 기타소득은 필요경비율에 차이가 있으므로 가능한 한 유리한 쪽을 적용받아야 한다. 일반적으로 독립적·계속적·반복적인 경우에는 사업소득이고, 일시적인 경우에는 기타소득으로 구분하면 무방하다.

이상과 같이 세금과 관련된 주의사항을 잘 고려하여야만 기타소득을 제대로 지급하거나 또는 지급받을 수 있을 것이다.

관련서식 참조

〈부록 11〉 사업소득원천징수영수증

30

일시재산소득과 세테크

소득세는 개인의 소득에 대하여 부과하는 세금으로써 세법에서 정한 것을 대상으로 하여 부과한다. 즉, 세법에 정해지지 않은 소득에 대해서는 소득세를 부과할 수 없다.

현행 소득세법에서는 소득세 부과대상이 되는 소득을 4가지(종합소득, 퇴직소득, 양도소득, 산림소득)로 구분하여 서로 다르게 과세하고 있다. 그 중 종합소득은 다시 이자소득, 배당소득, 부동산임대소득, 사업소득, 근로소득, 기타소득과 더불어 일시재산소득이란 것으로 구분하여 서로 다르게 과세하고 있다.

세법에서 정하고 있는 일시재산소득이란 다음과 같다.

1. 다음의 서화·골동품으로써 개당·점당 또는 조(2개 이상이 함께 사용되는 물품으로 보통 짝을 이루어 거래되는 것을 말한다)당 가액이 2,000만원 이상인 것의 양도로 인해 발생하는 소득을 말한다.

   1) 예술품·골동품 중 다음에 해당하는 것

      ① 회화·데생과 파스텔(육필한 것에 한하며, 도안과 손으로 그렸거나 장식한 가공품은 제외한다) 및 콜라주와 이와 유사한 장식판

      ② 오리지날 판화·인쇄화 및 석판화

      ③ 오리지날 조각과 조상

      ④ 골동품(제작 후 100년을 초과한 것에 한한다)

   2) 제1호의 자산 이외에 역사상·예술상 가치가 있는 자산으로서 재정경제부 장관이 문화관광부 장관과 협의하여 재정경제부령으로 정한 것

2. 광업권·어업권·산업재산권·산업정보, 산업상 비밀, 상표권·영업권(대통령령이 정하는 점포임차권을 포함한다), 토사석의 채취허가에 따른 권리, 지하수의 개발·이용권 기타 이와 유사한 자산이나 권리의 양도로 인하여 발생하는 소득을 말한다.

   1) 상표권은 상표법에 의한 상표·서비스표·단체표장 및 업무표장에 관한 권리를 말한다.

   2) 영업권에는 행정관청으로부터 인가·허가·면허 등을 받음으로써 얻는 경제적 이익을 포함하되, 사업용 고정자산과 함께 양도하는 영업권은 포함하지 아니하는 것으로 한다.

   3) 대통령령이 정하는 점포임차권이라 함은 거주자가 사업소득(재정경제부령이 정하는 사업소득은 제외한다)이 발생하는 점포를 임차하여 점포임차인으로서의 지위를 양도함으로써 얻는 경제적 이익(점포임차권과 함께 양도하는 다른 영업권을 포함한다)을 말한다.

   4) 토사석의 채취허가에 따른 권리와 지하수 개발·이용권에는 토지 등과 함께 양도하는 지하수 개발·이용권 등을 포함하는 것으로 한다.

앞의 일시재산소득과 유사하나 양도소득으로 과세되는 것에는 다음과 같은 소득이 있다.

〈표2〉 일시재산소득과 구별되는 양도소득 대상이 되는 것들

1. 다음의 부동산에 관한 권리의 양도로 인하여 발생하는 소득
 1) 지상권·전세권과 등기된 부동산임차권
 2) 부동산을 취득할 수 있는 권리(건물이 완성되는 때에 그 건물과 이에 부수되는 토지를 취득할 수 있는 권리를 포함한다)
2. 다음 자산의 양도로 인하여 발생하는 소득
 1) 사업용 고정자산(토지, 건물, 부동산에 관한 권리를 말한다)과 함께 양도하는 영업권(영업권을 별도로 평가하지 아니하였으나 사회통념상 영업권이 포함되어 양도된 것으로 인정되는 것과 행정관청으로부터 인가·허가 면허 등을 받음으로써 얻는 경제적 이익을 포함한다)
 2) 특정 시설물의 이용권·회원권 기타 명칭 여하를 불문하고 당해 시설물을 배타적으로 이용하거나 일반 이용자에 비하여 유리한 조건으로 이용할 수 있도록 약정한 단체의 일원에게 부여되는 시설물 이용권(특정 법인의 주식 등을 소유하는 것만으로, 특정 시설물을 배타적으로 이용하거나 일반 이용자에 비하여 유리한 조건으로 시설물 이용권을 부여 받게 되는 경우 당해 주식 등을 포함한다)

전략 97 필요경비를 인정받아라

일시재산소득금액은 당해 연도의 총수입금액에서 이에 소요된 필요경비를 공제한 금액으로 한다. 그러므로 양도한 자산의 취득가액을 확인할 수 있는 증빙을 확보하면 필요경비로 인정받을 수 있다.

일시재산소득으로 과세되는 것(〈표1〉 참조)과 양도소득으로 과세되는 것(〈표2〉 참조)을 비교하여 세금계산시 유리하게 과세받아 절세하는 것이 필요하다.

행정관청으로부터 인가·허가·면허 등을 받음으로써 얻는 경제적인 이익을 포함하는 영업권의 양도는 기타소득으로 과세되지만, 사업용 고정자산과 함께 양도하는 영업권은 양도소득으로 과세된다.

일시재산소득은 종합소득에 합산되어 10%에서 40%의 세율이 적용되며, 양도소득은 20%에서 40%의 세율이 적용된다. 뿐만 아니라 세금계산방법도 서로 다르다.

일시재산소득에 대한 총수입금액의 수입시기는 그 대금을 청산한 날로 한다. 다만, 그 대금을 청산하기 전에 당해 자산을 인도하거나 사용·수익하는 경우에는 인도일 또는 사용·수익일로 한다.

따라서 일시재산소득이 당해 연도에 모두 발생하는 것보다 2개연도로 나누어 발생하면 낮은 소득세율이 적용되므로 절세에 도움이 된다. 또한 일시재산소득 이외에 소득이 있는 연도보다 소득이 없는 연도에 발생하면 낮은 소득세율이 적용되므로 절세에 도움이 된다.

일시재산소득 중에서 비과세소득인 경우에는 소득세가 과세되지 않는다. 일시재산소득 중 비과세소득은 국가지정 문화재로 지정된 서화·골동품의 양도 또는 서화·골동품을 박물관 또는 미술관에 양도하여 얻은 소득 등이다.

전략 101 일시재산소득이 부가가치세 과세대상인지를 확인하라

현행 부가가치세법상 영업권만을 양도하는 경우에는 부가가치세가 과세되므로 부가가치세를 신고·납부해야 한다. 또한 영업권 양도대가를 부가가치세와 구분하지 않고 수령한 경우에는 수령액 중에서 부가가치세 상당액을 납부해야 한다.

그러나 사업장별로 사업에 대한 모든 권리와 의무(영업권을 포함)를 포괄적으로 양도하는 경우에는 부가가치세 과세대상이 되지 않는다.

사 례 영업권을 연불조건으로 양도하는 경우 과세 여부 및 공급시기 판정(예규 부가 46015-88, 1997. 1. 14.)

문 당사는 의료기기를 수입하여 판매하고 있는 법인으로서, 국내 총판매권은 십수년 동안 당사가 갖고 있었습니다. 그런데 외국법인이 직접 판매를 담당하기 위해 국내에 진출하여 현지 법인을 설립하였습니다. 그래서 상호 합의하에 지역대리점은 당사가 맡게 되었고, 그밖에 모든 지역에 대한 판매망 및 거래처정보(판매관련정보 일체)를 외국법인의 국내 현지법인에게 양도하기로 하고 일정액을 5년 동안 연불조건으로 받기로 하였습니다.

① 판매관련정보 일체에는 다음과 같은 자료가 포함되며, 당사의

자료제공 후 외국법인의 인수거래처에 대한 판매액은 당사가 판매하던 수준으로 즉시 유지할 수 있을 것으로 예상됨.

- 거래처명 — 주소, 전화번호, 담당자 인적사항
- 구매현황 — 수량, 단가, 장래 구매량 예상, 담당자 인적사항,

결제조건 등 신용 상황, 고객주문서 및 A/S 관련서류 일체 외

② 양도대금은 총 ○○○원으로 하고 먼저 1997년도에 50%를 받고, 나머지 50%는 1998년부터 5년 동안 매년 10%씩 받기로 하였음.

상기와 같은 조건으로 받는 대가는 영업권 양도에 해당되어 부가세가 과세되는지의 여부와 공급시기는 부가가치세법 시행령 제22조 제2호 용역의 장기할부제공에 해당되어 대가를 받기로 한 때가 되는지 여부를 알려주십시오.

답 국외에 있는 외국법인으로부터 의료기기를 수입하여 판매하는 법인이 국내에 신설된 당해 외국법인의 국내 지점에 자기의 영업(판매)권 및 판매망과 거래처에 관한 제반 판매관련정보 일체를 양도하고 그 대가를 5년 동안 연불조건으로 받는 경우 당해 대가에 대해서는 부가가치세법 제1조 제1항 규정에 의해 부가가치세가 과세되는 것이며, 이 경우 공급시기는 각 대가를 받기로 한 때가 되는 것입니다.

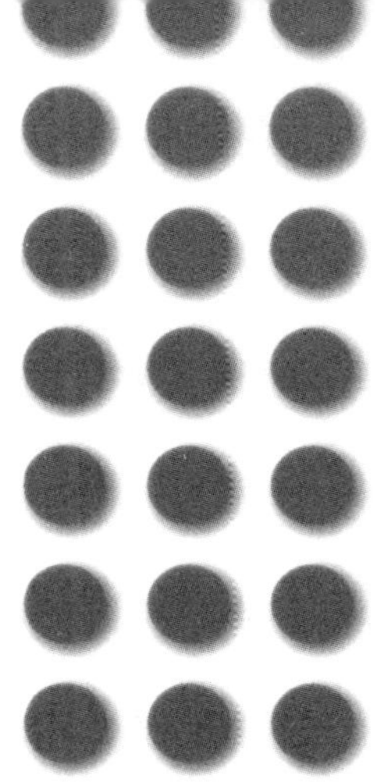

제3장
투자와 세테크

이자소득의 세테크

일반인들은 보통 '나는 이자소득과는 무관하다'라고 생각하는 경향이 많다. 분명히 은행에 예금을 하고 있고, 이에 대한 이자가 발생한다는 사실을 알면서도 왜 이런 생각을 할까?

이는 예금·적금에서 발생하는 은행이자소득에 대해서는 은행이 원천징수하는데, 이것으로 납부의무가 종결되기 때문이다. 이렇게 원천징수를 함으로써 신고·납부 의무가 종결되는 것을 완납적 원천징수라고 한다. 그러나 종전에는 은행이자도 종합소득에 포함하여 과세되었다.

그럼 모든 이자소득이 완납적 원천징수에 속할까? 물론 그렇지는 않다. 특정한 이자소득은 원천징수를 당한 후 종합소득에 합산하여 소득세를 재계산하고 부족액은 추가로 납부해야 한다. 이를 예납적 원천징수라고 한다.

비영업대금이란 자금대여를 영업적으로 하지 않는 것을 일컫는다. 반대로 은행이나 금융사의 경우에는 자금대여를 영업적으로 하기 때문에 이는 영업대금이다. 그러나 개인은 은행의 지위에 있을 수 없고, 다만, 대금업으로 사업자등록을 하여 자금대여업을 영위할 수 있다. 따라서 일반인이 자금대여업으로 등록하지 않고, 타인에게 자금을 대여한 경우에는 모두 비영업대금이라고 할 수 있는 것이다.

비영업대금이자는 지급하는 자가 지급액의 25%를 원천징수한 후에 지급해야 한다. 또 수령인은 받아야 할 이자 전액을 종합소득에 포함하여 신고해야 한다. 여기서 주의할 점은 소득세법에서 이자소득에 대해서는 필요경비로 인정되지 않는다는 점이다.

▶ 비영업대금의 이익과 금융업의 소득 구분

① 대금업을 하는 거주자임을 대외적으로 표방하고, 불특정 다수인을 상대로 금전을 대여하는 사업을 하는 경우에는 사업소득에 해당하는 금융업으로 본다. 다만, 대외적으로 대금업을 표방하지 아니한 거주자의 금전 대여는 이자소득에 해당하는 비영업대금의 이익으로 본다.

② 일시적으로 사용하는 전화번호만을 신문지상에 공개하는 것은 대금업의 대외적인 표방으로 보지 아니한다.

 국외로부터의 이자는 종합과세되므로 주의하자

거주자가 국외에서 받는 이자수익은 종합소득에 합산되어 소득세가 부과된다. 따라서 해외에서 발생한 이자수익이 있을 때 원천징수되지 아니한 이자소득이면 종합소득에 합산시켜 신고해야 한다. 이때 외국에서 납부한 세금이 있으면 외국납부세액으로 공제된다. 만약 종합소득신고시 포함하지 않아 세금이 추징되는 경우에는 신고불성실 가산세(과소 신고 소득세액의 20%)와 납부불성실 가산세(미달세액×미납부일수×0.05%)를 추가로 부담해야 한다.

전략 104 비과세금융상품을 우선적으로 활용하자

이자소득에서 가장 꼼꼼히 챙겨야 한 부분은 "어느 예금·적금에서 발생한 이자소득이 비과세가 되는가?"이다.

다음은 소득세법과 조세특례제한법에서 규정하고 있는 비과세소득이다. 이를 살펴본 후 해당하는 금융상품을 선택하면 최고 24.2%(주민세 포함)까지 세금을 절약할 수 있으므로 주의 깊게 살펴보아야 한다.

▶ 대표적인 비과세이자소득

상품명	가입대상자	저축기간	가입한도	비고
장기주택마련저축	18세 이상 무주택자 또는 전용면적 85㎡ 이하의 1주택 소유자 (1인 1통장)	7년 이상	월 100만원	저축액의 40% 소득 공제 추가 (72만원 한도)
개인연금저축	20세 이상	10년 이상 (55세부터 연금수령)	월 100만원 또는 3개월마다 300만원	저축액의 40% 소득 공제 추가 (72만원 한도)
근로자우대저축	근로소득자(1인 1계좌)	3년 이상 5년 이하	연간 총급여액의 30%(3,000 만원 한도)	

전략 105   원천징수를 적게 하는 예금을 활용하자

예금이자에 대한 소득세 원천징수는 원칙적으로 지급액의 22%(주민세 2.2% 별도)이다. 그러나 특정예금 등에 대해서는 10%(주민세는 원천징수 안함)만 원천징수한다. 이런 예금에 대한 정보를 금융기관으로부터 입수하여 우선적으로 활용한다면 세금을 최소화할 수 있다.

주식양도와 세테크

주식이란 주식회사의 지분을 나타내는 권리를 말한다. 이런 주식을 보유하는 목적은 경영권 확보, 배당금 수령, 주식양도차익 획득 등과 같이 다양하다. 이런 목적 달성과 관련하여 주식의 매매거래가 수반되며, 또한 주식양도와 관련된 세금도 항상 따라 다니게 마련이다.

주식은 거래시장에 따라 크게 상장주식과 비상장주식으로 구분할 수 있다. 세법에서는 상장주식과 비상장주식의 양도에 대하여 다르게 취급하고 있으며, 부동산 과다보유법인 등과 같은 특정 법인의 주식양도에 대해서도 다르게 취급하고 있다. 따라서 이런 세법의 규정에 대하여 기본적인 사항을 이해하고 주식을 양도한다면 절세에 큰 도움이 될 것이다.

▶ 주식양도소득세의 계산구조 및 절세전략

계 산 구 조	계산방법 및 절세전략	
양 도 가 액	실제 양도가액	전략 106
(−) 필 요 경 비	실제 취득가액과 기타 필요경비	
양도소득금액	상장주식 : 원칙적으로 비과세(예외적으로 과세됨)	전략 107 전략 108
	비상장주식 : 원칙적으로 과세됨(예외적으로 비과세됨)	
	특정주식 : 상장·비상장 여부에 관계없이 과세됨	
(−) 양도소득기본공제	거주자의 경우만 1년에 250만원 공제	
과 세 표 준		
(×) 양도소득세율	상장주식 : 20%	전략 109 전략 110
	비상장주식 : 20%(중소기업주식 10%)	
	특정주식 : 20~40%(누진세율)	
산 출 세 액		
(−) 세액감면·공제	예정신고납부 세액공제, 각종 세액감면	전략 111
(−) 기납부세액	이미 신고한 양도차익예정신고 산출세액	
자진납부할 세액	결정세액보다 기납부한 세액이 많은 경우에는 환급받음	전략 112

전략 106 특수관계자간 양도시에는 부당행위가 없도록 주의하자

주식 양도소득세는 실지거래가액을 기준으로 하여 과세하는 것이 원칙이다. 그러나 특수관계자간에 이루어지는 양도로서 조세를 부당히 감소시킨 경우에는 실지거래가액을 무시하고 시가를 기준으로 하여 세금을 재계산하여 부족액을 추징한다. 그러므로 특수관계자간의 거래시에는 이런 점을 고려해야 한다.

전략 107 상장주식인 경우 과세대상에 포함되지 않도록 하자

주식시장 육성을 위해 상장주식을 양도한 경우 양도소득세를 과세하지 않는 것이 원칙이다. 그러나 법인의 발행주식 합계액 중 5% 이상을 소유한 자(그와 특수관계에 있는 자가 소유한 주식 포함)가 3년간 1% 이상을 양도하는 경우에는 양도소득세를 과세한다.

전략 108 비상장주식의 경우 비과세규정을 활용하자

비상장주식을 양도한 경우에는 양도소득세가 과세되는 것이 원칙이나 다음에 해당하면 양도소득세를 과세하지 않는다.
그러나 비상장주식의 경우에도 총주식 중 5% 이상을 소유하고 있는 자(그와 특수관계에 있는 자가 소유한 주식 포함)가 3년간 1% 이상을 양도하는 경우에는 양도소득세가 과세된다는 사실을 잊지 말아야 한다.

① 비과세되는 주식양도소득(공개기업)

① 유가증권시장에 신규로 상장하기 위해 구주매출방법에 의해 양도하는 것
② 증권거래법의 규정에 의해 한국증권업협회에 등록하기 위해 구주매출방식에 의해 양도하는 것
③ 협회중개시장을 통하여 양도하는 것

2. 주식양도와 세테크

② 비과세대상 주식양도소득(벤처기업)

① 중소기업창업투자회사 또는 신기술사업 금융업자에게 투자하여 취득한 주식의 양도

② 중소기업창업투자조합이 창업자 또는 벤처기업에 투자하여 취득한 주식의 양도

③ 신기술사업투자조합이 신기술사업자 또는 벤처기업에 투자하여 취득한 주식의 양도

④ 특수관계없는 창업(벤처 전환) 후 3년 이내인 벤처기업에 출자하여 최초로 취득한 지 5년이 경과된 주식의 양도

전략 109 비상장주식의 양도시에는 중소기업에 해당될 때 양도하자

비상장주식의 양도시에는 20%의 세율이 적용되나 중소기업의 경우에는 10%의 세율이 적용되므로 이를 활용하면 절세할 수 있다.

전략 110 특정 주식의 양도시에는 부동산 양도로 보아 누진과세됨에 주의하자

부동산 과다보유법인의 주식을 양도하는 경우에는 상장, 비상장을 구분하지 않고 양도소득세를 과세하며, 주식 양도 세율(10~20%)을 적용하는 것이 아니라 부동산 양도로 보아 누진세율(20~40%)을 적용하여 과세한다. 따라서 부동산 과다보유법인이 주식을 양도할 때에는 사전 계획에 따라 양도하여 누진과세되지 않도록 해야 할 것이다.

▶ 부동산 양도로 보는 특정 주식

① 법인이 총자산 중 부동산이나 부동산 권리의 합계액이 50% 이상이며, 주주(그와 특수관계에 있는 자가 소유한 주식 포함)가 소유하고 있는 주식의 비율이 50% 이상이고, 3년간 그 법인의 주식이나 출자지분 합계액의 50% 이상을 양도한 경우

② 총자산 중 부동산이나 부동산권리의 합계액이 80% 이상인 법인이 골프장·스키장·콘도미니엄·전문휴양시설 중 하나 이상을 건설 또는 취득하여 직접 경영·분양·임대하는 법인의 주식을 양도하는 경우

전략 111 양도소득세 자진신고를 하자

주식 양도소득세는 양도한 달의 말일부터 2개월 이내에 자진 신고·납부하면 10%의 세액공제를 받을 수 있다. 또한 자진신고하지 아니한 경우라도 양도한 연도의 다음 연도 5월 말일까지 확정신고해야 한다. 그래야만 무신고 가산세 10%와 미납부 가산세 10%가 부과되지 않는다.

전략 112 양도소득세가 1,000만원을 초과하는 경우에는 분납하자

양도소득세를 예정신고하건 확정신고하건 어떤 경우이건간에 납부할 세액이 1,000만원을 초과하는 경우에는 우선 50%(최소 1,000만원)를 납부하고 나머지는 45일 내에 납부하면 된다. 이때 예정신고의 경우 분납을 하더라도 예정신고 자진납부 세액공제 10%는 납부할 세액 전액에 적용된다는 것을 알고 이를 활용해야 한다.

2. 주식양도와 세테크

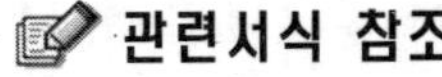

관련서식 참조

〈부록 24〉 양도소득세과세표준확정신고 및 자신납부계산서

〈부록 25〉 증권거래세과세표준신고서

232

3

벤처기업 주식취득과 세테크

벤처기업이란 우수한 신기술 등을 기초로 하여 연구개발을 중심으로 하는 모험적인 기업을 말한다. 정부는 이런 벤처기업에 대해 정책적으로 여러 가지 지원을 하고 있으며, 벤처기업 입장에서 받게 되는 각종 세제혜택에 대해서는 앞에서 이미 언급한 바 있다. 여기에서는 벤처기업 주식을 취득하는 주주 입장에서의 혜택을 중심으로 알아보기로 하자.

전략 113 벤처기업 투자시 소득공제를 활용하라

개인이 중소기업창업투자조합에 출자하거나 신기술창업투자조합에 출자 및 벤처기업증권투자신탁의 수익증권에 투자하거나 개인투자조합이 벤처기업에 투자하는 경우 투자액의 20%를 소득공제해 준다.

▶ 벤처기업 주식 취득시 소득공제 내용

① 투자 후 2년 이내에 공제됨

② 종합소득의 70% 한도 내에서 투자액의 20%가 공제됨

③ 투자 후 5년 내에 회수 또는 양도하면 소득세를 추징함

④ 타인의 출자액을 양수하는 방식의 투자는 적용되지 아니함

전략 114 벤처기업 투자시 창업투자조합을 활용하라

벤처기업에 대한 투자시 창업투자조합을 활용하면 개인이 직접 투자하는 경우보다 더 많은 세제혜택이 부여된다. 또한 투자조합은 전문가에 의해 운용되므로 투자위험을 보다 감소시킬 수 있다. 반면 본인 소신에 따른 투자는 제한된다는 단점이 있다.

▶ 창업투자조합에 대한 세제 지원

① 개인이 창업투자조합에 출자시 출자금의 20%를 종합소득에서 공제해 준다.

② 개인이 창업투자조합으로부터 받는 배당소득은 종합소득과 분리하여 과세한다. 따라서 누진세율 적용으로 인한 세부담이 감소한다.

③ 창업투자조합이 벤처기업에 출자한 주식을 양도하여 얻은 소득에 대해서는 비과세한다.

전략 115 벤처기업에 투자한 주식은 5년간 보유한 후 양도하라

벤처기업에 주식을 투자한 후 5년이 지나 양도하면 양도소득세가

제3장 투자와 세테크

비과세된다. 그러나 5년 내에 양도하면 양도소득세가 과세될 뿐만 아니라 과거에 공제받았던 소득공제로 인한 세금절감액도 추징당하게 된다. 따라서 불가피한 경우가 아니라면 세법상의 양도시기를 조절하여 5년을 채운 후 양도하면 절세가 가능하다.

전략 116 벤처기업에 투자한 주식(5% 미만 보유자)은 상장 또는 장외등록 후 양도하라

벤처기업에 주식을 투자한 후 5년 내에 양도해야 하는 경우라면 가능한 한 상장 또는 장외등록 후에 양도해야 양도소득세가 비과세된다. 이 경우 5% 이상의 지분을 보유한 자가 양도하면 양도소득세가 부과된다는 점에 유의해야 한다.

사 례 엔젤클럽(한국경제신문 1999. 5. 24.)

벤처기업 창업이 활기를 띠면서 엔젤클럽 결성이 활발해지고 있다. 작년까지만 해도 7개에 불과했던 엔젤클럽이 올 들어 12개로 늘어났다. 또 본 저자와 연결된 '스마트 21 엔젤클럽' 등 5개가 추가로 결성을 추진 중이다.

지역	엔젤클럽명	결정시기	회원수
서울	서울엔젤그룹	99.2	700여명
	기보엔젤클럽	99.3	160명
	무한엔젤그룹	97.5	40명
	한국발명엔젤그룹	98.7	55명
부산	테크노엔젤클럽	98.7	58명
	향도엔젤클럽	99.4	104명
대구	미래엔젤클럽	97.5	12명
대전	대덕엔젤클럽	97.9	55명
광주	무등엔젤클럽	98.5	100명
경기	경기엔젤그룹	99.4	126명
충북	충북엔젤클럽	98.5	31명
기타	한영엔젤클럽 등		

문 요즘 신문을 보면 엔젤클럽에 관한 기사가 종종 실리는데, 엔젤클럽이란 정확히 무엇입니까?

답 벤처기업의 창업 또는 초기단계에 필요한 자금이나 경영 노하우를 제공하는 개인 투자자들의 조합입니다. 벤처기업의 입장에서는 천사같은 존재라 하여 이렇게 불리고 있습니다. 벤처의 본고장인 미국의 경우 네스케이프의 창업자 짐 클라크 회장, 마이크로소프트사의 공동창업자인 폴 알렌 등도 엔젤투자자로 활동하고 있습니다.

문 한국의 엔젤클럽 현황은 어떻습니까?

답 지금까지 12개가 결성되어 있으며, 클럽별 회원수는 10여 명에서 7백여 명까지 천차만별입니다. 규모가 작은 클럽은 주로 회원을 선별하여 가입시키는 폐쇄형인데 비해, 규모가 큰 클럽은 누구나 가입할 수 있는 개방형입니다. 폐쇄형은 일종의 투자펀드 형태로 운영되는 경우가 많은데, 반면 개방형은 클럽 사무국 등에서 투자자들과 벤처기업을 연결시켜 주는 역할만 합니다. 규모가 가장 큰 서울엔젤클럽의 경우 700여 명의 회원을 확보했으며 연간 500억원을 투자한다는 목표를 가지고 있습니다.

문 엔젤클럽에 투자한 자금은 어떻게 회수할 수 있습니까?

답 통상 엔젤투자자는 투자기업의 상장 후 주식양도 차액을 통한 고수익을 바라보고 투자하는 것입니다. 따라서 투자기업이 코스닥 등의 증권시장에 상장된 후 투자자금 및 수익을 회수하는 것이 일반적인 방법입니다. 하지만 투자 사안에 따라 수익배분(프로젝트 파이낸싱), 투자기업측의 지분 재매입, 기업인수·합병 등을 통한 회수도 가능합니다. 구체적인 회수 방법 및 시기는 해당 벤처기업과 엔젤투자자가 협의해 결정할 수 있습니다.

문 엔젤투자자에 대한 세제지원이 있다고 들었는데 어떤 지원이 있는지 알고 싶습니다.

답 정부는 벤처기업에 대한 투자를 유도하기 위해 엔젤투자자에

3. 벤처기업 주식취득과 세테크

게 소득세를 감면해 주고 있습니다. 즉 엔젤투자자의 종합소득세를 계산할 때 벤처기업에 대한 투자금액의 20%를 소득금액에서 공제해 주고 있으며, 앞으로는 공제폭을 30%로 확대할 예정입니다. 이와 함께 아직 상장이 안된 벤처기업의 주식을 양도할 때도 일반 비상장기업의 주식양도 때와는 달리 양도차익에 대해 세금을 물지 않습니다.

제3장 투자와 세테크

취득세와 등록세의 절세

　취득세와 등록세는 지방세법에 따라 부동산 구입 등과 같은 취득과 법인설립 등과 같은 등록에 대하여 부과하는 지방세이다. 예를 들어 주택을 취득하는 사람은 부동산 구입가액뿐만 아니라 취득세와 등록세 및 이에 부수되는 공과금으로 취득가액 6% 정도의 예산을 추가로 편성해야 한다. 따라서 취득세와 등록세의 절세전략을 잘 파악하면 세금부담을 한층 덜 수 있을 것이다.

▶ 취득세와 등록세의 과세 개요

구분	취 득 세	등 록 세
납세의무자	과세물건의 취득자	공부에 등기 · 등록받는 자
과 세 물 건	- 부동산 - 선박 - 차량 - 기계장치 - 항공기 - 입목 - 광업권 · 어업권 - 골프 회원권 · 콘도미니엄 회원권 · 종합체육시설이용 회원권	- 부동산 - 선박 - 자동차 - 건설기계 - 항공기 - 공장 및 광업재단 - 상호 · 광업권 · 어업권 · 저작권 · 특허권 · 상표 · 서비스업 · 건설업면허 - 법인등기
과 세 표 준	취득자가 신고한 가액(신고가 없거나 지방세 시가표준액에 미달할 때에는 시가표준액)	취득자가 신고한 가액(신고가 없거나 지방세 시가표준액에 미달할 때에는 시가표준액)
세 율	- 원칙적으로 2% - 별장 등 사치성 재산 5배 중과세 - 과밀억제권역 내 취득시 3배 중과세	- 원칙적으로 3% - 기타 종류별로 다양한 세율 적용됨 - 과밀억제권역 내 등기시 3배 중과세
비 고	- 상속취득시 일반취득과 세율이 동일 - 합병, 공유물의 분할시 취득세 비과세 - 과점주주에 대한 취득세 부과	- 상속등기시 일반등기보다 세율이 낮음 - 합병, 공유물의 분할시 등록세 과세됨

제3장 투자와 세테크

　비과세규정을 적용받자

비과세란 과세대상에 포함되지 않는 것을 말한다. 예를 들어 상속으로 인한 1가구 1주택을 취득하는 경우에는 취득세가 과세되지 않는다.

▶ 취득세와 등록세의 비과세규정
① 국가 등이 취득하는 경우 — 취득세·등록세·비과세
② 종교, 자선, 학술 등의 공익목적으로 취득하는 경우 — 취득세·등록세·비과세
③ 천재지변 등으로 멸실된 자산을 대체 취득하는 경우 — 취득세·등록세·비과세
④ 신탁 등과 같이 형식적인 소유권 취득의 경우 — 취득세·등록세·비과세
⑤ 합병이나 공유물의 분할 등과 같이 형식적인 소유권 취득의 경우 — 취득세만 비과세

전략 118　감면·면제규정을 적용받자

당초부터 과세관청에게 과세권이 없는 비과세와는 달리 감면이나 면제는 납세자가 신청해야 적용되는 규정이다. 감면규정은 다음과 같이 지방세법에 정해진 것 이외에도 지방자치단체의 조례에 의해 시행되는 감면규정도 있으므로 이를 최대한 활용하면 절세에 도움이 된다.

▶ 취득세와 등록세의 감면 · 면제규정(예)

① 농어민 지원을 위한 감면

② 소규모 임대주택에 대한 감면

③ 법인의 지방 이전에 대한 감면

④ 산업단지에 대한 감면

⑤ 기업부설연구소에 대한 감면

⑥ 선박 · 항공기에 대한 감면

전략 119 과점주주에 대한 취득세 적용을 피하자

현행 지방세법에서는 과세대상 물건을 보유하고 있는 법인의 지분을 취득하여 51% 이상 보유하게 되면 그 주주가 법인의 과세대상 물건을 취득한 것으로 보아 그 주주에게 취득세를 부과하고 있다. 따라서 주식을 취득할 때에는 이 점을 고려하여 51% 이상의 지분을 가질 것인지 결정해야 한다.

▶ 과점주주 적용 예

① 법인설립시 발행하는 주식을 취득하여 과점주주가 된 경우에는 적용하지 아니한다.

(예 : 최초 설립시 60% → 취득세 부과대상이 아님)

② 설립시에는 과점주주가 아니다가 추가로 주식을 취득하여 과점주주가 되면 보유비율 전체에 대해 취득세를 부과한다.

(예 : 최초 설립시 20% → 추가취득 40% → 60%에 대하여 취득세 부과)

③ 과점주주인 상태에서 추가로 주식을 취득하게 되면 증가분에

대하여 취득세를 부과한다.

(예 : 최초 설립시 60% → 추가취득 20% → 20%에 대하여 취득세 부과)

전략 120 중과세되지 않도록 하자

부동산 취득시 원칙적으로 취득세는 2%, 등록세는 3%가 부과된다. 그러나 특정한 경우에는 3배에서 5배까지 중과세되므로 최대한 이를 피해야 한다.

▶ 취득세와 등록세의 중과세 적용 예

① 별장, 골프장, 고급오락장, 고급주택, 고급선박, 법인의 비업무용 토지 등의 취득시에는 취득세를 5배 중과세한다.

② 취득 후 5년 이내에 별장 등에 해당되면 취득세를 5배 중과하여 추징한다(별장은 1세택 1주택 비과세에 해당됨).

③ 임차인이 고급오락장 등으로 사용해도 취득세를 5배 중과하여 추징한다.

④ 과밀억제권역에서 본점용이나 공장용 부동산 취득시에는 취득세를 3배 중과한다.

⑤ 과밀억제권역에서 법인설립과 관련된 각종 등기시에는 등록세를 3배 중과한다.

⑥ 법인설립 후 5년 내에 등기하는 경우에도 3배 중과한다.

취득세는 취득일(일반적으로 잔금 지급일과 등기일 중 빠른 날)로부터 30일 이내(상속으로 취득시에는 6개월 이내)에 자진신고·납부해야 한다. 실무상 등록세는 등기할 때 납부하므로 별 문제가 없으나, 취득세는 일정기간 후에 자진납부해야 하는 것이므로 납부가 누락되는 경우가 생길 수 있으므로 주의해야 한다.

만약 무신고 또는 미납부한 경우 20%의 가산세를 부담해야 하며, 특히 취득세를 무신고·미납부한 후 2년 내에 매각하는 경우에는 매각시 80%의 가산세를 부담해야 한다.

재산세와 종합토지세의 절세

납세의무·중과세 등을 알고 있어야 한다

취득세와 등록세는 재산을 취득할 때 납부하는 지방세로서 취득시에 한번만 납부하면 되는 세금이지만, 재산세와 종합토지세는 재산을 보유하고 있는 동안 납부하는 지방세로서 매년 한 번씩 납부해야 하는 세금이다. 재산세는 건물·선박·항공기에 대하여 부과되며, 종합토지세는 토지에 대하여 부과된다.

이런 재산세와 종합토지세는 0.3%에서 7%까지의 세율을 적용하여 부과된다. 여기서 중요한 것은 취득세에서처럼 중과세제도가 있다는 점이다.

전략 122 매매계약시 납세의무는 원칙적으로 실질소유자에게 있다

재산세나 종합토지세의 납세의무는 사실상의 소유자에게 있다. 그러나 사실상의 소유자를 모를 경우 과세대장상의 소유자에게 과세된다. 따라서 매매계약 등의 사유로 소유권 변동이 생긴 경우에는 계약서에 납세의무에 관해 명확히 해두는 것이 분쟁을 예방하는 길이다.

전략 123 종합토지세 부과의 기초가 되는 공시지가의 변동에 유의한다

　종합토지세는 공시지가를 기초로 하여 세금을 산출하기 때문에 공시지가가 높아지면 종합토지세 부담도 증가하게 된다. 그러므로 공시지가가 특별한 사유도 없이 전년도에 비해 많이 높아진 경우에는 이의신청을 통해 공시지가를 감액 조정하여 종합토지세 부담을 줄일 수 있다.

전략 124 중과세대상이 되지 않도록 한다

　종합토지세와 재산세도 취득세 및 등록세와 같이 골프장, 별장, 고급오락장, 고급주택의 경우에는 5%의 높은 세율을 적용하므로 주의해야 한다. 또한 부동산 소유주가 사용하지 않고 임차인이 사용해도 중과세되므로 임대를 할 경우에는 이 점에 유의해야 한다.

사 례 종합토지세 과세기준일 전후에 매매한 경우 납세의무자 판단

문 　저는 정부 모 부처에 근무하는 공무원인 계장 김○○(42)입니다. 저는 얼마 전에 아버지로부터 상속받은 재산으로 상가건물 1동을 박사장이란 사람으로부터 취득했습니다. 매매계약서상의 잔금지급 약정일은 5월 31일이었으며, 이날 잔금을 지급하였고, 동시에 소유권이전등기에 필요한 서류를 넘겨받아 6월 4일자로 소유권이전등

기를 완료하였습니다.

그런데 몇 개월이 지난 10월 중에 갑자기 매도인인 박사장이 찾아와 박사장 앞으로 종합토지세 130만원이 고지되었는데 이를 저한테 납부하라고 하는 것입니다. 이에 저는 저한테 고지된 세금이 아니므로 납부할 수 없다고 하였습니다. 이런 경우 정확히 누구에게 납세의무가 있는지요?

답 토지 보유시에 부과되는 종합토지세는 매년 6월 1일 현재 사실상 토지를 소유하고 있는 자에게 부과하되, 공부상의 소유자가 매매 등의 사유로 소유권에 변동이 있었음에도 이를 신고하지 아니하여 사실상의 소유자를 알 수 없을 때에는 공부상의 소유자에게 부과됩니다.

따라서 종합토지세의 과세기준일인 6월 1일 이전에 토지의 소유권 변동이 되었으나, 6월 1일 현재 소유권이전등기가 되어 있지 않은 경우에는 6월 1일부터 10일 이내에 토지소재지의 구청장 또는 시장·군수에게 '종합토지세 납세의무 변동신고서'에 의거 신고해야만 새로운 토지소유자에게 종합토지세가 부과됩니다.

그러나 현실적으로 신고하는 경우가 거의 없어 과거의 토지소유자 즉, 매도인에게 종합토지세가 10월 10일까지 고지되며, 10월 16일부터 10월 31일까지 납부해야 합니다. 여기서 6월 1일 이전에 토지를 매각했다는 말은 6월 1일 이전에 실제로 잔금을 받은 경우를 의미하며, 잔금을 받기 전에 소유권이전등기를 마쳤다면 소유권이전등기일이 매각일이 되는 것입니다.

이상에서 본 바와 같이 매도인인 박사장은 건물을 매각하고, 5월 31일에 잔금을 수령하였으므로 매수인인 김계장님에게 5월 31

일자로 사실상 소유권이 이전되었습니다. 그러나 6월 1일자로 소유권이전등기가 되지 않았음에도 매도인이 6월 10일까지 이를 신고하지 않아 과세당국은 구소유자인 박사장에게 종합토지세를 부과한 것이고, 박사장은 건물을 매각했음에도 불구하고 과세당국에 종합토지세를 납부해야 하는 상황이 발생한 것입니다.

따라서 매수인인 김계장님은 국가에 대하여 종합토지세를 납부할 의무가 없습니다.

한편, 국가에 관한 납세의무의 관계를 떠나 김계장님과 박사장간에는 매매계약서상의 계약조건에 따라 종합토지세 부담자를 결정해야 하며, 이것은 어디까지나 매매당사자간의 문제이지 국가와의 문제는 아닙니다.

즉, 매매계약서상에 제세공과금에 대한 부담자가 명확하게 표시되어 있다면 이에 따라 종합토지세의 부담자가 결정됩니다. 그리고 일반적으로 매매계약서에는 부동산의 잔금 지급일 이후에 발생하는 제세공과금은 매수인이 부담하기로 한다는 조항이 들어 있습니다.

따라서 매매계약서를 확인해 보아 이런 조항이 있다면 6월 1일 이전에 잔금을 지급한 김계장님은 박사장이 납부한 종합토지세를 박사장에게 돌려주어야 할 것입니다. 만약 김계장님께서 이를 돌려주지 않는다면 박사장과 다툼이 생길 수 있습니다.

결론적으로 국가에 대한 종합토지세의 납세의무는 6월 1일 현재의 사실상 토지소유자에게 있으며, 소유권 변동이 신고되지 않아 국가에서 사실상의 소유자를 모를 때는 공부상의 소유자에게 납세의무가 발생합니다.

그러므로 매매 당사자, 특히 매도자는 매매 후에 분쟁이 발생하지

않도록 미리 매매계약서에 제세공과금 등의 부담자를 분명히 하고,
6월 1일 이전에 매각했으나 6월 1일까지 소유권 이전이 안된 경우
에는 반드시 신고를 해야 할 필요성이 있습니다.

5. 재산세와 종합토지세의 절세

6

부동산 임대소득과 절세

부동산을 임대하는 경우에는 일정한 임대보증금에 일정한 월세를 받는 것이 일반적이며, 임대보증금을 늘리면 월세가 감소하고, 월세를 늘리면 임대보증금이 감소한다. 통상적으로 임대보증금을 월세로 환원하면 월 2부의 월세를 받게 된다. 최근에는 금리하락 등으로 인해 월 1.8부의 월세계약도 흔히 볼 수 있다. 예를 들어 임대보증금 1,000만원을 월 2부의 월세로 계산하면 월 20만원의 월세를 받게 된다.

이와 같이 월세로 받는 경우에는 세금이 많이 나올 것을 염려해 보증금으로 받으려 하는 경우도 있다. 보증금과 월세의 세금효과와 절세전략 방법을 알아보기로 하자.

전략 125 세금을 고려해도 순수입 면에서 월세가 유리하므로 이를 활용하라

월세를 받는 경우가 임대보증금을 받는 경우보다 비교적 많은 세금을 납부하지만, 투자의 궁극적인 목표인 세금을 차감한 순수입은

월세를 받는 경우가 훨씬 높다(사례 참조). 따라서 임대보증금을 꼭 사용해야 하는 경우이거나 임대관리를 편하게 할 목적이 아니라면 월세로 받는 편이 훨씬 유리하다.

또한 은행차입금으로 건물을 취득한 경우에도 차입금 이자가 연 15% 이하라면 월 2부의 월세로 받아 차입금이자를 상환하는 것이 세금효과를 고려하더라도 일반적으로 유리하다.

전략 126 임대보증금에 대한 간주임대료수입을 공제받아라

세법에는 임대보증금에 대해 7.5%를 임대수입으로 간주하는 간주임대료 제도가 있다. 이런 간주임대료를 계산할 때 임대보증금 중에서 건물의 취득가액에 상당하는 금액은 간주임대료 계산시 차감해 주고 있으므로 이를 적용받는 것이 필요하다.

또한 예금이자가 임대보증금에서 발생했다는 것이 장부기록에 의해 명확히 확인되는 경우에는 간주임대료 계산에서 제외하고 있으므로 이를 활용하면 절세가 가능하다.

전략 127 가능한 한 장부를 기록하라

사업자는 원칙적으로 장부를 기록해야 한다. 특히 임대수입이 연간 4,800만원 이상인 경우 장부를 기록하지 않으면 임대소득이 표준소득보다 높게 적용되어 계산되며, 산출세액의 10%를 무기장가산세로 추가부담해야 한다. 따라서 특별한 사유가 없는 한 빠짐없이 장부에 기록하는 것이 절세에 도움이 된다.

6. 부동산 임대소득과 절세

부동산을 임대하고 임대보증금과 월세 중에서 어떤 쪽을 받는 것
이 수입과 세금 측면에서 유리한지 연간 금액의 비교를 통해 알아
보기로 하자.

【조 건】

- 보증금 기준 5억원, 월세기준 매월 1,000만원 수입(부가세 별도)
- 보증금에 대하여 세법에서 임대수입으로 보는 간주임대료는
  7.5%
- 보증금을 예치할 경우에 예금이자는 10%(원천징수세율 22%),
  기타소득 없음
- 소득공제는 중요치 않으므로 편의상 고려하지 아니함
- 총수입 중 70%가 소득이라고 가정함
- 주민세 및 장부기록과 관련한 가산세는 고려하지 아니함

【계 산】

보증금을 받는 경우보다 월세를 받는 경우가 세금이 훨씬 많다.
그러나 순수입 면에서 보면 월세가 월등하게 많다는 것을 알 수 있
다. 따라서 보증금을 받아 차입금을 상환하는 등의 특별한 사유가
없는 한 월세로 받는 것이 유리하다고 할 수 있다.

또한 아래의 계산내역을 보면 간주임대료에 대한 세금이 420만원
계산되었으나, 임대보증금에서 건물취득가액을 공제하거나, 장부기
록에 의해 예금이자수입이 임대보증금에서 발생한 수입임을 증명한
다면 간주임대료에 대한 소득세 420만원을 절세할 수 있다.

▶ 소득세와 순수입 비교(연간)

구 분	전 액 월 세	전 액 보 증 금		
		보 증 금 수 입	이 자 수 입	합 계
실제임대수입①	120백만원	−	−	−
간 주 임 대 료	−	37.5백만원	−	
예금이자수입②	−	−	50백만원	50백만원
임 대 수 입 합 계	120백만원	37.5백만원	50백만원	
임대소득(70%)	84백만원	26백만원	−	
예 금 이 자 소 득	−	−	50백만원	
총 소 득	84백만원	26백만원	50백만원	
소 득 공 제	생략	생략	−	
과 세 표 준	84백만원	26백만원	50백만원	
세 율	10〜40%	10〜20%	22%	
산 출 세 액 ③	20.6백만원	4.2백만원	11백만원	15.2백만원
순 수 현 금 수 입 (①＋②－③)	99.4백만원	(−)4.2백만원	39백만원	34.8백만원

📝 **관련서식 참조**

〈부록 26〉 부동산임대공급가액명세서

6. 부동산 임대소득과 절세

양도소득세의 절세

양도소득세의 계산구조를 파악하면 절세할 수 있다

절세는 사후적인 성격보다 사전적인 성격이 강하다. 즉, 이미 발생한 상황에서 절세방안을 찾는 것보다는 앞으로 발생할 상황에 대한 절세방안을 찾는 것이 보다 중요하다는 의미이다. 예를 들어, 양도소득세의 경우 부동산을 양도한 다음에는 이미 납부해야 할 세금이 결정되기 때문에 절세방안이 거의 없다고 할 수 있다. 그러나 부동산을 양도하기 전에는 여러 가지 절세방안이 있을 수 있다. 왜냐하면 양도소득세는 부동산의 양도시기, 양도방식 등에 따라 다르게 결정될 수 있어 양도시기, 양도방식 등을 조정하면 절세가 가능하기 때문이다.

따라서 부동산을 양도하기 전에 양도 상황에 따른 양도소득세를 검토한 후 가장 최선의 방안을 선택해 양도한다면 이것이 바로 절세가 되는 것이다. 필자의 실무경험을 보면 대부분의 납세자들은 이미 세무서로부터 양도소득세 납세고지서를 받은 다음에 필자를 찾아와 본인이 생각했던 것보다 너무 많은 세금이 고지되었는데 잘못된 것이 아니냐고 상담하곤 한다. 그러나 납세자가 잘못 알고 있는 경우가 거의 대부분이다. 그러므로 양도소득세의 경우 세금이 계산 되는 구조를 이해하고, 이를 고려해 사전에 자세히 알아본 후 양도 하면 충분히 절세가 가능하다.

▶ 〈표1〉 양도소득세의 계산구조 및 절세전략

계 산 구 조	계산방법 및 절세전략	
양 도 가 액		전략 128
(−) 필 요 경 비	양도자산의 취득가액과 기타의 필요경비	
양 도 차 익	실지거래가액 또는 기준시가에 의해 결정한 금액	
(−) 장기보유특별공제	3년 이상 양도차익의 10%, 5년 이상 15%, 10년 이상 30%	전략 129
양도소득금액		
(−) 양도소득기본공제	거주자의 경우만 1년에 250만원 공제	
과 세 표 준		
(×) 양도소득세율	양도자산별, 보유기간별로 10%부터 65%까지	
산 출 세 액		
(−) 세액 감면 · 공제	예정신고납부 세액공제, 각종의 세액감면	전략 130
(−) 기납부세액	이미 신고한 양도차익예정신고 산출세액	
자진납부할 세액	결정세액보다 기납부한 세액이 많은 경우에는 환급받음	전략 131

전략 128 실지거래가액 또는 기준시가 중 유리한 것을 선택하자

양도차익의 결정방식은 실지거래가액에 의하는 방식과 기준시가 에 의하는 방식 2가지가 있다. 실지거래가액 방식은 말 그대로 실지 양도가액에서 실지취득가액과 기타의 필요경비를 차감하여 계산하

7. 양도소득세의 절세

는 방식이다. 기준시가 방식은 양도시의 기준시가에서 취득시의 기준시가와 필요경비 간주액을 차감하여 계산하는 방식이다.

양도자는 원칙적으로 실지거래가액 방식과 기준시가 방식 중에서 유리한 방식을 선택할 수 있으나, 〈표2〉와 같은 경우에는 반드시 실지거래가액에 의한다.

일반적으로 기준시가에 의한 방식이 양도소득세가 적게 산출되기 때문에 실지거래가액 방식보다 유리하다. 그러나 경우에 따라서는 실지거래가액 방식이 양도소득세가 적게 산출되는 경우도 있으므로 이런 경우에는 실지거래가액 방식을 선택하면 된다.

양도자가 원해서 실지거래가액 방식에 의하는 경우에는 납세자가 실지양도가액과 실지취득가액에 대한 증빙을 제출해야만 한다. 또한 기타 필요경비를 추가로 공제받고자 하면 이에 관한 증빙도 제출해야 한다. 기타 필요경비에는 취득세, 등록세, 설비비, 개량비, 국민주택채권을 금융기관에 양도하여 발생한 매각차손, 부동산 중개수수료 등이 있다.

〈표2〉 반드시 실지거래가액에 의하는 경우
1. 아래 자산의 양도 　① 비상장주식, 특정주식, 부동산 과다보유법인의 주식 　② 사업용 고정자산과 함께 양도하는 영업권 　③ 국세청장이 기준시가를 고시하지 아니한 특정 시설물 이용권 등 2. 단기매매 목적의 양도 　① 부동산을 취득할 수 있는 권리 　② 취득 후 1년 이내의 부동산 3. 조세부담회피 목적의 양도

제3장 투자와 세테크

① 조세부담을 회피할 목적으로 허위계약서 작성, 주민등록 허위이전 등의 부정한 방법으로 부동산을 취득 또는 양도하는 경우로서 국세청장이 정하는 기준[1]에 해당하는 경우

② 미등기 자산

1) 실지거래가액 적용 기준(국세청고시 제1996-16호, 1996. 2. 15.)

국세청장이 정하는 기준이라 함은 다음 각호의 1에 해당하는 경우를 말한다.

① 거래단위별 양도가액(기준시가)이 1억원 이상으로서 다음 각호의 1에 해당하는 경우

- 개발이익환수에관한법률 제5조에서 규정하는 개발부담금 부과대상인 토지를 동법 제9조의 부과개시일로부터 소급하여 2년이 되는 날과 동조 제3항의 사업완료일 이후 1년이 되는 날과 동조 제3항의 사업완료일 이후 1년이 되는 날 사이의 기간 중에 취득하여 양도한 경우

- 도시재개발법 및 주택건설촉진법의 규정에 의한 사업지구 내의 부동산을 사업개시일로부터 소급하여 2년이 되는 날과 사업완료일 이후 1년이 되는 날 사이의 기간 중에 취득하여 양도한 경우(다만 건축물을 당해 용도에 1년 이상 직접 사용한 경우는 제외)

- 준농림지역 내의 부동산을 보유한 기간이 5년 미만(자경기간이 2년 이상인 경우는 제외)인 상태로 양도한 경우

- 양도한 토지의 면적이 다음의 규모 이상인 경우
  • 도시계획구역 안의 토지인 경우 330㎡
  • 도시계획구역 밖의 토지인 경우 5,000㎡

② 1세대가 과세대상자산을 양도 또는 취득(이하 거래라 함)한 회수가 다음 각호의 1에 해당하는 경우

- 자산을 거래한 날로부터 소급하여 1년 이내의 기간에 3회 이상 거래한 경우로서, 거래가액의 합계가 3억원 이상인 경우

- 자산을 거래한 날로부터 소급하여 2년 이내의 기간에 5회 이상 거래한 경우로서, 거래가액의 합계가 5억원 이상인 경우

7. 양도소득세의 절세

전략 129 양도시기를 조절하자

양도자산의 양도시기를 조절하면 다음과 같이 절세에 유리하게 활용할 수 있다.

① 가능하면 3년 이상 보유한 후에 양도하자

토지 또는 건물의 양도시에는 보유기간에 따라 양도차익의 10%에서 30%를 공제해 준다. 만약 주택의 경우 3년 이상 보유하여 1세대 1주택에 해당되면 비과세혜택을 적용 받을 수 있다. 여기서 보유기간의 계산은 취득 후 양도시까지의 기간을 말하며, 단 하루라도 부족하면 공제되지 않으므로 반드시 정확한 확인을 거쳐야 한다. 취득 또는 양도시기는 원칙적으로 대금을 청산한 날을 말한다. 다만, 잔금 청산일이 분명하지 않은 경우에는 매매계약서에 기재된 잔금지급 약정일로 한다. 이 경우 잔금지급 약정일로부터 등기접수일까지의 기간이 1월을 초과하는 경우와 잔금지급 약정일이 확인되지 않은 경우에는 등기접수일로 한다.

한편, 1세대 1주택에 대한 비과세규정에는 3년 이상 보유하지 않아도 비과세가 적용되는 경우가 많이 있으므로 이것은 다음 장에서 알아보기로 하자.

② 일반적으로 1년에 한번만 양도하는 것이 유리하다

거주자의 경우에는 1년에 250만원의 양도소득 기본공제를 해준다. 또한 양도소득세는 원칙적으로 누진세율제도이므로 2회 이상 양도해서 양도차익이 증가하면 세금도 훨씬 더 많아지기 마련이다. 그러므로 금년도에 양도소득세 과세대상 물건을 한 번 양도한 적이 있고 2회째 양도해야 하는 경우라면, 가능하면 금년도에 양도하지 않고 내년도에 양도하는 것이 절세에 도움이 된다.

그러나 항상 그런 것은 아니다. 만약 첫번째 양도부동산에서는 양도이익이 발생하고, 두 번째 양도부동산은 양도손실이 발생한다면 금년도에 양도해야 전체적인 양도차익이 감소하여 절세가 가능하기 때문이다.

③ 가능하면 2년 이상 보유한 후에 양도하자

토지, 건물, 부동산에 관한 권리를 양도할 경우에는 가능하면 2년 이상 보유한 후에 양도하는 것이 유리하다. 현행 양도소득세율은 이런 자산에 대해서 2년 미만 보유한 경우에는 양도소득세율을 50% 적용하며, 2년 이상 보유한 경우에는 양도차익에 따라 30%에서

50%의 세율을 적용하기 때문이다.

 세액공제·세액감면을 활용하자

　양도소득세의 경우에 양도일이 속하는 달의 말일부터 2월 이내에 자산양도차익 예정신고 및 자진납부를 하는 경우에는 납부할 세액의 10%를 산출세액에서 공제해 준다. 또한 부동산을 매매하는 경우 매도인은 소유권이전등기를 신청하는 날까지 부동산 양도신고를 해야 한다. 이 경우 세액을 자진납부할 때에는 납부할 세액의 15%를 산출세액에서 공제해 준다. 그러므로 양도소득세를 자진납부하면 양도한 다음 연도의 5월 말일까지 확정신고 자진납부하는 경우보다 세액공제로 인하여 11%(주민세 1% 포함)에서 16.5%(주민세 1.5% 포함)의 세금을 절감할 수 있다. 따라서 이를 고려하여 예정신고 자진납부 여부를 결정해야 한다.

　또한 양도부동산의 사용 용도 등에 따라 납세자의 신청에 의해 양도소득세가 감면되는 경우가 많으므로 양도 전에 반드시 이런 감면에 해당되는지를 정확히 검토해야 할 것이다.

 소득세 분납제도와 물납제도를 활용하자

　양도소득세의 납부세액이 2,000만원 이하일 때에는 1,000만원을 초과하는 금액을, 2,000만원을 초과하는 때에는 납부할 세액의 50% 이내의 금액을 예정신고 자진납부기한 또는 확정신고 자진납부기한 경과 후 45일 이내에 납부할 수 있으므로, 이를 활용하면 절세가 가능하다. 예정신고 자진납부의 경우에 분납하는 부분에 대해서도 자산양도소득 예정신고 납부세액공제가 가능하다.

한편 한국토지공사에 부동산을 양도하고 토지개발채권으로 교부
받은 경우에 납세지 관할세무서장의 승인을 얻어 토지개발채권으로
물납할 수 있으므로, 당해 채권을 처분하는 것보다 이를 세금으로
납부하는 것이 유리하다.

관련서식 참조

〈부록 24〉 양도소득세과세표준확정신고 및 자진납부계산서

1세대 1주택 비과세요건

중산층 이하의 서민가정은 1세대 1주택을 소유하는 것이 일반적이다. 그런데 이 한 채의 주택을 처분해야 할 상황이 도래하면 주위에서 들은 말만 믿고 양도소득세가 비과세되는 줄 알고 처분했다가 나중에 양도소득세가 부과되는 경우가 흔히 있다. 원래 부동산의 양도시 양도차익이 발생하면 양도소득세를 부과하는 것이 원칙이다. 그러나 세법에서는 일정한 요건을 갖춘 1세대 1주택의 양도차익에 대해서는 양도소득세를 비과세하고 있다. 이런 1세대 1주택에 대한 비과세요건은 조세전문가인 공인회계사도 면밀하게 확인해야 할 정도로 복잡하기 때문에 주의해야 할 사항이다.

전략 132 1세대 1주택 비과세요건에 대해서는 반드시 전문가와 상의하자

1세대 1주택 비과세요건은 전문적인 지식을 필요로 하므로 주택을 양도하기 전에 반드시 조세전문가와 상의하여 양도해야만 절세가 되리라고 믿는다.

세법에서 양도소득세가 비과세되는 1세대 1주택이라 함은 다음의
3가지 요건을 갖춘 주택의 양도를 말한다.

1 1세대 1주택의 양도소득세 비과세요건

거주자 및 그 배우자가 그들과 동일한 주소 또는 거소에서 생계
를 같이하는 가족과 함께 구성하는 1세대가 양도일 현재 국내에 1
주택을 보유하고 있는 경우로서 당해 주택의 보유기간이 3년 이상
인 것을 말한다.

2 별장은 주택에 해당하지 않는다

지방세법의 규정에 의해 별장으로 재산세가 부과되는 건축물은 양
도소득세 계산시 주택에 해당되지 않는다.

3 1세대 1주택에서 제외되는 일정규모 이상의 주택

주택에 부수되는 토지가 일정배율(도시계획구역 내 5배, 기타 10
배) 이상인 경우 초과되는 토지의 양도는 과세되며, 〈표1〉과 같은
고급주택의 경우에는 일반주택을 초과하는 부분도 과세된다.

구 분	조 건
단독주택	지방세법상의 취득세 시가표준액이 2,000만원 이상이고, 주택의 연면적(주택과 비주택의 복합건물일 때 주택이 크면 전부를 주택으로 보며, 주거전용 지하실 포함)이 264㎡ 이상이고, 양도가액이 5억원을 초과하는 주택
공동주택	주택의 전용면적(주거전용 지하실 포함)이 165㎡ 이상이고, 양도가액이 5억원을 초과하는 주택
모든 주택	엘리베이터, 에스컬레이터 또는 67㎡ 이상의 수영장 중 1개 이상의 시설이 설치된 주택

전략 133 주택 양도시에는 1세대를 구성한 후 양도하자

1세대란 거주자가 결혼하고 동일한 주소 또는 거소에서 생계를 같이 하는 가족과 함께 살고 있는 것을 말한다. 다만, 다음과 같이 1세대를 구성하지 않아도 비과세가 가능한 경우가 있다.

▶ 1세대를 구성하지 않아도 비과세되는 경우
① 당해 거주자의 연령이 30세 이상이거나 소득이 있는 경우
② 배우자가 사망하거나 이혼한 경우
③ 거주자가 당해 주택을 상속받은 경우

1세대 내에서는 주택을 하나만 소유해야 하며, 그 주택의 소유자는 1세대 구성원 어느 누구라도 상관없다. 다만, 〈표2〉에 해당되는

▶ 〈표2〉 1주택이 아니어도 비과세되는 경우

구 분	내　용
일시적인 보유	일시적으로 2주택이 된 경우 다른 주택을 취득한 날로부터 2년 이내에 종전의 주택을 양도하는 경우에 1세대 1주택의 요건을 갖추면 비과세된다. 또한, 취득한 날로부터 1년이 되는 날 현재 성업공사에 매각을 의뢰하거나, 법원에 경매를 신청하거나, 공매가 진행되어 있으면 1년 뒤에 양도하여도 비과세된다.
상 속	상속받은 주택은 보유기간의 제한없이 1세대 1주택으로 보아 상속주택은 언제 양도하더라도 비과세되며, 기존 보유주택은 1세대 1주택의 요건을 갖추어 양도하면 비과세된다.
노부모와 합가	1주택을 보유하고 있는 남자가 60세(여자 55세) 이상의 직계존속(배우자의 직계존속을 포함한다)을 동거봉양하기 위해 세대를 합침으로써 1세대가 2주택을 보유하는 경우에는 합친 날부터 1년 이내에 먼저 양도하는 주택은 1세대 1주택으로 보아 비과세한다. 단, 양도일 현재 2주택 모두 1세대 1주택의 조건을 갖추어야만 비과세된다.
결 혼	1주택을 보유하고 1세대를 구성하는 자가 1주택을 보유하고 1세대를 구성하는 자와 혼인함으로써 1세대가 2주택을 보유하게 되는 경우 그 혼인한 날부터 1년 이내에 먼저 양도하는 주택은 이를 1세대 1주택으로 보아 비과세한다. 단, 양도일 현재 2주택 모두 1세대 1주택의 조건을 갖추어야만 비과세된다.
농어촌주택	농어촌주택과 일반주택을 국내에 각각 1개씩 소유하고 있는 1세대가 일반주택을 양도하는 경우에는 일반주택이 1세대 1주택의 요건을 갖추면 비과세된다.

265

경우에는 2주택이라도 비과세가 가능하다.

전략 135 3년 이상 보유의 예외규정을 활용하자

1세대가 1주택을 취득하여 3년 이상 보유하다가 양도할 경우에는 비과세된다. 다만, 〈표3〉에 해당하는 경우에는 3년 이내에 양도해도 비과세된다.

이상의 조건을 모두 충족해야 비과세되므로 양도 전에는 반드시 정확한 확인작업을 거치는 것이 보다 안전한 절세방법이다.

▶ 〈표3〉 3년 미만 보유해도 비과세되는 경우

구 분	내 용
임대주택의 취득 후 양도	임대주택법에 의한 건설임대주택을 취득하여 양도하는 경우로써 당해 건설임대주택의 임차일부터 당해 주택의 양도일까지의 거주기간이 5년 이상인 경우
공공사업용으로 양도	주택 및 그 부수토지의 전부 또는 일부가 공공사업용으로 공공사업의 시행자에게 양도하는 경우(양도일로부터 1년 이내에 양도하는 그 잔존주택 및 그 부수토지를 포함함)
수용되는경우	토지수용법 기타 법률에 의해 수용되는 경우(수용일부터 1년 이내에 양도하는 그 잔존주택 및 그 부수토지를 포함함)
해외이주시	해외 이주로 세대 전원이 출국하는 경우
해외출국시	1년 이상 계속하여 국외 거주를 필요로 하는 취학 또는 근무상의 형편으로 세대 전원이 출국하는 경우
재개발주택으로 입주시	도시재개발사업에 조합원으로 참여한 자가 그 재개발사업 시행기간 중 다른 주택을 취득하여 거주하다가 도시재개발법에 의한 관리처분계획에 따라 취득하는 주택으로 세대 전원이 이사하게 되는 경우

부득이한 사유	1년 이상 거주한 주택을 세대 전원이 교육법에 의한 학교(동법에 의한 유치원, 초등학교, 중학교는 제외한다)에의 취학, 직장의 변경이나 전근 등 근무상의 형편, 1년 이상의 치료나 요양을 필요로 하는 질병의 치료 또는 요양의 사유로 다른 시(특별시와 광역시를 포함하되, 지방자치법 제3조 제4항의 규정에 의해 설치된 도농복합형태의 시에 해당하는 읍·면 지역은 제외한다)나 군으로 주거를 이전하는 경우
1년 보유 인정	① 1999년 1월 1일부터 12월 31일까지 주택의 취득을 위한 매매계약을 체결하고, 계약금을 지급한 자가 주택을 취득하는 경우 ② 1999년 1월 1일부터 12월 31일까지 자기가 건설한 주택으로서 사용승인 또는 사용검사를 받은 주택을 취득하는 경우

사 례　　직장 이전으로 주택 양도시 비과세

문　저는 모 대기업체 서울본사에 근무하는 김○○이라고 합니다. 그런데 갑자기 대전지점으로 발령을 받아 1996년 12월 중으로 근무지를 대전으로 옮겨야 하는 상황이 되었습니다. 저는 이번 기회에 살고 있던 아파트를 매각하고 대전 인근지역에 전원주택을 구입하여 이사하기로 하였는데, 이는 "1주택을 보유한 자가 근무상의 형편으로 다른 지역으로 이사하는 경우에는 주택을 양도해도 양도세가 부과되지 않는다"고 들었기 때문입니다. 즉 저는 이런 점을 이용하여 기존의 아파트를 처분하고, 양도소득세는 납부하지 않고자 합니다. 제 아파트는 3년 전에 분양에 당첨되어 1996년 2월에 입주한 아파트로서, 이 아파트 이외에 다른 주택은 소유하고 있지 않습니다.

이런 경우 양도소득세를 납부하지 않아도 되는지 정확한 사실을 알고 싶습니다.

답 부동산을 양도하여 발생하는 소득에 대해서는 양도소득세를 과세하는 것이 원칙이지만, 일정한 조건을 갖춘 1세대 1주택을 양도하게 되는 경우에는 양도소득세를 과세하지 않습니다. 이와 같이 1세대 1주택에 한해 양도소득세를 과세하지 않는 취지는 1세대 1주택의 양도는 주거생활의 기초가 되는 주택의 양도이므로 비과세하여 거주 이전의 자유를 실질적으로 보장하고, 서민생활의 보호를 위한 것입니다. 이에 따라 소득세법에서는 1세대가 국내에서 "1주택을 3년 이상 보유하고 있다가 양도하면 양도소득세를 과세하지 않는다"라고 명시하고 있습니다. 여기서 3년 이상이라는 보유기간을 정한 이유는 투기를 목적으로 빈번하게 주택을 양도하는 사람에게는 비과세혜택을 주지 않기 위한 것입니다. 이런 규정에 따르면 귀하가 주택을 양도할 경우 3년 이상 보유하지 않았기 때문에 양도소득세가 과세될 수밖에 없습니다.

그러나 정부에서는 투기목적이 아니라고 볼 수 있는 불가피한 사유가 있는 경우에 한해 3년 이상 보유하지 않고 양도해도 비과세한다는 예외규정을 두고 있습니다. 이런 예외규정 중의 하나가 "취학 1년 이상 질병의 요양·근무상의 형편으로 원칙적으로 세대원 모두가 다른 시·군으로 퇴거하고 1년 이상 거주한 주택을 파는 경우에는 양도소득세를 비과세한다"는 것입니다. 여기서 중요한 점은 취학 1년 이상의 질병의 요양, 근무상의 형편으로 이전하고자 하는 경우에는 반드시 1년 이상 거주한 주택이어야 하므로, 1년 이상 거주하지 않은 주택을 양도하면 양도세가 과세된다는 것입니다. 이것은 과거의 소득세법에는 없던 규정으로서 새로 생긴 규정이므로 주의해야 합니다.

하지만 김○○ 씨는 이런 규정을 알고 있기는 하지만 아마 1년 이상 거주해야 한다는 규정까지는 모르고 있는 것 같습니다. 즉, 김○○ 씨는 아파트를 1996년 2월에 구입하였고, 1996년 말에 처분할 계획이므로 1년 이상 보유해야 한다는 조건을 갖추지 못하였습니다. 따라서 주택을 1996년 12월에 양도한다면 취득 후 1년 이내에 양도하는 결과가 되어 일반적으로 기준시가에 의한 경우보다 세금이 많은 실거래가액을 적용하여 양도차익을 계산하고, 취득 후 2년 이내에 양도하는 경우에 적용하는 50%의 높은 세율에 의해 계산된 양도소득세를 납부해야 합니다. 그러므로 김○○ 씨는 먼저 직장을 이전하고 취득 후 거주기간이 1년이 넘게 되는 1997년 2월 이후에 주택을 양도해야만 비과세규정을 적용 받을 수 있습니다.

사 례   별장은 양도세 대상

문 저는 현재 개인 중소기업체를 경영하고 있으며 1995년 10월에 전원생활 및 투자의 목적으로 경기도 양평의 남한강변에 전원주택 한 채를 구입했습니다. 그리고 살고 있는 아파트는 3년 이상 보유하여 1세대 1주택에 대한 양도소득세 비과세대상에 해당되기 때문에 이를 처분하고 전원주택으로 이전할 생각이었습니다. 그러나 아파트가 팔리지 않아 생각을 바꿔 전원주택을 가족과 직원의 휴양 목적으로 사용하기로 하였습니다. 그러던 중 1996년 6월에 취득시 납부한 취득세액의 6.5배와 가산세가 추가로 고지되었습니다.

이 문제를 어떻게 해결해야 하는지 알고 싶습니다.

답 【양도소득세 문제】

별장은 주택이 아니라고 보기 때문에 양도소득세 비과세규정이 적

8. 1세대 1주택 비과세요건

용되는 1세대 1주택의 판정시에 주택으로 보지 않습니다. 주택이란 사회통념상 거주에 적합한 건축물로서 실제로 거주에 사용해야만 하며, 건축물관리대장상의 용도만을 보고 판단해서는 안됩니다. 따라서 거주에 사용하지 않는 사무실, 영업장, 별장 등은 주택이라고 할 수 없습니다. 따라서 전원주택을 보유하고 있더라도, 기존 아파트를 3년 이상 보유했기 때문에 아파트를 처분해도 양도소득세가 부과되지 않습니다만, 반대로 별장으로 분류된 전원주택을 처분하는 경우에는 양도소득세를 납부해야만 합니다. 만약 아파트가 없는 경우라고 하더라도 별장으로 분류된 전원주택을 처분하면 1세대 1주택에 해당되지 않으므로 양도소득세를 납부해야 합니다.

【지방세 중과문제】

현행 지방세법에 의하면 사치성 재산인 별장, 고급주택, 고급오락장 등을 취득한 경우에는 일반 재산의 취득시에 납부하는 취득세의 7.5배나 되는 15%의 취득세를 납부해야 합니다. 이런 취득세 중과는 재산의 취득 당시에는 별장이 아니라 하더라도 취득 후 5년 이내에 별장으로 사용하는 경우에는 취득세를 중과합니다. 이렇게 중과된 취득세는 전원주택을 팔더라도 취소되지 않습니다. 또한 재산의 보유시에 부과되는 재산세와 종합토지세도 일반 재산의 경우보다 훨씬 높은 5%의 높은 세율을 적용하여 세금을 부과하므로 별장 보유시의 세부담이 과중되는 것입니다.

【결 론】

귀하가 전원주택을 팔면 양도소득세가 부과되고, 전원주택을 보유하고 있으면 계속해서 재산세와 종합토지세가 높게 부과될 것입니

제3장 투자와 세테크

다. 반대로 아파트를 팔면 1세대 1주택 비과세규정에 따라 양도소득세는 부과되지 않습니다. 이런 세금효과와 직원복지문제 및 투자효과 등을 함께 고려하여 전원주택을 처분할 것인지, 아니면 보유할 것인지, 그렇지 않으면 아파트를 처분하고 전원주택으로 이사를 할 것인지를 결정해야 합니다.

만약 아파트를 양도한다고 하면 양도소득세 비과세가 적용되어 양도소득세 신고를 하지 않아도 불이익은 없습니다. 그러나 양도소득세 신고를 하지 않은 경우에 세무당국에서는 별장인지 아닌지 모르기 때문에 귀하가 1세대 2주택 즉, 아파트와 전원주택을 가진 것으로 보아 양도소득세를 부과하는 경우가 있습니다. 이와 같이 양도소득세가 부과된 경우에 시간이 많이 지나 별장에 관련된 증빙이 분실되어 확인이 불가능하거나, 납세자 사망 등의 사유로 피상속인이 내용을 잘 몰라서 양도한 아파트가 1세대 1주택이라는 것을 소명하지 못하면, 억울하게 양도소득세를 납부해야 하는 경우도 있기 때문에 아파트 양도시에 양도소득세 신고를 하는 것이 좋습니다.

▶ 지방세법에서 규정하는 별장의 조건
다음의 조건을 모두 갖춘 건축물과 그 부속토지를 말한다.
① 주거용에 사용할 수 있는 건축물이어야 한다.
주거용이란 건축물관리대장상의 용도에 불문하고 실제로 주거할 수 있도록 숙식시설 등이 갖추어져 있는 것을 말하며, 주거와 주거 외의 용도로 겸용할 수 있도록 건축된 오피스텔 또는 이와 유사한 건축물도 사업자등록증 등에 의해 사업장으로 사용하고 있음이 확인되지 않으면 주거용으로 본다. 또한 콘도미니엄의 경우에도 회원 공용으로 사용하지 않고, 독자적으로 소유권을 갖고 전용으로 이용

하면 이를 별장으로 본다.

② 상시 주거용에 사용하지 아니해야 한다.

주민등록상 주소로 되어 있다 할지라도 상시 주거용으로 사용하지 않으면 별장의 요건에 해당된다. 또한 별장관리인이 항상 거주하면서 관리한다 하더라도 상시 주거용으로 사용한다고 보지 않는다.

③ 개인이나 그 가족 또는 법인인 경우에는 그 임직원이 휴양·피서 또는 위락 등의 용도로 사용해야 한다.

이는 개인사업자의 직원이 사용해도 해당되며, 건물을 임대한 경우 임차인이 별장용으로 사용해도 별장의 요건에 해당된다. 여기서 주의할 점은 일반적으로 휴양지에 있는 것만 별장으로 생각하기 쉬우나, 지방세법상 별장이란 휴양지뿐만 아니라 어디에 있든 휴양의 용도로 사용하면 모두 별장에 해당된다.

사 례　소득세법 예규(재일46014-230, 1997.2.4.)

재산세가 중과된 미등기상태의 별장 등 2주택을 보유한 자가 거주 이전을 위해 신규 주택 구입 후 1년 이내 기존 거주주택을 매도할 때 양도소득세가 비과세되는 1세대 1주택에 해당되는지 여부

문　본인은 송파구 ○○동 86번지 소재 ○○아파트 11동 1202호(57평형)와 위 주택 이외에 경기도 광주군 도척면 ○○리 산 62-18 소재 주택(건물은 미등기 상태임) 1동을 보유(1978년부터)하고 있습니다. 그 동안 ○○리 소재 주택은 별장으로 분류되어 재산세가 중과되어 왔었는데, 이런 경우 본인이 알기로는 별장으로 분류된 주택에 한해서는 1가구 2주택에 해당이 안되는 것으로 알고 있었습니

제3장 투자와 세테크

다. 또한 본인은 약 한 달 전 송파구 ○○동 86번지 ○○아파트 2동 801호(66평형) 주택을 신규 구입하였습니다.

이런 경우 본인이 기존 주택(○○아파트 11동 1202호)을 신규 주택 구입 후 1년 이내에 매도할 경우 1가구 2주택에 해당되어 양도소득세 부과대상에 해당됩니까?

답 ① 소득세법 시행령 제154조 규정에 의한 1세대 1주택을 적용함에 있어 지방세법 규정에 의해 별장으로 재산세가 부과되는 건축물은 주택에 해당하지 아니하는 것이나, 이를 사실상 주거전용으로 사용하는 때에는 주택으로 보고 있습니다.

② 따라서 귀하의 경우 소관 세무서장의 조사에 의해 당해 별장이 주택에 해당하지 않고, 양도대상 아파트가 소득세법 시행령 제156조 규정에 의거 고급주택에 해당하지 않는 경우에 한하여 소득세법 시행령 제155조 제1항의 규정에 의한 1세대 1주택 특례를 적용받을 수 있는 것입니다.

9

양도소득세의 부당행위계산부인과 세테크

양도소득세란 부동산 등을 양도할 때 발생하는 양도차익에 대해 부과하는 세금이다. 정상적인 거래에서는 시가를 참작하여 매도자와 매수자간의 계약에 의하여 양도하는 것이 일반적이다. 그러나 특수관계자간의 거래, 예를 들어 부자지간의 매매 등과 같은 경우에는 양도소득세 부담을 회피하기 위해 거래가격을 적당히 조정하여 양도하는 경우도 발생한다.

그러나 세법에서는 이런 거래를 인정하지 않고 정상적인 가액을 기준으로 하여 양도소득세를 재계산하여 과소납부된 세금을 추징하는데 이를 부당행위계산부인이라고 한다. 이런 부당행위계산부인규정은 법인에게도 적용된다.

◉ 부당행위계산부인의 조건

① 특수관계자간의 거래일 것

② 조세의 부담을 부당하게 감소시킨 것(조세회피 의사와는 관계 없음)

● 부당행위계산부인의 대표적 사례

① 특수관계자간에 저가양도 또는 고가양수하여 조세부담이 감소한 경우
② 특수관계자간에 증여 후 3년 내 양도(배우자에게 증여시에는 5년 내 양도)하여 조세부담이 감소한 경우

전략 136　특수관계자간의 거래시에는 시가를 고려하여 거래하라

특수관계자간에 거래를 할 때 시가를 무시한다고 해서 그 거래 자체가 무효가 되는 것은 아니다. 그러나 세법상 이런 거래의 결과 양도소득세가 부당하게 감소되었다고 판단되면 양도소득세를 시가에 의해 재계산하여 감소한 세금을 추징한다.

증여세의 경우에는 특수관계자간의 저가 또는 고가양도시 증여로 보는데, 이 때 시가보다 30% 이상 차이가 나거나 차이금액이 1억원 이상인 경우에만 적용한다.

그러나 양도소득세의 경우에는 시가와 차이가 발생하면 부당행위계산부인규정이 적용되므로 주의해야 한다.

▶ 저가 양도시의 세금부과 내용

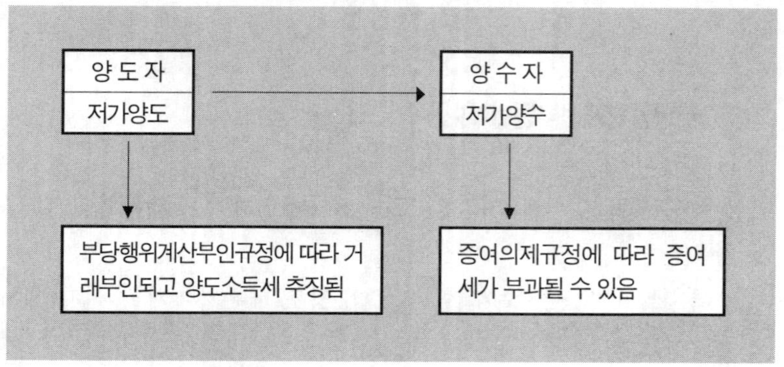

▶ 고가 양수시의 세금부과 내용

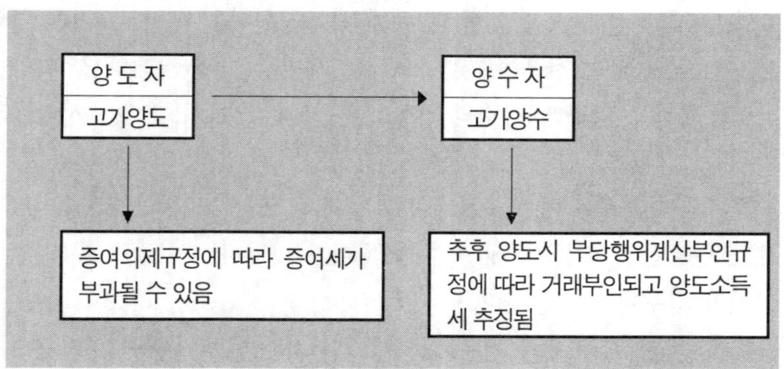

전략 137 특수관계자간에 증여하려면 가능한 한 3년(배우자간의 경우에는 5년) 후에 양도하라

실무를 접하다 보면 남편이 오래 전에 취득한 재산을 양도하려고

하나 양도소득세가 너무 많이 나올 것 같아 이를 부인에게 증여한 후에 양도하여 세금을 회피하는 경우를 종종 볼 수 있다. 또는 부모로부터 증여받은 재산을 자금이 필요해 양도하는 경우도 있다.

이런 경우 증여 후 3년(배우자는 5년) 내에 양도하여「증여시 납부한 증여세＋증여받은 다음 양도시 발생한 양도세」가「증여하지 않고 직접 양도하여 발생한 양도세」보다 적은 상황이 발생하면 아버지 또는 남편이 직접 양도한 것으로 보아 양도세를 납부해야만 한다. 이때 이미 납부한 증여세는 환급해 주지 않고, 다만 양도차익계산시 양도차익을 차감해 준다.

따라서 증여 후에 양도하려면 반드시 관련세금을 검토한 후에 양도여부를 결정해야 할 것이다.

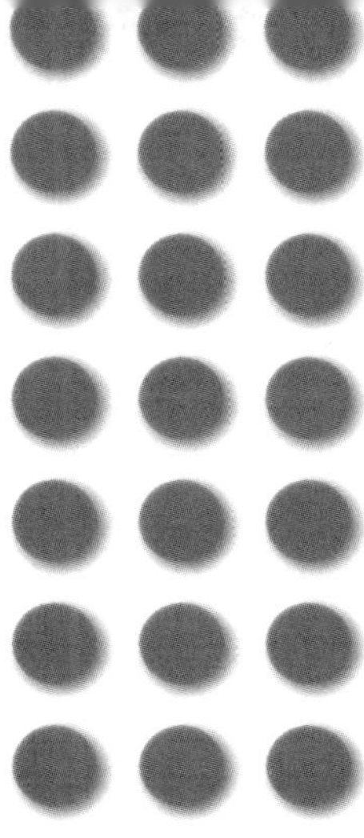

제4장
무상이전과 세테크

상속세의 절세

상속세는 자연인이 사망하거나 실종선고를 받아 상속(유언에 의한 증여 또는 사망으로 인해 효력을 발생하는 증여 포함)이 개시되는 경우 상속재산에 대해 부과하는 세금이다. 이런 상속세는 사망에 의하여 발생하기 때문에 사망시기를 예측할 수 없는 일반적인 현실에서는 사망 전 계획에 의해 절세를 생각하는 일이 사실상 어렵다. 그러나 이런 상속세도 어느 정도까지는 미리 대비할 필요가 있으며, 이로써 절세방안도 마련할 수 있다. 즉 현행 상속세의 계산구조를 개괄적으로 파악하고 사망 전·후에 걸쳐 자세히 알아보면 절세방안을 찾을 수 있는 것이다.

상속세는 거주자가 사망한 경우와 비거주자가 사망한 경우 세액계산방법이 약간 다르다. 그러므로 거주자가 사망한 경우를 가정하여 상속세의 세액계산구조를 다음의 표에서 요약 설명하고, 전략별로 절세방법을 설명하고자 한다.

계산구조	계산방법 및 절세전략		
상속재산가액	포함	보험금, 퇴직금, 신탁재산	전략 138
	제외	각종 유족연금, 비과세, 공익목적 출연재산	전략 139
(+) 가산항목	피상속인이 상속인에게 상속개시일 전 5년 이내(상속인이 아닌 자에게는 3년 이내)에 증여한 재산가액		
	상속개시일 전 1년 이내에 피상속인이 처분한 재산가액이 재산종류별로 2억원 이상이거나 부담한 채무액이 2억원 이상으로서 용도가 불분명한 금액		전략 140
(-)차감항목	공과금, 장례비용, 채무		전략 141
상속세과세가액			
(-)상속공제	기초공제, 배우자공제, 기타 인적공제, 금융재산상속공제, 재해손실공제		전략 142
상속세과세표준			
(×)상속세율	10%부터 45%까지 초과누진세율		
산출세액	세대를 건너 뛴 상속의 경우에는 30% 가산함		전략 143
세액공제	증여세액공제, 외국납부세액공제, 단기재상속에 대한 세액공제, 자진신고세액공제		전략 144
납부할 세액			전략 145

※1999년 9월 1일 현재 상속세율은 인상될 것으로 개정 추진되고 있음.

전략 138 상속재산 평가에 유의하자

상속세법에서는 상속재산을 상속일 현재의 시가로 평가하고 있으며, 보충적인 평가방법을 두고 있다. 따라서 각각의 평가방법에 따라 상속재산가액이 달라질 수 있으므로 주의해야 한다. 예를 들어 상속받은 토지를 공시지가에 의거 상속세를 납부한 후 상속개시일로부터 6월 이내에 처분하는 경우에는 그 거래가액을 시가로 본다. 이 때 거래가액이 공시지가보다 높으면 상속세를 추징당하게 된다. 따라서 이런 경우에는 처분시기를 늦출 필요가 있다.

▶ 상속재산의 평가
① 상속개시 당시의 시가
② 상속개시일 전후 6개월 내에 매매가격, 둘 이상의 감정평가법인이 상속세 납부 이외의 목적으로 평가한 가격, 경매가격, 보상가격도 시가로 본다.
③ 시가를 산정하기 어려울 경우에는 상속재산의 종류별로 공시지가, 지방세 과세시가 표준액, 국세청 고시가액 등을 적용하여 평가한다.
④ 상속개시일 현재 근저당권이 설정된 경우에는 당해 채권액과 앞의 평가방법에 의한 가액을 비교하여 큰 금액을 시가로 본다.

전략 139 상속재산 포함 여부에 유의하자

상속세법에서는 여러 가지 사유로 상속재산에 포함되는 것과 포함되지 않는 것을 규정하고 있다. 그러므로 이를 고려하여 가능한 한 포함되지 않는 재산을 보유하고 있다가 상속하면 상속세를 절감할 수 있다.

▶ 상속재산의 포함 여부와 절세요령

① 생명보험 가입시 주의하자.

보험계약자인 피상속인의 사망으로 인해 지급받는 생명보험 또는 손해보험의 보험금은 상속재산에 포함되며, 보험계약자가 피상속인 이외의 자인 경우라도 피상속인 실질적으로 보험료를 지불하였을 때에는 보험금을 상속재산에 포함한다. 따라서 보험계약자와 보험료 지불자가 피상속인 한 사람이 되지 않게 보험을 계약하면 보험금 수령시 상속재산에서 제외가 된다.

② 퇴직금으로 보지 않는 연금은 최대한 불입하자.

원칙적으로 퇴직금은 상속재산에 포함된다. 그러나 국민연금, 공무원연금, 사립학교교원연금, 군인연금, 산업재해보상보험 등에 의한 유족연금 및 유족연금일시금은 상속재산에 포함되지 않는다. 그러므로 가능한 한 이런 연금형태로 상속을 하면 상속세를 절감할 수 있다.

③ 공익목적 출연시에는 신고기한 내에 하자.

상속재산 중 피상속인 또는 상속인이 종교 · 자선 · 학술 · 기타 공익을 목적으로 하는 사업을 영위하는 자에게 출연한 재산의 가액은 상속재산에 포함되지 아니한다. 그러므로 공익목적으로 출연할 의사가 있다면 상속세 신고기한 이전에 출연하여 상속세 과세대상에 포함되지 않도록 하면 신고기한 이후에 출연하는 것보다 훨씬 세금이 절감되며 출연효과도 크다.

전략 140 사망 전 재산의 사용근거를 분명히 하자

현행 상속세법에서는 사망일 1년 이내에 사용한 재산의 사용처가

제4장 무상이전과 세테크

불분명하면 이를 상속재산에 포함한다고 추정하고 있다. 따라서 상속인이 사용처를 입증하지 못하면 입증하지 못한 금액을 상속재산으로 보아 상속세를 부담해야 한다. 그러므로 항상 재산의 사용처는 가족 중 누군가가 알 수 있도록 하는 것이 절세할 수 있는 비결이다.

전략 141 상속재산의 차감항목을 활용하자

상속개시일 현재 피상속인이나 상속재산에 관련된 공과금, 장례비용, 채무 등은 상속재산에서 차감해주므로 이를 활용하면 절세가 가능하다. 공과금과 채무는 전액 공제되며, 장례비용은 증빙이 있다면 1,000만원 범위 내에서 공제되며, 증빙이 없어도 기본적으로 500만원이 공제된다.

전략 142 배우자공제 등의 상속공제를 활용하자

첫째, 배우자공제를 활용하자.

배우자공제액은 법정상속분(30억원 한도) 범위 내에서 실제 상속받은 가액을 공제해 준다. 그러므로 배우자공제 한도가 많은 경우에는 배우자공제를 받은 만큼 상속세는 줄어들게 되므로 한도를 고려하여 상속하면 절세가 가능하다. 이 경우 배우자공제가 5억원 미만인 경우에는 5억원을 공제해 준다.

둘째, 일괄공제를 고려하자.

상속공제에는 기초공제와 기타 인적공제가 있다. 기초공제는 2억원이며, 가업 상속시에는 1억원이 추가되고, 영농 상속시에는 2억원이 추가된다. 기타 인적공제는 자녀 1인당 3,000만원이 공제되고, 상속인(배우자 제외) 및 동거가족 중 미성년자는 1인당 20세까지의 연수에 500만원을 곱하여 공제되며, 상속인(배우자 제외) 및 동거가족 중 60세 이상인 자는 1인당 3,000만원이 공제되고, 상속인 및 동거가족 중 장애인은 1인당 75세까지의 연수에 1,500만원을 곱하여 공제해 준다. 이런 기초공제와 기타 인적공제를 받는 대신에 일괄공제로 5억원(가업 상속시는 6억원, 영농 상속시는 7억원)을 공제받을 수 있다. 다만 이 경우에는 배우자가 단독으로 상속받지 않는 경우라야 가능하다. 그러므로 일괄공제가 유리하면 일괄공제를 적용받으면 된다.

셋째, 금융재산 상속공제를 활용하자.

금융자산을 상속하는 경우에 금융자산이 2,000만원 이하이면 전액 공제하고, 1억원 이하이면 2,000만원을 공제하며, 1억원 이상이면 20%(단, 2억원 한도)를 공제해 준다. 최근에는 상속세법의 개정으로 상업용 건물 등에도 아파트와 같이 시가를 고려하여 기준시가를 고시하고 있어 시가와 큰 차이가 없을 수도 있다. 따라서 기준시가가 높은 부동산을 상속하기보다 금융재산을 상속하여 상속공제를 받는 것이 유리한 지를 검토할 필요가 있다.

전략 143 세대생략상속을 고려하자

상속인이 연로하다면 상속을 포기하고 손자에게 상속을 하는 것이 오히려 유리할 수 있다. 물론 세대생략상속의 경우에는 30%의 세액을 가산한다. 반면에 상속을 받고 10년 이내에 다시 상속하게 되는 경우에는 연수에 따라 100%에서 10%까지 단기재상속세액공

제4장 무상이전과 세테크

제를 받는다. 따라서 이런 양자를 비교하여 세대생략상속이 유리하다면 이를 고려할 수 있다.

전략 144 세액공제를 활용하자

상속세 자진신고를 하면 10%의 세액공제를 해주는 반면에, 무신고시에는 20%의 가산세를 부과하므로, 이를 고려하면 자진신고하는 것이 유리하다.

전략 145 연부연납 또는 물납을 활용하자

상속세액이 1,000만원을 초과하는 경우에는 세무서장의 허가를 받아 3년 이내에 연부연납을 할 수 있다. 이 경우 연 10.95% 상당의 가산금을 납부해야 한다. 또한 상속재산 중 부동산과 유가증권의 가액이 2분의 1을 초과하고 상속세액이 1,000만원을 초과하는 경우에는 세무서장의 허가를 받아 물납할 수 있다. 그러므로 이자비용, 상속재산의 양도가능성 등을 고려하여 연부연납 여부를 결정해야 한다.

이상에서 본 바와 같이 개략적인 상속세의 계산구조를 파악하고 상속인의 사망 전이나 사망 후에 이를 잘 활용한다면 어느 정도 절세가 가능하다는 것을 알 수 있다.

1. 상속세의 절세

문 저는 이○○으로서 현재 아버지의 도움을 받아 조그만 무역업을 경영하고 있는데, 간혹 사업자금이 부족할 때에는 아버지로부터 융통하여 위기를 모면하곤 하였습니다. 저희 회사가 취급하는 품목은 컴퓨터 관련 핵심부품이기 때문에 시장가격 변동이 커 이를 잘 예측하면, 물건이 쌀 때 집중적으로 구매하여, 비쌀 때 팔아 많은 시세차익을 올릴 수 있다고 생각합니다. 그러나 문제는 일시적으로 많은 구입자금이 필요하다는 점인데, 보수적인 아버지는 제가 직장경험이나 사업경험이 많지 않음을 들어 자금지원을 요청할 때마다 항상 이를 거절하곤 하였습니다.

그러던 어느날 아버지께서 갑자기 별세하셨습니다. 워낙 갑작스럽게 돌아가셨기 때문에 어떠한 상속계획도 없어 가족회의를 한 끝에 부동산을 외아들인 제 앞으로 등기하기로 하였습니다. 마침 사업을 확대하고자 하던 때였기에 소유권이전등기를 마치자마자, 우선 부동산을 담보로 은행에서 차입하기로 하였습니다. 10억원의 차입을 위해 감정평가업자가 감정한 부동산 가액은 12억원으로서 이는 상속 당시의 공시지가 7억원 보다 5억원이 더 많은 금액이었습니다. 이를 담보로 하여 은행에서 융자를 받아 사업은 원활하게 돌아가고 있으나, 문제는 그 다음에 터졌습니다. 세무서에서 약 1억 5,000만원 정도의 상속세를 추가 고지한 것입니다. 어떻게 처리해야 할 지 좋은 의견 부탁드립니다.

답 이○○ 씨의 경우처럼 은행융자를 받거나 또는 거래의 담보로 제공하기 위해 소유하고 있는 부동산을 감정평가업자가 감정하고, 이를 근거로 근저당권을 설정하는 경우가 흔히 있습니다. 그런데 상속받거나 증여받은 부동산에는 근저당권을 설정할 때 주의해야 할 점이 있습니다.

재산을 상속받은 경우에는 상속개시를 안 날로부터 6월 이내에 상속세 신고를 해야 하고, 상속세 신고를 위해서는 상속받은 재산을 일정한 기준에 의해 평가하고, 이를 근거로 하여 계산된 세금을 자진신고 · 납부해야 합니다. 그런데 이○○ 씨는 이런 규정에 따라 상속받은 재산에 대해 상속세 신고를 하고 자진납부하였는데도 왜 상속세가 추가로 고지된 것일까요? 그것은 바로 상속재산의 평가에 있었습니다.

상속재산평가 규정에 따라 세무서에서는 이○○ 씨가 상속받은 토지에 대해 근저당을 설정하고 차입한 10억원이 공시지가에 의한 7억원보다 높기 때문에 채무액 10억원으로 상속재산을 평가하였고, 이에 따라 과소납부한 상속세를 추징한 것입니다.

이상의 사항을 요약하면 상속받은 재산의 평가는 시가를 원칙으로 하지만, 일반적으로 시가파악이 어렵기 때문에 공시지가 등을 적용하고 있습니다. 그러나 상속 전후 6개월(증여는 3개월) 이내에 당해 재산을 처분한 경우에는 처분가액을 시가로 하고 있으며, 근저당권의 설정에 의해 발생한 채무액이 있는 경우에는 공시지가와 비교하여 높은 가액을 시가로 하고 있습니다. 물론 상속 전후 6개월 이내의 처분가액 또는 감정평가액이 상속개시 당시의 현황과 달리 객관적으로 부당하다고 인정되는 경우에는 이를 적용할 수가 없습니다.

그러므로 이런 규정을 잘 활용하면 상속받은 토지의 공시지가가 부동산경기 침체로 실제 거래되고 있는 가액보다 낮은 경우에는 감

1. 상속세의 절세

정평가업자에게 토지의 감정을 받아 상속세 또는 증여세 신고를 하
면 절세가 가능할 것입니다.

〈부록 27〉 상속세과세표준신고 및 자진납부계산서

2

사망 전 재산증여 · 처분과 세테크

사망 전에 증여 및 처분한 재산은 상속재산에 포함한다

　대부분의 납세자는 가능한 한 최대로 세금부담을 줄이려 한다. 이런 과정에서 피상속인(사망한 자)은 상속세 부담을 줄이기 위해 사망 전에 미리 재산을 처분하거나 증여하는 등 여러 가지 조세회피행위를 하게 된다. 세법에서는 이런 조세회피 행위를 방지하기 위하여 사망 전에 처분 및 증여한 재산은 상속재산에 포함시키고 있다.

　즉, 사망 1년 이내에 처분한 재산가액 또는 부담한 채무가액이 2억원 이상인 경우 사용처를 입증하지 못하면 상속재산에 포함시켜 상속세를 계산한다. 또한 피상속이 상속인에게 사망 전 10년 이내(상속인이 아닌 자에게는 5년 이내)에 증여한 재산은 상속재산에 포함하여 상속세를 계산한다.

　따라서 상속인은 본의아니게 상속세를 무겁게 부담하는 경우가 발생할 수 있으므로 이에 대한 대비가 필요하다.

상속세 절세 목적 또는 재산분배 목적 등으로 사전증여하는 경우가 흔히 있다. 이 때 사전증여가 절세 목적이라면 큰 도움이 되지 않는다. 왜냐하면 사망 전 10년 이내에 증여한 재산은 상속재산에 포함시켜 상속세를 계산하기 때문이다. 반면 상속세가 산출되지 않을 경우 이미 납부한 증여세는 환급되지 않으므로 오히려 손해가 된다.

물론 주식 또는 부동산과 같은 현물은 시가가 낮은 사망 전일 때 증여하면 증여세가 절감된다. 또한 증여 후 3개월이 지나 증여재산이 크게 오른 상태에서는 10년 내 사망으로 인해 상속재산에 포함되더라도 상속세 부담이 늘어나지 않는다. 그 이유는 증여재산을 상속재산에 포함시킬 때에는 증여일의 시가(증여일 3개월 전후에 객관적으로 파악되는 금액이 있으면 이를 시가로 봄)를 상속재산에 포함시키기 때문이다.

▶ 사전증여시 주의할 사항

① 사망 전 10년(상속인 이외의 자에 대한 증여는 5년)간의 증여액은 상속재산에 포함된다.

② 상속세가 산출되지 않을 경우 기납부한 증여세는 환급되지 않는다.

③ 상속재산에 포함되는 증여재산은 증여일 현재의 시가에 의한다.

▶ 사망 전 증여이지만 상속재산에 포함되지 않는 증여재산
① 국가 등에 증여한 재산
② 사회통념상 인정되는 부양의무자간의 생활비 등
③ 공익법인에 출연한 재산
④ 장애인이 친족으로부터 신탁방식으로 증여받은 재산

전략 147 사망 전 재산변동 상황을 파악하여 증빙을 보관해야 한다

사망 전 1년 이내에 처분한 재산이 종류별로 2억원이 넘거나 또는 부담한 채무가 2억원이 넘을 때 이의 사용처를 입증하지 못하면 상속재산에 포함된다.

따라서 상속재산을 처분하거나 채무를 부담하는 경우에는 사회통념상 인정되지 않는 금액의 지출에 대해서는 증빙을 가지고 있어야만 상속재산에 포함되지 않는다.

▶ 재산종류별이란?
① 현금, 예금 및 유가증권
② 부동산 및 부동산에 관한 권리
③ 기타의 재산

전략 148 배우자가 있는 경우에는 상속세가 다를 수 있다

대부분의 사람들은 법정상속인(배우자와 자녀 등)이 있을 때 민법에서 정한 법정상속지분에 따라 상속을 받는 경우의 상속세와 상속재산을 상속인간에 임의로 협의하여 한 사람이 상속받는 경우의 상

2. 사망 전 재산증여 · 처분과 세테크

속세가 서로 다른 것으로 알고 있다. 그러나 상속세법에서는 상속인 중 누가 상속받든 간에 상관없이 상속재산 전체를 기준으로 하여 세금계산을 하므로 차이가 없다.

다만 배우자가 있는 경우에는 상속세가 다를 수 있다. 즉, 상속재산에서 공제하는 배우자공제는 원칙적으로 5억원을 공제하지만, 법정상속분 범위(단, 30억원 한도) 내에서 배우자가 실제 상속받은 금액을 상속재산에서 공제할 수 있으므로 이를 활용하면 상속세를 절감할 수 있다.

공익법인의 출연에 관한 상속세·증여세 세테크

공익목적으로 상속 또는 증여시 일정한 사후관리가 필요하다

사람은 누구나 가끔 자신의 생애를 되돌아보고 남은 생애 동안 어떻게 살 것인가를 곰곰이 생각해 보곤 한다. 특히 죽음을 눈앞에 둔 사람은 더욱더 그러할 것이다. 따라서 본인이 생전에 못다한 일을 자식에게 유언으로 남기기도 하고, 재산이 많은 사람은 어떻게 하면 자신의 재산을 좋은 일에 사용할 수 있을까 고민하기도 한다.

세법에서는 좋은 일에 사용할 목적으로 재산을 출연하는 것을 지원하고자 상속세나 증여세에 대한 혜택을 주고 있다. 즉, 공익목적으로 재산을 상속하거나 증여하는 경우에는 상속세를 과세하지 않는다. 그러나 이런 제도를 악용하여 상속세나 증여세를 회피하는 사례가 있기 때문에 세법에서는 일정한 조건을 정해 두고 있다. 그러므로 이런 조건을 모르고 있다가 상속세나 증여세가 추징되면 공익목적사업에 지장을 받게 되므로 주의해야 한다.

| 전략 149 | 공익목적의 출연시에는 늦어도 상속 후 6개월 내에 출연하자 |

피상속인 또는 상속인이 출연할 수 있는 기한은 상속개시 후 늦어도 6개월 내에 출연해야만 상속세 과세대상에 포함되지 않는다.

| 전략 150 | 상속재산의 출연시에는 상속세 부과사유에 해당되지 않게 출연하자 |

상속재산을 공익목적에 출연할 때 부과사유에 해당되면 상속세 과세대상에 포함되므로 이를 준수해야만 상속세를 부담하지 않는다.

▶ 재산출연 후 상속세 부과사유

① 주식으로 출연시 5%를 넘는 경우

공익법인에 A회사 주식으로 상속재산을 출연하거나 증여하는 경우 공익법인이 보유하고 있는 A회사 주식과 출연받은 A회사 주식의 합계가 A회사가 발행한 주식의 5%를 넘으면 초과액은 상속세 또는 증여세 과세대상이 된다.

② 상속인이 재산을 출연하고 공익법인의 이사가 되는 경우

상속인이 재산을 출연하는 경우 상속인은 출연받은 공익법인의 이사가 아니어야 하며, 또한 이사의 선임 및 기타 사업운영에 관한 중요사항을 결정할 권한을 갖지 않아야만이 출연한 재산이 상속세 과세대상에 포함되지 않는다.

③ 상속인과 특수관계자가 재산출연으로 인한 이익을 얻는 경우

만약, 출연한 재산에서 발생한 이익을 상속인 및 특수관계자가 얻게 되면 상속세를 추징한다.

 공익법인의 재산증여시에도 증여세 부과사유에 해당되지 않도록 사후관리하자

공익법인에 재산을 출연하면 출연받은 재산을 직접 공익목적에 사용해야 한다. 그렇지 않으면 증여세가 추징되므로 주의해야 한다.

▶ 재산출연 후 증여세 추징사유

① 출연받은 재산을 직접공익목적사업(수익사업 포함) 이외에 사용한 경우

② 출연받은 재산을 3년 내에 직접공익목적사업(수익사업 포함)에 사용하지 않은 경우

③ 출연받은 재산 및 수익사업 운용소득을 주식취득에 사용하여 동일 법인 주식이 5%를 초과하는 경우

④ 수익사업 운용소득을 직접공익목적사업 외에 사용한 경우

⑤ 수익사업 운용소득을 직접공익목적사업에 50% 미만으로 사용한 경우

⑥ 출연받은 재산을 매각하고 3년 내에 직접공익목적사업(수익사업 포함)에 80% 미만으로 사용한 경우

⑦ 공익사업 종료시 잔여재산을 국가나 다른 공익법인에 귀속시키지 않은 경우

⑧ 출연자와 특수관계자가 출연재산을 무상 또는 저가로 사용할 경우

 고유목적사업준비금을 설정, 수익사업에서 발생한 법인세를 환급받자

공익법인이 은행에 예금을 하여 발생한 원천징수 법인세는 별다

른 조치가 없으면 환급받을 수가 없다. 그러나 고유목적 사업준비금을 설정하면 법인세를 환급받을 수 있다. 이때 주의할 점은 고유목적 사업준비금을 세법의 규정에 따라 적절하게 사용해야만 환급받은 법인세를 추징당하지 않는다는 점이다.

증여세의 절세

증여세는 친족 등 타인으로부터 무상으로 재산을 취득하는 경우에 취득하는 자, 즉 증여받는 자가 부담하는 세금이다. 이런 증여는 부모 또는 친척으로부터 받는 것이 일반적이며 증여자와 수증자간의 상호 합의에 의해 이루어진다. 따라서 사망에 의하여 발생하는 상속세와는 달리, 증여세는 사전계획에 의한 증여를 통해 절세가 가능하다. 그러므로 현행 증여세의 계산구조를 개괄적으로 파악하고 있으면서 합법적이고 합리적으로 증여를 한다면 다양한 절세 방안을 찾을 수 있을 것이다.

증여세는 거주자가 증여받는 경우와 비거주자가 증여받는 경우의 세액계산방법이 약간 다르다. 그렇기 때문에 여기서는 거주자가 증여받는 경우를 가정하여 증여세의 세액계산구조를 다음의 표에서 요약 설명하고, 전략별로 절세방법을 알아보고자 한다.

▶ 증여세의 계산구조 및 절세전략

계산구조	계산방법 및 절세전략	
증여재산가액	포함 증여의제, 증여추정, 한도초과한 재산분할액 등	전략 153
	제외 비과세, 위자료, 증여재산의 기한 내 반환 등	전략 154
(+) 가산항목	당해 증여일 전 5년 이내에 동일인에게 증여받은 재산가액	전략 155
(−) 차감항목	당해 재산에 담보된 채무로서 수증자가 인수한 금액	전략 156
증여세과세표준		
(−) 증여공제	증여세 과세가액	전략 155
증여세과세표준		
(−) 증여세율	10%부터 45%까지 초과누진세율(상속세율과 동일함)	
산출세액	세대를 건너 뛴 증여의 경우에는 30% 가산함	전략 157
(−) 산출공제	기납부증여 세액공제, 외국납부 세액공제, 자진신고 세액공제	전략 158
납부할 세액		전략 159

전략 153   증여재산 평가에 유의하자

증여세법에서는 상속재산의 평가와 동일하게 평가한다. 즉, 증여재산은 증여일 현재의 시가로 평가하고 있으며, 시가를 알 수 없는 경우에는 보충적 방법으로 평가한다. 증여재산의 종류별 평가방법에 따라 증여재산가액이 달라질 수가 있으므로 주의해야 한다. 예를 들어 증여받은 토지를 공시지가에 의해 증여세를 납부한 후 증여일로부터 3월 이내에 처분하는 경우에는 그 거래가액을 시가로 보므로, 거래가액이 공시지가보다 높으면 증여세를 추징당하게 된다. 따라서 이런 경우에는 처분시기를 늦출 필요가 있다. 뿐만 아니라 시가는 높지만 상속세법상 평가액이 낮은 재산을 증여하면 상대적으로 세금이 적어진다.

전략 154 증여재산 포함 여부에 유의하자

형식상으로는 증여가 아니면서 실질적으로는 무상으로 이전하는 다양한 편법을 활용하여 증여세를 회피하는 경우가 많다. 이런 증여세 회피를 막기 위해 세법에는 증여의제와 증여추정이라는 규정을 두고 있다.

증여의제란 형식상으로 볼 때 증여는 아니지만 실질적으로는 증여로 볼 수 있는 사항에 대해 증여로 간주하는 것을 말한다. 세법에서는 증여의제에 대해 여러 가지를 구체적으로 규정하고 있다. 따라서 일반인들은 상식적으로 판단할 때 재산이 무상으로 이전되는 효과가 있는 행위에 대해서는 증여의제에 해당될 수 있다는 점에 유의하여 반드시 전문가와 상의해야 한다.

한편, 증여추정이란 어떤 행위에 대해 납세자가 증여가 아니라는 증명을 하지 못하면 과세당국에서는 이를 증여로 보는 것을 말한다. 예를 들어 재산취득자금에 대한 자금출처를 증명하지 못하는 경우 세무서에서는 이를 증여로 본다. 또한 배우자 또는 직계존·비속간에 양도한 경우와 타인의 명의로 등기·등록한 경우도 증여로 추정한다. 그러므로 증여로 추정되지 않기 위해서는 증여가 아니라는 객관적인 증빙을 반드시 보관할 필요가 있다.

4. 증여세의 절세

▶ 증여에 포함되지 않는 것들
① 비과세항목(예 : 생활비, 학자금, 구호금품을 정당에 증여 등)
② 위자료
③ 이혼시 한도 내의 재산분할
④ 증여재산의 3개월 내 반환 등

전략 155 증여시기를 조절하자

증여세는 증여재산가액에서 증여공제를 한 후 그 가액에 대해 부
과한다. 증여재산가액에는 당해 증여일 전 5년 이내에 동일인(증여
자가 직계존속인 경우에는 그 직계존속의 배우자 포함)으로부터 받
은 증여액이 1,000만원 이상일 때 이를 포함한다. 즉, 증여세는 누
진세율을 적용하고 있으므로, 각각의 증여에 대해 증여세를 계산하
여 합한 세금보다 5년간의 증여액을 합산하여 계산한 세금이 더 많
게 된다. 따라서 수차에 걸쳐 증여를 하는 경우에는 5년 단위로 증
여하는 것이 절세에 도움이 된다. 또한 증여공제는 친족간의 증여시
증여재산가액에서 기본적으로 차감해 주는 것으로서, 5년 동안의 증
여에 대해 배우자에 대한 증여는 5억원, 직계존·비속간에는 3,000
만원(미성년자는 1,500만원), 기타 친족간에는 500만원의 증여공제
를 적용한다. 따라서 5년 동안 증여공제 한도 내에서 증여한다면 증
여세가 발생하지 않는다.

전략 156 채무공제를 활용하자

증여재산이 있는 경우 당해 증여재산에 담보된 채무로서 수증자

제4장 무상이전과 세테크

가 인수한 금액은 채무이기 때문에 공제받을 수 있다. 예를 들어 주택을 증여하는 경우 당해 주택에 대한 전세보증금은 공제받을 수 있다. 그러나 이런 경우에도 배우자간 또는 직계존·비속간에는 명백하고 객관적인 증거가 없는 한 채무가 공제되지 않는 것이 원칙이다. 그러므로 채무공제시에는 반드시 객관적인 증거를 확보해 두는 것이 필요하다.

전략 157 세대생략증여를 고려하자

수증자가 연로하다면 자녀에게 증여하는 것보다 손자에게 증여하는 것이 오히려 유리할 수 있다. 이런 세대생략증여의 경우에는 30%의 세액을 가산한다. 따라서 두 가지 방법을 비교하여 세대생략증여가 유리하다면 이를 고려해 볼 만하다.

전략 158 세액공제를 활용하자

증여세를 증여일로부터 3월 이내에 자진신고하면 10%의 세액공제를 해주는 반면에, 무신고시에는 20%의 가산세를 부과하므로 이를 고려하면 자진신고하는 것이 유리하다. 신고만 하고 납부하지 않은 경우에도 자진신고 세액공제를 받을 수는 있으나 미납부 가산세가 10% 추가된다.

전략 159 연부연납 또는 물납을 활용하자

증여세액이 1,000만원을 초과하는 경우에는 세무서장의 허가를 받

4. 증여세의 절세

아 3년 이내의 기간 동안 연부연납을 할 수 있다. 이 경우 연 10.95% 상당의 가산금을 납부해야 한다. 또한 증여재산 중 부동산과 유가증권의 가액이 2분의 1을 초과하고 상속세액이 1,000만원을 초과하는 경우에는 세무서장의 허가를 받아 물납할 수 있다. 그러므로 이자비용, 증여재산의 양도가능성 등을 고려하여 연부연납 여부를 결정해야 할 것이다.

이상에서 본 바와 같이 증여세의 계산구조를 파악하고 사전계획에 따라 증여를 하면 증여세도 충분히 절세가 가능하다는 것을 알 수 있다.

✎ 관련서식 참조

〈부록 28〉 증여세과세표준신고 및 자진납부계산서

증여로 보는 것들(증여의제)

세법상 증여로 보는 것을 알고 있어야 불이익이 없다

증여란 친족 등 타인으로부터 무상으로 재산을 취득하는 것으로서 증여자와 수증자간의 상호 합의에 의해 이루어진다. 그러나 거래 당사자간에는 매매라고 주장하지만 세법에서는 증여로 보거나 증여로 추정하여 증여세를 부과하는 경우가 있다. 이는 매매로 가장하여 사실상 증여하는 경우가 있기 때문에 이를 방지하기 위한 목적이다.

여기서 증여로 보는 것이란 일정한 조건을 충족하면 무조건 증여로 간주하는 것으로서 이를 증여의제(贈與擬制)라고 한다. 이와 비슷한 개념으로 증여추정이 있다. 증여추정(贈與推定)은 일정한 조건을 충족하면 일단 증여로 보지만, 납세자가 증여가 아니라는 것을 입증하면 증여세를 부과하지 않는 것으로서 입증책임을 납세자에게 부여하는 것을 말한다.

이처럼 세법에는 증여의제와 증여추정에 관한 여러 가지가 규정되어 있으므로 특수관계자 등과의 거래에서는 각별히 주의하여 불이익을 받지 않도록 해야 할 것이다.

여기서는 먼저 증여의제규정에 대해 살펴보기로 한다.

전략 160 신탁이익을 받을 권리의 증여의제에 유의하라

신탁계약에 의해 위탁자가 타인을 신탁이익의 전부 또는 일부를 받을 수익자로 지정한 경우에는 신탁이익을 받을 권리를 증여한 것으로 본다.

전략 161 보험금의 증여의제를 활용하라

생명보험 또는 손해보험에 있어서 보험금 수취인과 보험료 불입자가 다른 경우 보험사고가 발생하여 보험금을 수령하는 경우에는 당해 보험금을 보험료 불입자가 보험금 수취인에게 증여한 것으로 본다.

따라서 보험료를 증여한 다음 보험금 수취인과 보험료 불입자를 동일하게 하면 증여세 문제가 발생하지 않는다.

전략 162 저가·고가 양도시의 증여의제를 고려하라

특수관계자로부터 시가보다 낮은 가액으로 재산을 양수하는 경우 그 재산의 양수자는 시가와의 차액에 대해서는 증여받은 것으로 본다. 또한, 특수관계자에게 시가보다 높은 가액으로 재산을 양도하는 경우 그 재산의 양도자는 시가와의 차액에 대해서 증여받은 것으로 본다.

따라서 객관적인 가액으로 평가하여 양도해야만 증여세 등이 추

제4장 무상이전과 세테크

징되지 않는다.

▶ 낮은 가액 양수시의 세금문제

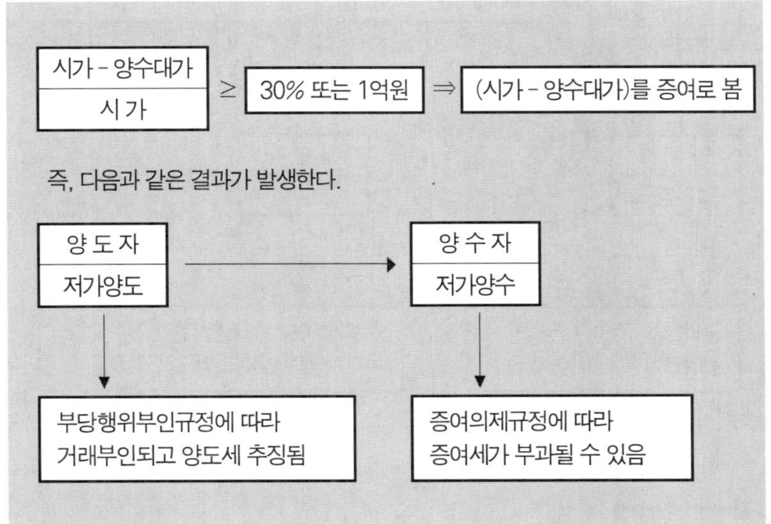

※ 증여세의 경우 소득세가 부과되는 경우에는 증여세를 과세하지 아니한다.

5. 증여로 보는 것들(증여의제)

▶ 높은 가액 양도시의 세금문제

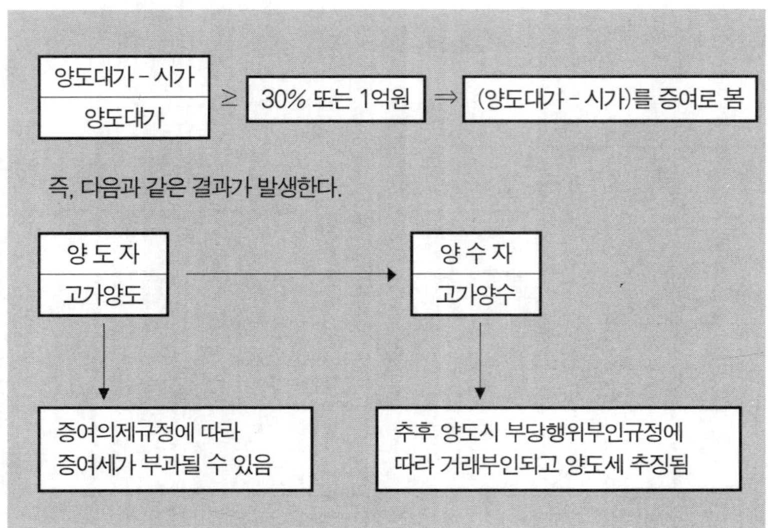

전략 163 채무면제 등의 증여의제를 피하라

채권자로부터 채무의 면제를 받거나, 제3자로부터 채무의 인수 또는 변제를 받은 자는 그 면제·인수 또는 변제한 금액(보상액의 지불이 있는 경우에는 그 보상액을 차감한 금액으로 한다)을 증여받은 것으로 본다.

① 보증채무의 이행시 증여의제

다음 사람에게 자신의 부동산을 담보로 제공한 후 그 사람이 채무를 변제하지 못하여 자신의 담보물이 강제경매 처리되어 보증채무를 이행한 경우에도 양도소득세와 증여세가 부과될 수 있다. 이런 경우에는 부동산을 양도하여 채무를 변제한 것으로 보므로 부동산 양도에 대한 양도차익이 있으면 양도소득세가 부과된다. 한편 보증채무자가 대신 변제한 금액에 대해 채무자에 대한 구상권을 가지고 있으면 증여세가 부과되지 않는다. 그러나 구상권을 포기하면 증여세가 부과된다.

② 증여세 연대납세의무자가 증여세를 대신 납부한 경우

증여자가 수증자 대신에 증여세를 납부하는 경우에는 동 증여세 납부액도 증여로 보아 과세한다. 그러나 증여자가 연대납세의무자에 해당되어 연대납세의무를 이행하는 경우에는 증여세 대납액을 증여로 보지 않는다.

전략 164 토지무상사용권리의 증여의제규정을 알아라

특수관계자의 토지를 무상으로 사용하는 경우에는 토지무상사용이익을 토지 소유자로부터 증여받은 것으로 본다. 즉, 특수관계자의 토지 위에 건물을 신축하여 사용하는 경우, 건물과 부속 토지를 소유한 특수관계자로부터 건물만을 증여받거나 매입하여 사용하는 경우, 특수관계자와 같이 타인으로부터 건물과 부속 토지를 매입하면서 토지만을 매입하여 사용하는 경우에는 증여로 본다. 단, 당해 토지 소유자와 함께 거주할 목적으로 주택을 소유하기 위해 토지를 무상으로 사용하는 경우와 당해 토지를 무상으로 사용케 하여 토지소

5. 증여로 보는 것들(증여의제)

유자에게 소득세가 부과되는 경우에는 증여로 보지 않는다.

따라서 소득세를 자진신고 · 납부하면 증여세가 부과되지 않는다.

▶ 무상사용시 증여금액

토지의 시가(공시지가)×토지의 임대료율 연 2%×지상권 존속연수 30년

전략 165 합병시 증여의제에 해당되지 않도록 하라

특수관계법인이 합병으로 인해 소멸 · 흡수되는 법인 또는 신설 · 존속하는 법인의 주주로서 특정대주주가 합병으로 인해 특정이익을 받은 경우에는 이익금액을 증여받은 것으로 본다. 여기서 대주주란 지분율이 1% 이상이거나 액면가액 3억원 이상인 보유주주를 말한다. 이런 규정은 불균등하게 합병함으로써 실질적으로는 증여돼 버리는 일을 방지하기 위한 것이다.

따라서 합병법인을 공정한 가액으로 평가하여 합병해야 증여세가 부과되지 않는다.

전략 166 증자 · 감자시 증여의제를 고려하여 증자하라

법인이 자본을 증자하는 경우 기존주주가 새로운 주식을 배정받을 수 있는 권리를 포기한 경우에는 실권주를 배정받은 자가 얻은 이익 또는 특수관계에 있는 대주주가 얻은 이익에 대해서 증여로 본다. 또한 법인이 자본을 감소시키는 경우 특정 주주의 주식을 소각하여 소각주주와 특수관계에 있는 대주주가 얻게 되는 이익에 대해

서도 증여로 본다. 여기서 대주주란 지분율이 1% 이상이거나 액면가액 3억원 이상인 보유주주를 말한다. 이런 규정은 불균등한 증자 또는 감자를 통해 실질적으로 증여되는 것을 방지하기 위한 것이다.

이상과는 반대로 신주인수권리를 포기한 주주가 얻는 이익도 증여의제에 해당되어 증여세가 부과될 수 있다.

전략 167 전환사채이익 등의 증여의제에 유의하라

전환사채를 발행법인으로부터 인수하거나, 특수관계자로부터 취득한 경우로서 당해 전환사채의 취득가액과 전환사채를 주식으로 전환하여 교부받을 주식가액과의 차액에 대해 증여받은 것으로 본다. 이는 신주인수권부사채 또는 교환사채의 경우에도 같다. 이런 규정은 전환사채 등을 특수관계자가 불공정한 가액으로 매입하여 결과적으로 변칙증여되는 것을 방지하기 위한 것이다.

전략 168 특정법인과의 거래를 통한 이익에 대한 증여의제를 확인하라

특수관계자가 휴업중이거나 폐업 중인 법인이나 계속해서 결손금이 있는 법인에게 부동산 등을 증여하거나, 채무를 면제하는 등의 방법을 통해 당해 법인의 주주들에게 실질적인 이익을 나누어 주는 경우에 당해 법인의 주주는 증여받은 것으로 본다.

전략 169 특정법인과의 거래를 통한 이익에 대한 증여의제에 해당되지 않도록 하라

등기 등을 요하는 재산에 대해 타인명의로 등기 등을 하는 경우

311

에는 이를 증여한 것으로 본다. 예를 들어 타인명의로 등록한 차명 주식은 증여로 보므로, 조세회피 목적이 없이 불가피하게 타인명의로 등록할 수밖에 없었다는 것을 납세자가 증명하지 못하면 증여세가 부과된다. 여기서 토지와 건물을 명의신탁하는 경우에는 부동산 실권리자 명의등기에 관한 법률에 따라 처벌받는다.

　본 규정은 종전에는 증여로 추정하던 규정이었으나 지금은 무조건 증여로 보도록 강화된 규정이다.

증여로 추정하는 것들(증여추정)

앞장에서 설명한 바와 같이 증여추정이란 세법에서 정한 일정 조건을 충족하면 일단 증여로 보지만, 납세자가 증여가 아니라는 것을 입증하면 증여세를 부과하지 않는 것으로서 입증책임을 납세자에게 부여하는 것을 말한다.

이와 같이 세법에서는 증여추정에 관한 여러 가지가 규정되어 있으므로 특수관계자 등과의 거래에서는 각별히 주의하여 불이익을 받지 않도록 하여야 할 것이다.

먼저 증여추정규정에 대해 살펴보기로 하자.

전략 170 배우자 등에 대한 양도시의 증여추정에 해당되지 않도록 한다

배우자 또는 직계존비속간에 양도한 재산은 이를 증여한 것으로 추정한다. 특수관계자에게 양도한 재산을 그 특수관계자가 3년 이내에 당초 양도자의 배우자 또는 직계존비속에게 다시 양도한 경우

에는 당초 양도자가 그의 배우자 또는 직계존·비속에게 직접 증여한 것으로 추정한다. 이는 유상양도를 가장한 증여세 회피를 방지하기 위한 것으로서 명백한 유상양도임을 납세자가 증명하지 못하면 증여세가 부과된다.

▶ 배우자 또는 직계존비속간의 양도

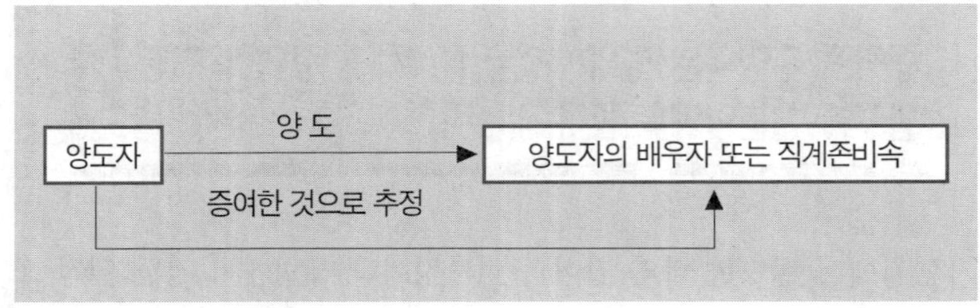

▶ 특수관계자를 통한 양도

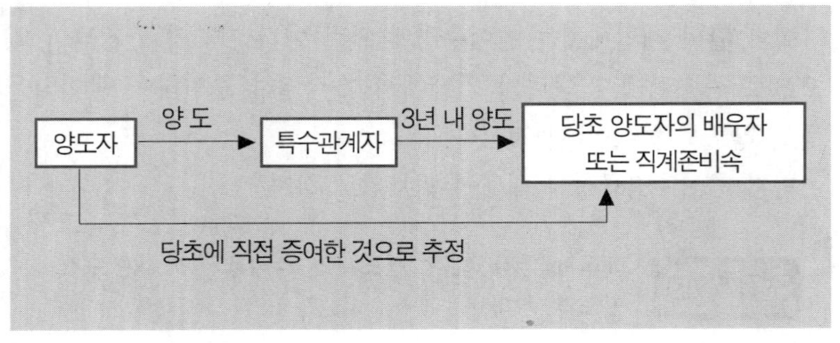

▶ 증여추정이 적용되지 않는 경우

① 경매로 인한 경우

② 파산선고에 의해 처분된 경우

③ 국세징수법에 의해 공매된 경우

④ 한국증권거래소를 통하여 처분된 경우(단, 시간외 대량매매는 제외)

⑤ 등기 또는 등록을 요하는 재산을 서로 교환한 경우

⑥ 신고한 소득에 의해 대가를 지급한 것이 입증되는 경우

⑦ 소유재산을 처분하여 취득한 것이 입증되는 경우

전략 171 재산취득자금 등의 증여추정을 고려한다

직업·성별·연령·소득 및 재산상태 등으로 보아 재산을 자력으로 취득하였다고 인정하기 어려운 경우에는 증여받은 것으로 추정한다. 따라서 납세자가 재산취득가액의 20%와 2억원 중 적은 금액 이상을 입증하지 못하면 증여받은 것으로 보아 증여세가 부과되므로 평소에 소득에 대한 관련자료를 잘 보관할 필요가 있다.

▶ 증여추정 기준

자력으로 취득한 것으로 입증하지 못한 금액	≥	재산취득자금의 20% 또는 2억원	⇒	증여로 추정함

 6. 증여로 추정하는 것들(증여추정)

▶ 자금출처 조사기준 금액

구 분	취득자산		채무 상환	총액한도
	주 택	기 타 재 산		
1) 세대주인 경우 　① 30세 이상인 자 　② 40세 이상인 자	2억원 4억원	5,000만원 1억원	5,000만원	2억 5,000만원 5억원
2) 세대주가 아닌 경우 　① 30세 이상인 자 　② 40세 이상인 자	1억원 2억원	5,000만원 1억원	5,000만원	1억 5,000만원 3억원
3. 30세 미만인 자	5,000만원	3,000만원	3,000만원	8,000만원

※ 취득재산의 경우 주택과 기타 재산의 취득가액 및 채무상환금액이 각각 상기 기준금액
에 미달하고, 총액한도도 상기기준금액에 미달하여야 증여추정규정을 적용하지 아니한
다. 다만, 상기금액 이하이더라도 취득자금 또는 상환금 자금이 타인으로부터 증여받은
사실이 객관적으로 확인되는 경우에는 증여세과세대상이 된다(단, 이 경우에는 증여사
실을 과세관청이 입증해야 하는 것임).

▶ 자금출처 조사기준의 의미

자금출처 조사기준 금액은 세법의 규정에 따라 국세청장이 정한
금액으로서 이 금액은 단순히 재산취득자금을 증여받은 것으로 추
정하기 위한 판단기준일 뿐이다. 즉, 기준금액 이내에서 재산을 취
득한 경우 이를 증여로 보기 위해서는 국세청에서 증여라는 것을 입
증해야 한다. 반대로 기준금액 이상의 재산을 취득한 경우에는 국세
청에서 이를 증여로 간주하게 되므로, 이것이 증여가 아니라는 사실
은 납세자가 입증해야 하는 것이다.

따라서 국세청에서는 증여혐의가 있으면 기준금액 이내라 하더라
도 조사할 수는 있다. 다만 현실적으로 업무량, 조사실익 등을 고려

제4장 무상이전과 세테크

하여 조사를 하지 않는 것이다.

최근 1999년 5월에 국세청에서 밝힌 자료에 의하면 앞으로는 종전의 조사기준 금액에 따라 일률적으로 조사하지 않고, 세금탈루혐의가 있는 경우에만 자금출처를 조사할 것이라고 밝혔다. 이는 국세청이나 자체적으로 전산자료 등을 분석하여 꼭 필요한 경우에만 조사하겠다는 의미로 볼 수 있다.

사 례 재산취득 자금출처 소명

문 저는 무역업을 하는 신○○라고 합니다. 며칠 전에 세무서로부터 '재산취득 자금출처에 대한 소명자료 제출요구서'를 받고 어떻게 해야 할지 몰라 문의드립니다. 저는 1년 전에 아파트를 2억원에 취득하여 살고 있으며, 금년 초에는 기존의 임대사무실에서 3억원에 분양받은 오피스텔로 사무실을 옮겼는데, 이들에 대한 취득 자금출처를 소명하라는 것입니다.

제가 종합상사에서 9년 동안 근무하면서 받은 총급여액은 소득세 차감 후 2억 5,000만원이고, 중소무역회사에서 3년간 근무하면서 받은 총급여액은 소득세 차감 후 9,000만원이었습니다. 그 후 직접 무역업을 개업해서 3년간 신고한 사업소득액은 소득세 차감 후 6,000만원이었으며, 이밖에도 영수증은 갖고 있지 않으나 부업으로 발생한 강연료·원고료 등이 일부 있었습니다.

이런 경우에 어떻게 자금출처를 소명해야 하는지와 소명하지 않으면 어떻게 되는지를 알고 싶습니다.

6. 증여로 추정하는 것들(증여추정)

답　현행 증여세법에 의하면 직업·성별·연령·소득 및 재산상태 등으로 보아 재산을 자력으로 취득하였다고 인정하기 어려운 경우로서, 신고한 소득 등에 의해 입증된 금액이 취득자산 가액에 80%(취득자산의 가액이 10억원을 초과하는 경우에는 95%)를 미달하는 경우에는 당해 자산의 취득자가 다른 자로부터 취득자금을 증여받은 것으로 추정합니다. 이에 근거하여 국세청에서는 친족 등에 의해 증여받았음이 명백하거나 미성년자 등 경제적 능력이 없는 자가 재산을 취득한 경우로서 증여로 추정되는 경우에는 '재산취득 자금출처에 대한 소명자료 제출요구서'를 보냅니다. 또한 전산출력 기준금액 이상의 재산을 취득한 경우 최근 3년간의 소득과 부동산 양도금액의 합계액이 재산취득금액의 70% 이하이고, 직업·경력·연령 등을 고려하여 증여혐의가 있는 경우에도 '재산취득 자금출처에 대한 소명자료 제출요구서'를 보냅니다.

이런 소명요구서를 받은 재산취득자는 취득자금의 출처를 기재하고, 증빙서류를 첨부하여 15일 이내에 회신해야 합니다. 세무서는 회신받지 못한 경우 또는 회신받은 소명자료를 검토한 결과 증여혐의가 있을 경우에는 직접 또는 간접조사를 통해 증여로 인정되면 증여세를 추징합니다.

재산취득 자금출처로 인정되는 소득 및 증빙서류를 요약해 보면 다음의 표와 같습니다. 그리고 증빙서류가 없더라도 조사대상자의 직업 등으로 보아 사회통념상 명백하게 검증할 수 없는 소득원에 대한 자금출처조사는 소명자료만으로도 인정합니다. 그러나 기존재산의 취득을 위한 자금출처로 한번 제시된 소득원은 재차 인정되지 않으므로 이를 차감한 금액만을 자금출처로 인정합니다.

현행 증여세법에는 직업·연령·소득 및 재산상태 등으로 보아 재산을 자력으로 취득하기 어려운 경우에 한해 자금출처를 입증하지 못하면 증여로 추정하고 있으므로, 자금출처를 일일이 밝히지 못하더라도 상당한 수입이 예상되는 직업과 수입·재력 등이 인정되면 증여로 추정하지 못합니다. 이는 법원의 판례에 의해서도 인정되고 있습니다.

이와 같은 근거에 의해 자금출처 소명을 받았을 때 신○○ 씨는 과거에 신고한 소득액으로 취득재산의 자금출처를 소명하면 됩니다. 즉, 근로소득의 경우에 원천징수영수증을 제시하면 되는데, 확인이 곤란한 경우에는 최종 월급여에 재직기간을 곱하여 소명할 수도 있습니다. 사업소득은 사업소득으로 신고한 신고서 또는 납세영수증을 제시하면 됩니다. 따라서 신○○ 씨의 경우에는 취득재산의 가액 5억원 중에서 분명하게 확인된 소득이 취득재산가액의 80% 수준인 4억원이므로 소명에 의해 종결되는 것이 원칙입니다.

▶ 자금출처로 인정되는 대표적인 항목

종 류	금 액	증빙서류
근 로 소 득	총급여액 − 원천징수세액	원천징수영수증
퇴 직 소 득	총급여액 − 원천징수세액	원천징수영수증
사 업 소 득	소득세 차감 후 소득금액	소득세신고서
이자·배당·기타소득	총지급액 − 원천징수세액	원천징수영수증
차 입 금	차입금액	부채증명서
소유자산 임대보증금	임대보증금액	임대차계약서
보 유 재 산 처 분 액	재산처분가액 − 양도소득세 등	매매계약서

6. 증여로 추정하는 것들(증여추정)

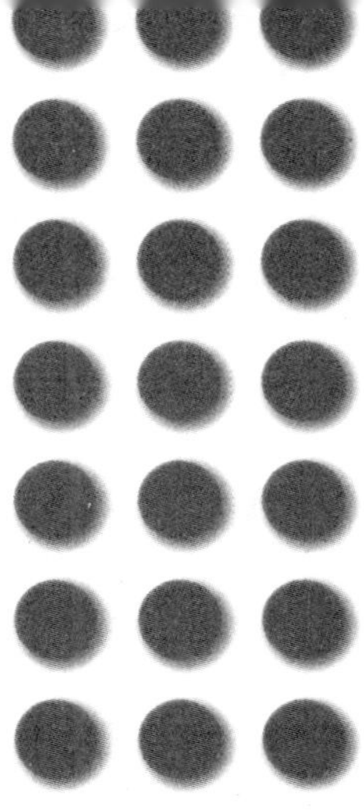

제5장
부당한 세금의 구제방법

납세자 구제제도와 세테크

세금에 이의가 있으면 반드시 불복신청기한을 지켜야 한다

세금제도는 전문가에게도 복잡하고 어려운 것으로서 일반인에게는 더욱 어렵게 느껴진다. 특히 납세자가 부당하다고 생각되는 세금문제에 대해 충분히 구제받을 수 있음에도 불구하고 무지로 인해 구제받지 못하거나, 구제받더라도 많은 시간과 비용을 들여 구제받는 경우를 흔히 볼 수 있다.

이와 같이 세금에 대해 납세자가 불만이 있는 경우 이를 구제받을 수 있는 제도로는 세금부과 전에 구제받을 수 있는 사전적 권리구제제도와 세금부과 후에 구제받을 수 있는 사후적 권리구제제도가 있다.

▶ 납세자 권리구제제도의 종류
1) 사전적 권리구제제도 — 과세적부심사제도
2) 사후적 권리구제제도
　　① 행정심판 — 이의신청, 심사청구, 심판청구
　　② 행정소송 — 법원 재판

▶ 납세자 권리구제제도의 흐름도

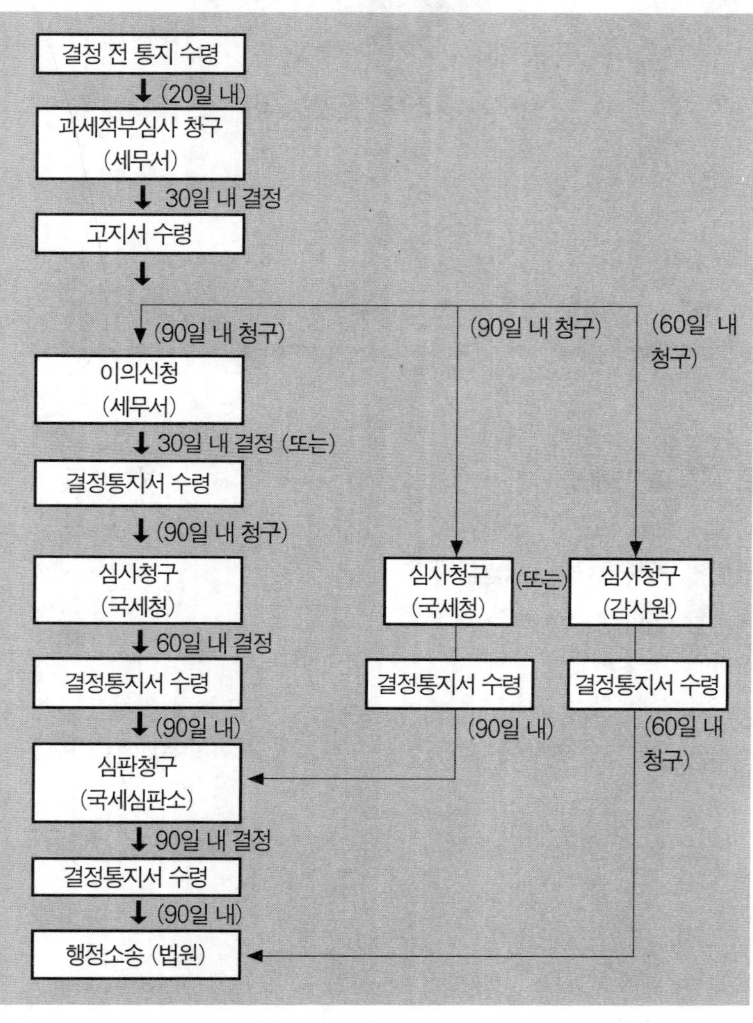
결정 전 통지 수령
(20일 내)
과세적부심사 청구
(세무서)
30일 내 결정
고지서 수령
(90일 내 청구)
(90일 내 청구)
(60일 내 청구)
이의신청
(세무서)
30일 내 결정 (또는)
결정통지서 수령
(90일 내 청구)
심사청구
(국세청)
심사청구
(국세청)
(또는)
심사청구
(감사원)
60일 내 결정
결정통지서 수령
결정통지서 수령
결정통지서 수령
(90일 내)
(90일 내)
(60일 내 청구)
심판청구
(국세심판소)
90일 내 결정
결정통지서 수령
(90일 내)
행정소송 (법원)

 세금고지 전에는 간편한 과세적부심사제도를 활용하라

과세적부심사제도는 세무서에서 세금을 고지하기 전에 과세할 내용을 납세자에게 미리 통지하고, 그 내용에 대해 불복이 있는 경우에는 납세자로 하여금 이의를 제기토록 하여 이를 시정해 주는 제도이다. 과세적부심사제도는 신청 후 30일 내에 처리하므로 시간과 비용이 절감될 수 있다.

▶ 과세적부심사 청구사건 97년도 처리현황(국세청 자료)

(단위 : 건수, %)

| 구분 | 전년이월 | 청구 | 취하 | 처리 | | | | 채택비율 | 이월 |
				채택	불채택	심의제외	합계		
적부심	805	8,851	657	5,568	2,274	506	8,348	66.7	651
재적부심	6	103	18	11	22	51	84	13.1	7

전략 173 행정심판 또는 행정소송을 제기할 때는 반드시 신청기한을 준수하라

세무서의 과세에 불만이 있는 납세자는 과세적부심사제도를 이용하지 않고, 세금이 고지된 후 정식으로 행정심판제도를 이용할 수가 있다. 즉, 고지서 수령후 90일 내에 이의신청 또는 심사청구를 선택적으로 할 수 있는 것이다. 또한 이의신청을 하여 패소하면 국세청에 심사청구를 할 수도 있다. 이로써 국세청 심사청구에서 패소하면 심판청구를 제기할 수 있으며, 심판청구에서도 패소하면 90일 내에 행정소송을 제기할 수 있다.

1. 납세자 구제제도와 세테크

▶ 이의신청 및 심사청구 97년도 처리현황(국세청 자료)

(단위 : 건, 억원, %)

구분	청구		처리		인용		인용비율	
	건 수	세 액	건 수	세 액	건 수	세 액	건 수	세 액
이의신청	4,375	3,302	4,352	3,233	1,898	592	43.6	18.3
심사청구	5,104	12,225	5,021	11,896	1,053	475	21.0	4.0

▶ 98년도 소송 처리현황(국세청 자료)

(단위 : 건, %)

대상			처리				계류
계	전년이월	신소	계	국승	국패	국승비율	
2,922	1,862	1,490	1,490	1,189	301	79.8	1,432

한편, 심사청구를 감사원에 하여 패소한 경우에는 심판청구를 할 수 없으며 60일 내에 행정소송를 제기할 수 있다.

▶ 지방세법에 따른 불복절차(국세와의 차이점)

① 과세전적부심사청구 ─ 신청기한은 15일 이내이며, 처리기한도 15일 이내이다.

② 이의신청 ─ 처리기한이 60일 이내이며, 과세전적부심사를 거친 경우에는 직접 심사청구를 할 수 있다.

③ 심사청구(국세청) ─ 이의신청을 거쳐야만 가능하다.

④ 불복기관 ─ 지방세 종류에 따라 구청장, 시장(군수) 또는 도지사에게 신청한다.

 **관련서식 참조**

〈부록 29〉 과세적부심사청구서

〈부록 30〉 이의신청서

〈부록 31〉 심사청구서

〈부록 32〉 심판청구서

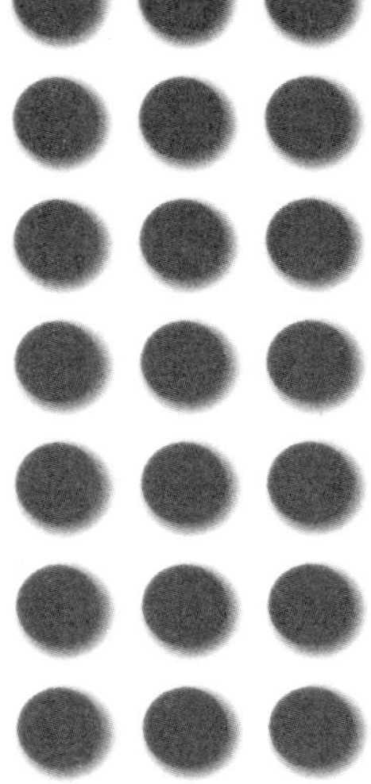

관련서식 일람

법인설립시 준비사항

(1999년 8월 1일 현재)

구 분	내 용			
1. 법인명	①	②	③	④
2. 사업목적	①	②	③	④
3. 본점주소				
4. 설립자본금	금　　　　　　　　원 (1주당 100원 이상 ×　　　　　주)			
5. 회사의 공고방법				

6. 준비서류		자격	인감증명서		주민등록등본		인감날인된 서식			
							위임장	출자확인서	취임승락서	인감신고서
	주주	① 발기인1	공증용	출자용	–	세무서용	○	○	–	–
		② 발기인2	공증용	출자용	–	세무서용	○	○	–	–
		③ 발기인3	공증용	출자용	–	세무서용	○	○	–	–
		④ 청약인1	–	출자용	청약용	세무서용	–	○	–	–
	임원	① 대표이사	취임용	–	법원용	세무서용	–	–	○	○
		② 이사1	–	–	법원용	세무서용	–	–	–	–
		③ 이사2	–	–	법원용	세무서용	–	–	–	–
		④ 감사1	취임용	–	법원용	세무서용	–	–	○	–

7. 기타서류	1. 주금납입증명서 2. 임대차계약서사본 3. 개시대차대조표 및 재산목록 4. 인허가증사본(인허가사업의 경우) 5. 사업양수도계약서(사업양수도의 경우) 6. 현물출자확인서(현물출자의 경우)

<주의>
1. 상기의 내용 중 주소, 상호 및 목적이 가장 먼저 결정되야 합니다.
2. 상기의 서류 중 5.의 준비서류는 일괄 준비하여야 편리합니다.
3. 상기의 주주는 출자할 주식수를 결정하여야 합니다.
4. 주주와 임원이 동일인인 경우에는 주민등록등본은 1인당 2통만 준비합니다.

○ ○ ○ 주식회사

〔별지 제3호 서식(2)〕 (95. 3. 31 개정)

사업자등록신청서 (①본점 ②지점 법인사업자용)

처리 기간 7 일

관리번호		-	

❶ 사업자

①법 인 명 (지점명)		②등 록 번 호	
③본점법인등록번호		④전 화 번 호	
⑤대 표 자 명		⑥주 민 등 록 번 호	
⑦사 업 장 소 재 지			

❷ 신 청 내 용

사 업 의 종 류			⑪주류취급		⑫설립등기일	⑬개시연월일	⑭사업연도
⑧업 태	⑨종 목	⑩주업종코드	여	부			

⑮소유현황	임대료 지급명세			소 유 자 명 세		
	⑯전세금(보증금)	⑰월 세	⑱성명(법인명)	⑲주민(법인)등록번호	⑳주 소
자가 / 임차					
1 / 2					

법인현황

㉑법인구분			㉒회 사 코 드									㉓공공법인	
내국	외국	외투	주식	합명	합자	유한	사단	재단	학교	복지	의료	기타	여 / 부
1	2	3	L	M	J	U	P	F	S	W	D	X	1 / 2

㉔총 발 행 주 식 수		㉕액면가액		㉖자본금	

본점사항

㉗법 인 명		㉘사업자등록번호	
㉙소 재 지		㉚전 화 번 호	

사업자금

자본금(전세보증금 포함) 명세			자 산 명 세		
㉛자기자본	㉜타인자본	㉝계	㉞고정자산	㉟유동자산	㊱계

거래처세

취 급 품 목		주 요 매 입 처		주 요 매 출 처		㊸거래은행 명칭
㊲주요품명	㊳취급품목수	㊴성 명	㊵주 소	㊶성 명	㊷주 소	

부가가치세법 제5조 제1항 및 동법 시행령 제7조 제1항의 규정에 의하여 위와 같이 (①본점 ②지점)법인의 사업자등록을 신청합니다.

년 월 일

신청인 (서명 또는 인)

세무서장 귀하

구비서류 : 1. 법인등기부등본 1부	수수료
2. 사업허가증 사본(법령에 의한 허가사업자인 경우) 1부	없 음

기재요령 : 1. 사업장의 약도를 뒷면에 기재하여야 합니다.
　　　　　 2. 법인현황란은 본점법인만 기재하며, 본점사항란은 지점법인만 기재합니다.

22226-57411민
'95. 1. 25 승인

210mm x 297mm
(인쇄용지(특급) 70g /㎡)

［별지 제3호 서식(1)］(1998. 3. 21. 개정)

<table>
<tr><td colspan="2">접수번호　　　　-</td><td colspan="6" align="center">**사업자등록신청서(개인사업자용)**
(법인아닌 단체의 납세번호 신청서)</td><td colspan="2">처리기간
7(14일)</td></tr>
</table>

<table>
<tr><td rowspan="5">인
적
사
항</td><td>상호(단체명)</td><td colspan="6"></td><td colspan="2">면세포기한 등록번호</td><td colspan="4"></td></tr>
<tr><td>성명(대표자)</td><td colspan="6"></td><td colspan="2">주 민 등 록 번 호</td><td colspan="4"></td></tr>
<tr><td>사업장(단체)</td><td>시·도</td><td>시·군·구</td><td>읍·면·동</td><td>가·리</td><td>번지</td><td>호</td><td>아파트</td><td>동</td><td>호</td><td>통</td><td>반</td><td>전화번호</td></tr>
<tr><td>소　재　지</td><td colspan="12"></td></tr>
<tr><td>주　　　소</td><td colspan="12"></td></tr>
</table>

사업장명세

신 청 내 용

사 업 의 종 류						개 업 일	종업원수
주업태	주종목	주업종코드	부업태	부종목	부업종코드		

소유구분	자가	타가		임 대 인 명 세		임차료지급명세		
		개인	법인	성 명(법인명)	주민(법인사업자)등록번호	전세(보증)금	월 세
	1	2	3			천원	천원

사업자금명세(전세·보증금 포함)		사업장 면적	관허사업		공동사업	
자 기 자 금	타 인 자 금		여	부	여	부
천원	천원	㎡	1	2	1	2

납세의무구분

과세유형	일반	간이	특례	면세	납세번호	아파트관리사무소	특별소비세	제조	판매	장소	유흥	교육세	여	부
	1	2	3	4	5	6		1	2	3	4		1	2
주류면허	제조	도매	직매장	전문소매	공업용주정소매	관광업소	일반소매	유흥음식점				원천징수의무	여	부
	1	2	3	510	520	530	541	542					1	2

과세유형적용

과세특례배제기준해당여부 (직원 기재사항임)	여	부	연간 공급대가 예상액	기 타 참 고 사 항
	1	2		

공동사업자명세

출 자 금				천원	성립일		
성 명	주민등록번호	지분율	관계	성 명	주민등록번호	지분율	관계

부가가치세법［제 5조 제1항 / 제25조 제3항］및 동법 시행령［제 7조 제1항 / 제74조 제4항］의 규정에 의하여 위와 같이 사업자등록(□ 일반과세자　□ 간이과세자　□ 과세특례자　□ 면세사업자)을 신청합니다.

　　　　　　　　　　년　　　월　　　일

　　　　　신청인　　　　　　　　　　　　　(서명 또는 인)
　　　　　세무서장 귀하

구비서류: 1. 사업허가증 사본(법령에 의한 허가사업자인 경우) 1부.	수 수 료 없 음

기재요령: 1. 사업장의 약도를 기재하여야 합니다.
　　　　　2. 과세유형적용란에는 간이과세 및 과세특례의 적용을 받고자 하는 사업자만 기재합니다.

22226-00311민　　　　　　　　　　　　　　　　　　　　　　210mm×297mm
1996. 12. 28. 승인　　　　　　　　　　　　　　　　　　　　(일반용지 60g/㎡)

[별지 제40호 서식(2)] (1999. 5. 7. 개정) (제3쪽)

관리번호: - **< 단일사업자용 >**

(년 귀속) 종 합 소 득 세
과세표준확정신고 및 자진납부계산서

❶ 기본사항

①성 명	( )	②주민등록번호	-									
③주 소	특별(광역)시, 도	구,시,군	동,읍,면	가,리	번지	호	아파트,연립,상가	동	호	통	반
④신고유형	11. 자기조정 12. 외부조정 20. 간이 30. 표준율				⑥ 신 고 구 분						
⑤규 모 별	1.일정규모이상 2.일정규모미만			10.정기	수 정 신 고			30.경정청구			
⑦주소지전화번호		⑧사 업 장 전화번호			21.서면분석	22.기 타					

구분	항목	번호	내용
소 득 구 분		(102)	30부동산 40사업
❷ 소득금액계산	사업장소재지	(103)	
	상 호	(104)	
	사업자등록번호	(105)	
	주업종표준소득률코드	(107)	
	총수입금액	(108)	
	필요경비	(109)	
	이월결손금	(110)	
	종합소득금액((108)-(109)-(110))	(112)	
❸ 소득공제	조세특례제한법상 소득공제(232)	(61)	
	종합소득공제 기본공제(명)	(62)	
	종합소득공제 추가공제(명)	(63)	
	종합소득공제 표준공제	(72)	
	종합소득공제 계	(73)	
	소득공제 계((61)+(73))	(74)	
❹ 세액계산	과세표준((112)-(74))	㉓	
	기본세율	㉔	
	산출세액	㉕	
	세액공제계((224))	㉖	
	결정세액(㉕-㉖)	㉘	
	가산세	㉙	
	총결정세액(㉘+㉙)	㉛	

구분	항목	번호	내용
	중간예납액	(81)	
❺ 기납부세액	토지등매매차익예정 신고납부세액	(82)	
	토지등매매차익예정 예정고지세액	(83)	
	납세조합징수	(84)	
	수시부과	(85)	
	원천징수	(88)	
	계	(91)	
❻ 차감세액	환급세액	㉝	
	차감납부할세액	㉞	
	분납할세액	㉟	
	자진납부세액	㊱	

❼ 세액공제

(221)번 호	(222)구분(명칭)	(223)코 드	(224)공제세액
1			
2			
3			
계((224)=㉖)			

❽ 조세특례제한법상 소득공제

(229)번 호	(230)구분(명칭)	(231)코 드	(232)금 액
1			
2			
계((232)=(61))			

❾ 국세환급금계좌신고

예입처	㊶	은행 본·지점
예금종류	㊷	예금
계좌번호	㊸	

❿ 세무대리인	성 명	㊹		전화번호	㊺	조정반번호	㊼ -
	관리번호	㊻	-			대리구분	㊽ 1.기장 및 조정 2.조정 3.신고

소득세법 제70조 및 동법시행령 제130조의 규정에 의하여 확정신고합니다.

년 월 일

신고인 (서명 또는 인)

세무서장 귀하

접수(영수) 일자인

구비서류(각 1부) 1.소득공제신고서 2.기타서류

22226-63143일
1997. 3. 6. 승인

210㎜×297㎜
(일반용지 60g/㎡)

⓫ 이 월 결 손 금 명 세

㉚구분	㉛일련번호	㉜과세기간	㉝이월결손금발생액	공 제 액				㉟잔 액
				㉟기공제액	㉟당기공제액	㉟보 전	㉟소 멸	
부동산 임 대 소 득 (30)								
	계							
사 업 소 득 (40)								
	계							

작성요령 : 부동산 임대소득 또는 사업소득에서 발생한 이월결손금이 있는 경우에 해당란에 기입합니다.

⓬ 원 천 납 부 세 액 명 세

㉟소득귀속연월	㉟소득구분	㉟상호 또는 법인명	㉟수 입 금 액	㉟소 득 세	비 고
계					

작성요령 : 1. 소득귀속연월 (㉟) : 원천징수영수증의 소득귀속연월을 기입합니다.
     (예:1998년 6월이면 9806)
    2. 소득구분(㉟) : "사업소득"을 기입합니다.
    3. 상호 또는 법인명(㉟) : 지급처의 상호 또는 법인명을 기입합니다.
    4. 작성면이 부족할 경우에는 면을 추가하여 작성하시기 바랍니다.

22226-63144일
1997. 3. 6. 승인

210mm×297mm
(일반용지 60g/㎡)

[별지 제20호 서식] (1999. 5. 7. 개정)

<table>
<tr><td colspan="6" rowspan="2" align="center"><h1>공 동 사 업 장 등 이 동 신 고 서</h1></td><td colspan="2">처리기간</td></tr>
<tr><td colspan="2">즉　　시</td></tr>
<tr><td rowspan="2">대표공동
사 업 자</td><td>① 성　　명</td><td></td><td colspan="2">②주민등록번호</td><td colspan="2"> －　　</td></tr>
<tr><td>③ 주　　소</td><td colspan="5"></td></tr>
<tr><td rowspan="2">공　　동
사 업 장</td><td>④ 상　　호</td><td></td><td colspan="2">⑤사업자등록번호</td><td colspan="2"> － － </td></tr>
<tr><td>⑥ 소 재 지</td><td colspan="5">☎</td></tr>
</table>

이동내용＼구분	⑦□개　업	⑧□폐업	⑨□휴업	⑩□사업장 이　전	⑪공동 사업자 변경등
⑫이 동 일 자	．　．　．		．～．	．　．　．	．　．　．
⑬이 동 사 유					
⑭이동된사업 장소재지					
⑮사업장의 자·타가사항	□자가 □타가 전　세 보증금 월　세 점포임차 시권리금 지 급 액			□자가 □타가 전　세 보증금 월　세 점포임차 시권리금 지 급 액	
⑯사 업 장 소 유 자	주　소 성　명			주　소 성　명	
⑰자 본 금					
⑱대 표 공 동 사 업 자					
⑲공동사업자					
⑳출자금및손 익분배비율					

(좌측 세로 표제: 공 동 사 업 장 등 이 동 사 항)

　소득세법 제87조제4항 및 동법시행령 제150조제2항의 규정에 의하여 공동사업장등 이동 신고서를 제출합니다.

년　　월　　일
신고인　　　　　(서명 또는 인)

　　세무서장　귀하

구비서류 : 공동사업자변경의 경우에는 그 명세서

신 고 일 : 이동일부터 15일이내

22226-61111민
1999. 4. 7. 개정승인

210㎜×297㎜
(신문용지 54g/㎡(재활용품))

（앞 면）

실 무 담당자	성 명	
	직 위	
	소속부서	
	전화번호	

【 제1호 양식 】　기업부설연구소 신고서

<table>
<tr><td colspan="6" align="center">기 업 부 설 연 구 소 신 고 서</td><td>처 리 기 간</td></tr>
<tr><td colspan="6"></td><td>30일 이내</td></tr>
<tr><td rowspan="9">신
고
인</td><td>① 기 업 체 명</td><td colspan="2"></td><td>② 업 　종</td><td colspan="2"></td></tr>
<tr><td rowspan="2">③ 성명(법인인
경우에는 대표
자의 성명)</td><td>한글</td><td></td><td rowspan="2">④ 주민등록
　번 　호</td><td colspan="2"></td></tr>
<tr><td>한자</td><td></td><td colspan="2"></td></tr>
<tr><td rowspan="2">⑤ 주　　　소</td><td colspan="2" rowspan="2"></td><td colspan="2" rowspan="2"></td><td>전화번호　　）－</td></tr>
<tr><td>FAX번호　　）－</td></tr>
<tr><td>⑥ 총 　자 　산
（자 본 금）</td><td>백만원
（　　　백만원）</td><td>⑦ 종업원수</td><td>명</td><td>⑧ 매출액
（　년도）</td><td>백만원</td></tr>
<tr><td>⑨ 기 업 유 형</td><td colspan="3">□ 대 　기 　업
□ 중 소 기 업</td><td>한국표준산업분류
（KSIC）번호</td><td></td></tr>
<tr><td colspan="6"></td></tr>
<tr><td rowspan="6">연
구
소</td><td>⑩ 연 구 소 명</td><td colspan="2"></td><td>⑪ 연구분야</td><td colspan="2"></td></tr>
<tr><td rowspan="2">⑫ 연 구 소 장
　성 　　　명</td><td>한글</td><td>직위</td><td rowspan="2">⑬ 주민등록
　번 　호</td><td colspan="2"></td></tr>
<tr><td>한자</td><td>□ 전임 □ 겸임</td><td colspan="2"></td></tr>
<tr><td rowspan="2">⑭ 소 　재 　지</td><td colspan="2" rowspan="2"></td><td colspan="2" rowspan="2"></td><td>전화번호　　）－</td></tr>
<tr><td>FAX번호　　）－</td></tr>
<tr><td>⑮ 설 립 연월일</td><td colspan="5"></td></tr>
<tr><td rowspan="5">연
구
소
규
모</td><td>⑯ 연 구 전 담
　요 　　　원</td><td colspan="2" align="right">명</td><td>⑰ 연구시설
　기 자 재</td><td colspan="2" align="right">종</td></tr>
<tr><td rowspan="4">⑱ 건 물 형 태</td><td colspan="5">□ 독립건물 :　　　대지　　　㎡（　　평）
　　　　　　　　　　　건평　　　㎡（　　평）</td></tr>
<tr><td colspan="5">□ 기업의 공장 및 사무실 내에서 분리된 구역 :</td></tr>
<tr><td colspan="5">　　　　　　　　　　　건평　　　㎡（　　평）</td></tr>
<tr><td colspan="5">□ 임대건물 :　　　　　건평　　　㎡（　　평）</td></tr>
<tr><td rowspan="3">⑲ 연구개발투자
（　　년도）</td><td colspan="3">⑳ 연구비 （인건비 포함）</td><td colspan="2" align="right">백만원</td></tr>
<tr><td colspan="3">㉑ 시 설 　및 　기자재비</td><td colspan="2" align="right">백만원</td></tr>
<tr><td colspan="3">㉒ 기 타 　운 영 비</td><td colspan="2" align="right">백만원</td></tr>
</table>

기술개발촉진법시행령 제14조 제1항 및 제27조 제1항의 규정에 의하여 위와 같이 신고합니다.

　　　　　　　　　　　　　　　　　　　　　년　　　월　　　일

　　　　　　　　　　　　신고인　　　　　　（서명 또는 인）

한국산업기술진흥협회장 귀하

[작성요령] 뒷면 참조	수 　수 　료
	없　　　음

337

연구소 신고서 작성요령

◇ ②의 "업종"란에는 당해기업의 주력업종을 구체적으로 기재할 것(예: 컴퓨터프로그램업, 무선 정보통신기기 제조)

◇ ⑤의 "주소"란에는 당해기업의 주소재지를 기재할 것

◇ ⑥의 "총자산"란에는 당해년도 자산규모를 기재하고, ( )내에 자본금을 명기할 것

◇ ⑦의 "상시종업원수"란에는 세무서장의 확인을 받은 최근의 「소득세징수액 집계표」상의 통계를 기재하되, 일용근로자는 제외할 것

◇ ⑧의 "매출액"란에는 신고당시 전년도의 실적을 기재할 것

◇ ⑨의 "기업유형"란의 구분은 중소기업기본법 제2조 및 동법 시행령 제2조의 규정을 기준으로 기재하고, "한국표준산업분류(KSIC)번호"란은 사업자등록증상의 '❽ 교부사유'에 기재되어 있는 소득표준율코드 번호(6자리 숫자)를 기입할 것(만약, 사업자등록증상에 소득표준율코드번호가 기재되지 않은 경우에는 관할세무서 법인세과에 문의하여 "소득표준율코드" 번호를 확인받아 기입하거나 공장등록증상의 '공장의 업종'에 있는 분류번호(5자리)를 기입할 것)

◇ ⑪의 "연구분야"란에는 연구소의 모든 연구분야를 포괄할 수 있는 중점 연구분야를 기재할 것(예: 인터넷 응용프로그램 개발, 무선통신단말기 관련기술 개발)

◇ ⑫의 "연구소장"란중 '직위'에는 연구소장의 회사내의 직책(연구소장은 직책이 아니므로 연구소장 또는 소장으로 기재하지 말 것)을 기재하고 연구소장이 연구전담요원인 경우에는 '전임'에, 기타의 경우에는 '겸임'에 표시할 것
  연구소장의 직급에는 제한이 없으나, 가급적이면 임원급 이상으로 할 것

◇ ⑭의 "연구시설·기자재"란에는 연구용 기자재수를 기재할 것(「연구시설명세서」상의 연구기자재수와 일치시킬 것)

◇ ⑯의 "연구전담요원"란에는 「연구소 직원현황(【별지 제3호 양식】)」상의 연구전담요원수를 기재할 것

◇ ⑮의 "건물형태"란중 "독립건물"과 "분리구역"은 연구소가 설치된 건물이 자산소유인 경우인 바 건물 전체가 연구소용인 때에는 독립건물에, 그 건물의 일부분만 사용하는 때에는 분리구역에 표시하고 임대공간인 때에는 "임대건물"에 기재할 것

(앞 면)

실 무 담당자	성　명	
	직　위	
	소속부서	
	전화번호	

【 제1-1 호 양식 】 기업의 연구개발전담부서 신고서

기 업 의 연 구 개 발 전 담 부 서 신 고 서	처 리 기 간
	30일 이내

<table>
<tr><td rowspan="7">신
고
인</td><td colspan="2">① 기 업 체 명</td><td></td><td colspan="2">② 업　종</td><td></td></tr>
<tr><td colspan="2" rowspan="2">③ 성명(법인인
경우에는 대표
자의 성명)</td><td>한글</td><td colspan="2" rowspan="2">④ 주민등록
번　호</td><td rowspan="2"></td></tr>
<tr><td>한자</td></tr>
<tr><td colspan="2" rowspan="2">⑤ 주　　　소</td><td rowspan="2"></td><td>전화번호</td><td colspan="2">　）　－</td></tr>
<tr><td>FAX번호</td><td colspan="2">　）　－</td></tr>
<tr><td colspan="2">⑥ 총　자　산
（자 본 금）</td><td>백만원
（　　　　백만원）</td><td>⑦ 종업원수　　　　명</td><td>⑧ 매출액
（　　년도）</td><td>백만원</td></tr>
<tr><td colspan="2">⑨ 기 업 유 형</td><td>□ 대　기　업
□ 중 소 기 업</td><td colspan="2">한국표준산업
（KSIC） 번호</td><td></td></tr>
</table>

<table>
<tr><td rowspan="7">연
구
개
발
전
담
부
서</td><td>⑩ 부　서　명</td><td></td><td colspan="2">⑪ 연구분야</td><td>.</td></tr>
<tr><td rowspan="2">⑫ 소　재　지</td><td rowspan="2"></td><td>전화번호</td><td colspan="2">　）　－</td></tr>
<tr><td>FAX번호</td><td colspan="2">　）　－</td></tr>
<tr><td>⑬ 연 구 전 담
요　　　원</td><td>명</td><td colspan="2">⑭ 연구시설
기 자 재</td><td>점</td></tr>
<tr><td rowspan="3">⑮ 건 물 형 태</td><td colspan="4">□ 독립건물 :　　　　대지　　　　m² （　　평）
　　　　　　　　　　　　건평　　　　m² （　　평）
□ 기업의 공장 및 사무실 내에서 분리된 구역 :
　　　　　　　　　　　　건평　　　　m² （　　평）
□ 임대건물 :　　　　건평　　　　m² （　　평）</td></tr>
</table>

<table>
<tr><td rowspan="3">⑯ 연구개발투자
（　　　년도）</td><td>⑰ 연구비 （인건비 포함）</td><td></td><td>백만원</td></tr>
<tr><td>⑱ 시설　및　기자재비</td><td></td><td>백만원</td></tr>
<tr><td>⑲ 기 타 운 영 비</td><td></td><td>백만원</td></tr>
</table>

　　　기술개발촉진법 시행규칙 제5조 제2항 규정에 의하여 위와 같이 신고합니다.

　　　　　　　　　　　　　　　　　　　　　　　　　년　　　월　　　일

　　　　　　　　　　　　　　　　　　신고인　　　　　（서명 또는 인）

한국산업기술진흥협회장 귀하

[작성요령] 뒷면 참조	수　수　료
	없　　　음

(뒷 면)

전담부서 신고서 작성요령

◇ **②의 "업종"란**에는 당해기업의 주력업종을 구체적으로 기재할 것(예: 컴퓨터프로그램업, 무선 정보통신기기 제조)

◇ **⑤의 "주소"란**에는 당해기업의 주소재지를 기재할 것

◇ **⑥의 "총자산"란**에는 당해년도 자산규모를 기재하고, ( )내에 자본금을 명기할 것

◇ **⑦의 "상시종업원수"란**에는 세무서장의 확인을 받은 최근의 「소득세징수액 집계표」상의 통계 를 기재하되, 일용근로자는 제외할 것

◇ **⑧의 "매출액"란**에는 신고당시 전년도의 실적을 기재할 것

◇ **⑨의 "기업유형"란**의 구분은 중소기업기본법 제2조 및 동법 시행령 제2조의 규정을 기준으로 기재하고, **"한국표준산업분류(KSIC)번호"란**은 사업자등록증상의 '❽ 교부사유'에 기재되어 있 는 소득표준율코드 번호(6자리 숫자)를 기입할 것(만약, 사업자등록증상에 소득표준율코드번호 가 기재되지 않은 경우에는 관할세무서 법인세과에 문의하여 "소득표준율코드" 번호를 확인받 아 기입하거나 공장등록증상의 '공장의 업종'에 있는 분류번호(5자리)를 기입할 것)

◇ **⑪의 "연구분야"란**에는 전담부서의 모든 연구분야를 포괄할 수 있는 중점 연구분야를 기재할 것(예: 인터넷 응용프로그램 개발, 무선통신단말기 관련기술 개발)

◇ **⑭의 "연구시설·기자재"란**에는 연구용 기자재수를 기재할 것(「연구시설명세서」상의 연구기 자재수와 일치시킬 것)

◇ **⑯의 "연구전담요원"란**에는 「연구소 직원현황(【별지 제3호 양식】)」상의 연구전담요원수를 기재할 것

◇ **⑮의 "건물형태"란**중 "독립건물"과 "분리구역"은 연구소가 설치된 건물이 자산소유인 경우인 바 건물 전체가 연구소용인 때에는 독립건물에, 그 건물의 일부분만 사용하는 때에는 분리구역 에 표시하고 임대공간인 때에는 "임대건물"에 기재할 것

◇ **⑲의 "연구개발투자"란**에는 신고 당해년도의 연구소 투자계획을 "⑳ 연구비(인건비 포함)", "㉑ 시설 및 기자재비", "㉒ 기타 운영비"의 구분에 따라 기재할 것. 단, 시설비 및 기자재비는 신고 당시의 총규모 및 투자년도의 규모를 기재할 것

340

주식매입선택권부여계약서

부여하는 자(갑) :

부여받는 자(을) :

○○○(주)(이하 "갑"이라 한다)와 ○○○(이하 "을"이라 한다)는 주식매입선택권(이하 "스톡옵션"이라 한다)의 부여와 관련된 계약을 다음과 같이 체결한다.

본 계약은 회사경영에 기여하였거나, 기여할 가능성이 있는 임직원에 대한 보상과 주인의식, 동기부여 등의 일환으로 추진하는 것이므로, 본 계약의 의미있는 결과를 달성할 수 있도록 "갑"과 "을"은 최선을 다한다.

제1조 【스톡옵션의 부여 가격】

1주당 ￦○○○(19○○년 ○○월 ○○일(부여일) 이전 3개월간의 평균 종가)

제2조 【스톡옵션의 부여 주식수】

스톡옵션은 총 ○○○주를 부여하기로 한다.

제3조 【스톡옵션의 행사기간 및 조건】

① "을"의 스톡옵션 행사기간은 20○○년 ○○월 ○○일부터 20○○년 ○○월 ○○일까지로 하며 스톡옵션 행사일 현재 재직 중이어야 한다. 단, "을"이 사망, 정년퇴직, 임원으로의 승진 등의 사유로 퇴임 또는 퇴직한 경우와 임원이 임기만료로 퇴임하는 경우에는 행사기간 동안 스톡옵션을

행사할 수 있으며, 당해 "을"이 사망한 경우에는 "을"의 상속인이 그 스톡
옵션을 행사할 수 있다.

② 스톡옵션 행사기간 종료일을 기준으로 하여 퇴임 또는 퇴직하는 경우
당해 "을"의 스톡옵션은 종료일 3개월을 추가로 행사할 수 있는 기간을 부
여한다.

제4조 【스톡옵션의 행사방법 및 절차】

① 스톡옵션을 행사하고자 하는 "을"은 "갑"에 대하여 서면으로 신청을 하
여야 한다.

② 신청기준일자는 서면에 의한 신청일을 기준으로 한다.

③ 스톡옵션 행사가격의 기준은 스톡옵션 부여일을 기준으로 증권거래소
가 공표하는 최종 시세가액(협회등록법인의 경우 기준가액)의 3개월간 종
가 평균액으로 한다. 단, 증자나 합병 등의 경우에는 그 익일로부터 부여
일까지의 평균액으로 한다.

④ 스톡옵션을 행사하고자 하는 "을"은 회사에 서면신청 후 그 대금(주식
대금)을 ○○일 이내에 납부하여야 하고, "갑"은 신청일로부터 ○○일 이
내에 신주를 발행 "을"에게 교부하여야 한다(유상증자에 의한 신주교부 방
법일 경우).

제5조 【스톡옵션의 행사가격 조정】

스톡옵션 부여를 위한 주주총회의 특별 결의를 한 후 유상증자, 무상증자,
주식배당, 전환사채, 신주인수권부사채의 발행, 주식분할, 합병, 액면분할
등을 실시하여 주식가치의 희석화가 이루어지는 경우에는 행사가격 및 부
여수량을 조정하며 과도한 배당이 이루어지는 경우에도 같다. 그 행사가

격 및 수량 등의 조정에 관한 사항은 아래의 산식에 의하여 이사회의 결의에 따른다. 단, 이 때의 조정은 스톡옵션의 희석화를 방지하기 위한 목적으로 이루어져야 하며 사전에 주식매입선택권자의 동의를 받아야 한다. 행사가격의 조정은 다음과 같이 하며 수량의 조정은(조정 전 행사수량×조정 전 행사가격/조정 후 행사가격)으로 하며, 이 경우 가격의 조정에서 원 미만의 금액은 절사하고 수량조정에서의 1주 미만의 주식은 절사한다.

① 유상증자의 경우
행사가격보다 낮은 발행가격으로 유상증자가 이루어지는 경우에는 다음과 같이 조정한다.
조정 후 행사가격 = (유상증자 직전 발행주식 총수×조정 전 행사가격
+ 유상증자 발행주식수×유상증자 주당 발행가격) /
(유상증자 직전 발행주식수+유상증자 발행주식수)

② 무상증자의 경우
조정 후 행사가격 = 조정 전 행사가격×무상증자 직전 발행주식수
/ (무상증자 직전 발행주식수+무상증자 발행주식수)

③ 주식배당 실시의 경우
주식배당을 액면가에 의한 유상증자로 보고 위 ①의 유상증자의 경우를 적용한다.

④ 회사의 주식배당액을 포함하여 배당성향이 50%를 초과하는 경우로서 배당률이 20%를 초과하는 때에는 다음과 같이 조정한다.

조정 후 행사가격 = 조정 전 행사가격×(배당 전의 회사 자기자본 총액
　　　　　　　　　　- 배당성향의 50% 초과 금액) / 배당 전 회사 자기
　　　　　　　　　자본 총액

⑤ 전환사채 또는 신주인수권부사채의 발행
전환사채 또는 신주인수권부사채 발행의 경우로 그 전환가격 또는 신주인
수권의 행사가격이 주식매입선택권의 행사가격보다 낮은 경우에는 동 사
채에 의한 전환 또는 신주인수권의 행사가 가능한 부분이 모두 전환 또는
행사되었다고 가정하고 위 ①의 유상증자의 경우를 적용한다.

6. 액면분할 또는 병합
보통주의 액면분할 또는 병합의 경우 부여가격을 다음과 같이 조정한다.
조정 후 행사가격 = 조정 전 행사가격×분할 또는 병합한 후 1주당 액면
　　　　　　　　　가액 / 분할 또는 병합 전 1주당 액면가액
조정 후 수량 = 조정 전 부여수량×분할 또는 병합 전 액면가 / 분할 또
　　　　　　　는 병합 후 액면가

⑦ 회사의 합병
회사가 다른 회사와 합병하는 경우에는 원칙적으로 합병계약서에서 정하
는 내용에 따르며 합병계약에 구체적인 내용이 없고 스톡옵션이 계속 유
효한 경우에는 합병비율로 조정한다.

⑧ ①~⑦의 가격조정으로 행사가격이 액면가격에 미달하는 경우에는 액
면가액을 행사가격으로 한다.

제6조 【행사절차 및 횟수】

① 행사절차

주식매입선택권자가 권리를 행사하고자 하는 경우에는 주식수, 기한 등 행사하고자 하는 권리의 내용을 기재한 주식매입선택권행사 신청서(이하 "신청서"라 한다)를 행사 10일 전에 서면으로 제출한다. 회사는 주식매입선택권자가 신청서를 제출한 날로부터 3일 내에 신주발행 교부일정 등 행사에 필요한 절차를 통보한다.

회사는 주식매입선택권자가 동의하는 특별한 사유가 없는 한 개별 계약서에 약정된 방식으로 주식매입선택권에 따르는 의무를 이행해야 한다.

② 행사한도 및 횟수

부여된 주식매입선택권을 관계법령이나 계약서에 저촉되지 않는 범위 내에서 본인의 의사에 따라 부여받을 전액을 일시에 또는 수차에 걸쳐 행사할 수 있다. 단, 회사는 특별한 사유가 발생한 경우 주식매입선택권자와 동의하에 연 4회 이내의 범위 내에서 행사 횟수를 제한할 수 있다.

제7조 【권리변경】

① 스톡옵션의 양도 등의 제한

스톡옵션은 이를 타인에게 양도하거나 담보로 제공할 수 없으며, 압류의 대상이 아니며 양도 또는 담보로 제공되거나 압류된 경우 당해 임직원이 보유한 스톡옵션은 그 효력을 상실한다.

스톡옵션의 행사로 취득한 주식의 매매시 당해 임직원은 증권거래법 제188조의2(미공개정보행위의 금지) 및 제188조의4(시세조정 등 불공정 거래의 금지)의 규정을 위배해서는 안된다.

관련서식 일람

② 스톡옵션 부여의 취소

회사는 다음의 경우 정관이 정하는 바에 따라 이사회의 결의에 의해 스톡옵션의 부여를 취소할 수 있다. 이 경우 회사는 지체없이 주식매입선택권자에게 스톡옵션의 취소를 통보하여야 한다.

(1) 당해 임직원이 주식매입선택권을 부여받은 날로부터 3년 이내에 퇴임하거나 퇴직한 경우

(2) 당해 임직원이 고의 또는 중대한 과실로 회사에 대해 손해를 입힌 경우

(3) 회사의 파산 또는 해산으로 스톡옵션 행사에 응할 수 없는 경우

③ 권리의 승계

당해 임직원이 사망, 정년퇴직 및 기타 본인의 귀책사유 이외의 사유로 퇴임·퇴직한 경우에는 행사기간 동안 스톡옵션을 행사할 수 없다. 이 경우 당해 임직원이 사망한 때에는 당해 임직원의 적법한 상속인이 그 스톡옵션을 행사할 수 있다.

단, 의무보유기간 중 권리가 승계되었을 경우에는 행사가능시점 기산일로부터 1년 이내에 행사해야 하며, 행사가능기간 중에 권리가 승계되었을 경우에는 승계 후 1년과 행사가능 잔여기간 중 짧은 기간 내에 행사하여야 한다.

제8조 【스톡옵션의 양도 등의 제한】

스톡옵션은 이를 타인에게 양도하거나 담보로 제공할 수 없으며, 압류의 대상이 아니며 양도 또는 담보로 제공되거나 압류된 경우 당해 임직원이 보유한 스톡옵션은 그 효력을 상실한다.

스톡옵션의 행사로 취득한 주식의 매매시 당해 임직원은 증권거래법

제188조의2(미공개정보행위의 금지) 및 제188조의4(시세조정 등 불공정
거래의 금지)의 규정을 위배해서는 안된다.

제9조【스톡옵션 부여의 취소】

"갑"은 다음의 경우 정관이 정하는 바에 따라 이사회의 결의에 의해 스톡
옵션의 부여를 취소할 수 있다.

① "을"이 사망, 정년퇴직, 임원으로서 승진 및 임원이 임기만료 이외의
사유로 퇴임하거나 퇴직한 경우

② "을"이 고의 또는 중대한 과실로 "갑"에게 손해를 입힌 경우

③ "갑"의 파산 또는 해산으로 스톡옵션의 행사에 응할 수 없는 경우

제10조【기타사항】

본 계약서에 명시되지 않은 사항에 대한 것은 스톡옵션 운영규정, 관련 법
령에 따른다.

19○○년 ○○월 ○○일

"갑" ○ ○ 주 식 회 사

대 표 이 사 · ○ ○ ○ (인)

"을" 소   속 :

성   명 : ○ ○ ○ (인)

주민등록번호 :

주   소 :

[별지 제1호 서식] (1999. 5. 24. 개정)　　　　　　　　　　　　　　　　　　　　　　　(앞 쪽)

<table>
<tr><td>※ 관리
　 번호</td><td colspan="2">－</td><td colspan="6" style="text-align:center">법인세 과세표준 및 세액신고서</td><td colspan="2">처리기간
즉 시</td></tr>
</table>

※①자 료 번 호		※페이지	
②사업자등록번호		③법인등록번호	
④법 인 명		⑤전 화 번 호	
⑥대 표 자 성 명		⑦주민등록번호	
⑧소 재 지		※	
⑨업 태	⑩종 목	※⑪주업종번호	
⑫사 업 연 도	. . ~ . . .	⑬수시부과기간	. . ~ . . .

<table>
<tr><td rowspan="2">⑭법 인 구 분</td><td colspan="8" style="text-align:center">⑮종 류 별 구 분</td></tr>
<tr><td colspan="6" style="text-align:center">영 리 법 인</td><td colspan="2" style="text-align:center">비 영 리 법 인</td></tr>
<tr><td rowspan="2">1. 내국　2. 외국　3.외투</td><td colspan="2">1. 주권상장법인</td><td colspan="2">2.협회등록법인</td><td colspan="2">3.비상장대·기업집단</td><td rowspan="2">4.중소
기업</td><td rowspan="2">5.일반</td><td rowspan="2">6. 당기순이익
과 세 법 인</td><td rowspan="2">7.일반비영리</td></tr>
<tr><td>가.중소</td><td>나.일반</td><td>가.중소</td><td>나.일반</td><td>가.중소</td><td>나.일반</td></tr>
</table>

⑯조 정 구 분	⑰외부감사대상	⑱결 산 확 정 일	⑲대차대조표 공 고 일	⑳신 고 일	※㉑납 부 일
1. 외부　2. 자기	1. 여　2. 부				

신 고 구 분		주식변동여부	※㉒대장 정리	명 칭		※㉓납부불이행고지	
1. 정기	2. 수 정 신 고 가.서면분석　나.기타	1. 여　2. 부		연 월 일 인		자납 분납	

<table>
<tr><td rowspan="2" style="text-align:center">구 분</td><td colspan="4" style="text-align:center">법 인 세</td></tr>
<tr><td style="text-align:center">법 인 세</td><td style="text-align:center">특별부가세</td><td style="text-align:center">계</td></tr>
<tr><td>㉔수 입 금 액</td><td>(</td><td>)</td><td></td></tr>
<tr><td>㉕과 세 표 준</td><td></td><td></td><td></td></tr>
<tr><td>㉖산 출 세 액</td><td></td><td></td><td></td></tr>
<tr><td>㉗총 부 담 세 액</td><td></td><td></td><td></td></tr>
<tr><td>㉘기 납 부 세 액</td><td></td><td></td><td></td></tr>
<tr><td>㉙차 감 납 부 할 세 액</td><td></td><td></td><td></td></tr>
</table>

㉝조 정 반 번 호	－		㉚분 납 할 세 액	
㉞조 정 자 관 리 번 호	－	－	㉛차 감 납 부 세 액	
㉟조 정 자 관 리 번 호	－		※㉜실 납 부 세 액	
㊱조 정 자 관 리 번 호	－	－		

국 세 환 급 금 계 좌 신 고			법인세법 제60조의 규정에 의하여 신고합니다.	
㊲예 입 처	은행　(본)지점		대 표 자 성 명	(서명 또는 인)
㊳예 금 종 류	예금		세무대리인 성명	(서명 또는 인)
㊴계 좌 번 호			세무서장 귀하	

구비서류　1. 대차대조표　2. 손익계산서　3. 이익잉여금처분(결손금처리)계산서 　　　　　4. 세무조정계산서　　　　　　　　5. 기타서류	수 수 료 없 음

신고안내
1. 결손금소급공제에 의한 법인세액의 환급을 받고자 하는 법인은 소급공제법인세액환급신청서(별지 제68호서식)를 제출하
　여야 합니다.
2. 소득할 주민세도 사업연도종료일부터 120일(수정신고의 경우에는 수정신고일부터 30일)이내에 해당 시·군 구청에
　신고납부하여야 합니다.

22226-00711민　　　　　　　　　　　　　　　　　　　　　　　　　　　210mm×297mm
1999. 4. 1. 개정승인　　　　　　　　　　　　　　　　　　　　　　　(전산용지 70g/㎡)

※관리번호	농어촌특별세 과세표준 및 세액신고서	처리기간
－		즉　시

①소　　재　　지	

②법　　인　　명		③대 표 자 성 명	

④사업자등록번호		⑤사 업 연 도		⑥전 화 번 호	

구　　분	농 어 촌 특 별 세	
⑦과　세　표　준		
⑧산　출　세　액		
⑨총　부　담　세　액		
⑩기　납　부　세　액		
⑪차 감 납 부 할 세 액		
⑫분　납　할　세　액		
⑬차 감 납 부 세 액		
⑭실　납　부　세　액		

농어촌특별세법 제7조의 규정에 의하여 위와 같이 신고합니다.

수 수 료
없　음

년　　월　　일

대표자 성명　　　　　　　　　　　　　　　　(서명 또는 인)

세무서장 귀하

22226-00111민　　　　　　　　　　　　　　　　　　　　210㎜×297㎜
1999. 4. 1. 개정승인　　　　　　　　　　　　　　　　　(전산용지 70g/㎡)

349

[별지 제3호 서식] (1999. 5. 24. 개정)　　　　　　　　　　　　　(앞 쪽)

사 업 연 도	법인세 과세표준 및 세액조정계산서	법 인 명
사업자등록번호		법인등록번호

좌측

① 각사업연도소득계산				
	⑩⓪ 결산서상당기순손익	01	
	소득조정금액 ⑩① 익 금 산 입	02	
	⑩② 손 금 산 입	03	
	⑩④ 차 가 감 소 득 금 액 (⑩⓪+⑩①-⑩②)	04	
	⑩⑤ 지 정 기 부 금 한 도 초 과 액	05	
	⑩⑥ 각 사 업 연 도 소 득 금 액 (⑩④+⑩⑤=⑩⑥)	06	

② 과세표준계산			
	⑩⑦ 각 사 업 연 도 소 득 금 액 (⑩⑥=⑩⑦)		
	⑩⑧ 이 월 결 손 금	07	
	⑩⑨ 비 과 세 소 득	08	
	⑩⑩ 소 득 공 제	09	
	⑩⑪ 과 세 표 준 (⑩⑦-⑩⑧-⑩⑨-⑩⑩)	10	

③ 산출세액계산			
	⑩⑫ 과 세 표 준 (⑩⑫=⑩⑪)		
	⑩⑬ 세 율	11	
	⑩⑭ 산 출 세 액	12	
	⑩⑮ 적 정 유 보 초 과 소 득 (지점유보소득)	13	
	⑩⑯ 세 율	14	
	⑩⑰ 산 출 세 액	15	
	⑩⑱ 합 계 (⑩⑭+⑩⑰)	16	

④ 납부할세액계산			
	⑩⑲ 산 출 세 액 (⑩⑲=⑩⑱)		
	⑩⑳ 공 제 감 면 세 액 (ㄱ)	17	
	⑫① 차 감 세 액	18	
	⑫② 공 제 감 면 세 액 (ㄴ)	19	
	⑫③ 가 산 세 액	20	
	⑫④ 가 감 계 (⑫①-⑫②+⑫③)	21	
	기한내납부세액 ⑫⑤ 중 간 예 납 세 액	22	
	기한내납부세액 ⑫⑥ 수 시 부 과 세 액	23	
	기한내납부세액 ⑫⑦ 원 천 납 부 세 액	24	
	기한내납부세액 ⑫⑧ ( )세액	25	
	⑫⑨ 소 계 (⑫⑤+⑫⑥+⑫⑦+⑫⑧)	26	
	⑬⓪ 신 고 납 부 전 가 산 세 액	27	
	⑬① 합 계 (⑫⑨+⑬⓪)	28	

우측

⑬② 감 면 분 추 가 납 부 세 액	29	
⑬③ 차 감 납 부 할 세 액 (⑫④-⑬①+⑬②)	30	

⑤ 특별부가세계산			
	양도차익 ⑬④ 등 기 자 산	31	
	양도차익 ⑬⑤ 미 등 기 자 산	32	
	⑬⑥ 비 과 세 소 득	33	
	⑬⑦ 과 세 표 준 (⑬④+⑬⑤-⑬⑥)	34	
	⑬⑧ 세 율	35	
	⑬⑨ 산 출 세 액	36	
	⑭⓪ 감 면 세 액	37	
	⑭① 차 감 세 액 (⑬⑨-⑭⓪)	38	
	⑭② 공 제 세 액	39	
	⑭③ 가 산 세 액	40	
	⑭④ 가 감 계 (⑭①-⑭②+⑭③)	41	
	기납부세액 ⑭⑤ 수 시 부 과 세 액	42	
	기납부세액 ⑭⑥ ( ) 세 액	43	
	기납부세액 ⑭⑦ 계 (⑭⑤+⑭⑥)	44	
	⑭⑧ 차 감 납 부 할 세 액 (⑭④-⑭⑦)	45	

⑥ 세액계			
	⑭⑨ 차 감 납 부 할 세 액 계 (⑬③+⑭⑧)	46	
	⑮⓪ 분 납 세 액 계 산 범 위 액 (⑭⑨-⑫②-⑫⑤-⑭⑥+⑬⓪)	47	
	분납할세액 ⑮① 현 금 납 부	48	
	분납할세액 ⑮② 물 납	49	
	분납할세액 ⑮③ 계 (⑮①+⑮②)	50	
	차감납부세액 ⑮④ 현 금 납 부	51	
	차감납부세액 ⑮⑤ 물 납	52	
	차감납부세액 ⑮⑥ 계 (⑮⑥=(⑭⑨-⑮③)+⑮⑤)	53	

22226-00811일
1999. 4. 1. 개정승인

210㎜×297㎜
(전산용지 70g/㎡)

사업연도	．．．～．．．	최저한세조정계산서			법인명	
사업자등록번호				법인등록번호		

①구　　　　　분	②감면후세액	③최저한세	④조 정 감	⑤조정후세액
⑩결 산 서 상 당 기 순 손 익				
소　　　득 ⑩익 금 산 입				
조 정 금 액 ⑩손 금 산 입				
⑩차 가 감 소 득 금 액(⑩+⑩－⑩)				
최 저 한 세 ⑩준　　비　　금				
적 용 대 상 ⑩특 별 상 각				
특 별 비 용 ⑩소　　　　　계				
⑩특 별 비 용 손 금 산 입 전　소　득　금　액(⑩+⑩)				
⑩지 정 기 부 금 한 도 초 과 액				
⑩각사업연도소득금액(⑩+⑩)				
⑪이　월　결　손　금				
⑫비　과　세　소　득				
⑬최 저 한 세 적 용 대 상　비　과　세　소　득				
⑭차 가 감 소 득 금 액　　(⑩－⑪－⑫+⑬)				
⑮소　　득　　공　　제				
⑯과 세 표 준 금 액(⑭－⑮)				
⑰세　　　　　　　율		15%(중소기업12%)		
⑱산　　출　　세　　액				
⑲감　　면　　세　　액				
⑳세　　액　　공　　제				
㉑차 감 세 액(⑱－⑲－⑳)				

22226-55611일
1999. 4. 1. 개정승인

210㎜×297㎜
(전산용지 70g/㎡)

관련서식 일람

[별지 제23호 서식(2)] (1999. 5. 7. 개정)　　　　　　　　　　　　　　　　　(제1쪽)

□ 사업소득원천징수영수증
□ 사 업 소 득 지 급 조 서
(발행자보고용)

| 거 주 구 분 | 거주자 1, 비거주자 2 |
| 내 · 외국인 | 내국인 1,　외국인 9 |

| 관리번호 | |
| 귀속연도 | 년 |

| 징 수 의무자 | ①사업자등록번호 | | ②법인명또는상호 | | ③성 명 | |
| | ④주민(법인)등록번호 | | ⑤소재지또는주소 | | | |

소득자	⑥상　　　　　호			⑦사업자등록번호	
	⑧사 업 장 소 재 지				
	⑨성　　　　　명			⑩주민등록번호	
	⑪주　　　　　소				

⑫구 분	변 호 사	의 　 사	건축사·기술사	문학·학술·예술등의 저작자	가수·배우·탤런트	직업운동가	보험모집인	기 　 타
	41	43	44	45	46	47	48	49

⑬지 급			⑭소득귀속		⑮지 급 총 액	⑯세 율	원 천 징 수 세 액		
연	월	일	연	월			⑰소 득 세	⑱주 민 세	⑲계

위의 원천징수세액(수입금액)을 영수(지급)합니다

년　　　월　　　일

징수(보고)의무자　　　　　　　　(서명 또는 인)

귀하

22226-85331일
1999. 4. 7. 승인

297㎜×210㎜
(인쇄용지(특급) 34g/㎡(재활용품))

[별지 제23호 서식(2)] (1999. 5. 7. 개정)　　　　　　　　　　　　　　　　　　　　　　　　　　　　　　　　　　　　　(제2쪽)

☐ 사업소득원천징수영수증
☐ 사 업 소 득 지 급 조 서

(발행자보관용)

관리번호	
귀속연도	년

거 주 구 분	거주자 1, 비거주자 2
내 · 외국인	내국인 1,　외국인 9

징 수 의무자	①사업자등록번호		②법인명또는상호		③성 명	
	④주민(법인)등록번호		⑤소재지또는주소			

소득자	⑥상　　　　호		⑦사업자등록번호	
	⑧사 업 장 소 재 지			
	⑨성　　　　　명		⑩주민등록번호	
	⑪주　　　　　소			

⑫구 분	변 호 사	의　사	건축사 · 기술사	문학 · 학술 · 예술등의 저작자	가수 · 배우 · 탤런트	직업운동가	보험모집인	기 타
	41	43	44	45	46	47	48	49

⑬지 급			⑭소득귀속		⑮지 급 총 액	⑯세 율	원 천 징 수 세 액		
연	월	일	연	월			⑰소 득 세	⑱주 민 세	⑲계

위의 원천징수세액(수입금액)을 영수(지급)합니다

년　　월　　일

징수(보고)의무자　　　　　　　(서명 또는 인)

귀하

22226-85332일
1999. 4. 7. 승인

297㎜×210㎜
(인쇄용지(특급) 34g/㎡(재활용품))

[별지 제23호 서식(2)] (1999. 5. 7. 개정)

(제3쪽)

□ 사업소득원천징수영수증
□ 사 업 소 득 지 급 조 서

(소득자보관용)

관리번호	
귀속연도	년

거 주 구 분	거주자 1, 비거주자 2
내 · 외국인	내국인 1, 외국인 9

| 징 수 의무자 | ①사업자등록번호 | | ②법인명또는상호 | | ③성 명 | |
| | ④주민(법인)등록번호 | | ⑤소재지또는주소 | | | |

소득자	⑥상 호		⑦사업자등록번호	
	⑧사업장소재지			
	⑨성 명		⑩주민등록번호	
	⑪주 소			

⑫구 분	변호사	의 사	건축사·기술사	문학·학술·예술등의 저작자	가수·배우·탤런트	직업운동가	보험모집인	기 타
	41	43	44	45	46	47	48	49

| ⑬지 급 | | | ⑭소득귀속 | | ⑮지 급 총 액 | ⑯세 율 | 원 천 징 수 세 액 | | |
연	월	일	연	월			⑰소 득 세	⑱주 민 세	⑲계

위의 원천징수세액(수입금액)을 영수(지급)합니다

년 월 일

징수(보고)의무자   (서명 또는 인)

귀하

부록

22226-85333일
1999. 4. 7. 승인

297㎜×210㎜
(인쇄용지(특급) 34g/㎡(재활용품))

[별지 제23호 서식(3)] (1999. 5. 7. 개정)　　(제1쪽)

□ 사 업 소 득 원 천 징 수 영 수 증(연말정산용)
□ 사 업 소 득 지 급 조 서(연말정산용)
(발행자보고용)

| 거 주 구 분 | 거주자 1, 비거주자 2 |
| 내 · 외국인 | 내국인 1, 외국인 9 |

관리번호
①귀속연도　　　년

| 징수의무자 | ②법 인 명(상 호) | | ③대표자(성명) | | ④사업자등록번호 | |
| | ⑤주민(법인)등록번호 | | ⑥소재지(주소) | | | |

소득자	⑦상　　호		⑧사업자등록번호	
	⑨사업장소재지			
	⑩성　　명		⑪주민등록번호	
	⑫주　　소			

사업소득발생처별명세

⑬발생처구분	⑭법 인 명(상 호)	⑮사업자등록번호	⑯발 생 기 간	⑰지급액(수입금액)	⑱사업기간	⑲연환산수입금액 [(⑰/⑱)×12개월]
(121)주(현)			년 월부터 년 월까지			
(122)종(전)			년 월부터 년 월까지			
(124) 합 계						

사업소득발생처별소득금액계산

⑬발생처구분	⑳연환산수입금액(⑲)	㉑적용소득률		㉒연환산소득금액			㉓당해연도 소득금액 [(㉒/12개월×⑱)]	㉔비 고
		4천만원이하분	4천만원초과분	4천만원이하분	4천만원초과분	합 계		
(121)주(현)								
(122)종(전)								
(124)합 계								

기본공제	㉕본　　인		㉞종합소득공제(㉜)			소 득 세	주 민 세	농어촌특별세	계
	㉖배 우 자		㉟연 금 소 득 공 제		㊸결 정 세 액				
	㉗부 양 가 족(명)		㊱투자조합출자등소득공제		기납부세액	㊹종(전)근무지			
추가공제	㉘경 로 우 대(명)		㊲			㊺주(현)근무지			
	㉙장 애 자(명)		㊳		㊻차감납부할 세액				
	㉚부 녀 자		㊴종합소득과세표준						
㉛표 준 공 제		㊵산 출 세 액						
㉜종합소득공제계		㊶세 액 공 제						
㉝사업소득금액(㉓)		㊷						

위 원천징수세액(수입금액)을 영수(지급)합니다.

　　　년　　　월　　　일

징수(보고)의무자　　　　(서명 또는 인)
귀하

※ 1. 원천징수의무자는 수기작성 서식으로 제출하는 경우 지급일이 속하는 분기종료일의 다음달 말일까지 제출하여야 하며, 전산매체로 제출하는 경우 지급일이 속하는 연도의 다음 연도 2월말일까지 제출하면 됩니다.
　2. ㊻차감납부할 세액이 소액부징수에 해당하는 경우에는 세액을 "0"으로 기재합니다.
　3. 금액중 소수점이하 값은 버립니다.

4. ㉑적용소득률란은 아래의 소득률중 해당 소득률을 기록합니다.

	보험모집인	방문판매원	다단계판매원
·4천만원이하분	200/1000	240/1000	400/1000
·4천만원초과분	275/1000	336/1000	560/1000

22226-74331일
1999. 4. 7. 개정승인

297mm×210mm
(보존용지(1종) 70g/㎡)

[별지 제24호 서식(1)] (1999. 5. 7. 개정)   (제1쪽)

| 관리번호 | | ☐ 근로소득원천징수영수증
☐ 근 로 소 득 지 급 조 서
(발행자보고용) | 거 주 구 분 | 거주자 1, 비거주자 2 |
| | | | 내 · 외국인 | 내국인 1, 외 국 인 9 |

징 수 의무자	①법 인 명(상 호)		②대표자(성명)	③사업자등록번호	-	-	⑨귀속연도	년 월 일부터 년 월 일까지
	④주민(법인)등록번호	-	⑤소재지(주소)					
소득자	⑥성 명		⑦주민등록번호	-			⑩감면기간	년 월 일부터 년 월 일까지
	⑧주 소							

근무 처별 소득 명세	⑪근무처구분	⑫근 무 처 명	⑬사업자등록번호	과 세 대 상 급 여				비 과 세 소 득	⑱국 외 근 로	
				⑭급여총액	⑮상여총액	⑯인정상여	⑰계(㉓)		⑲야간근로수당등	
	(111) 주(현)								⑳기 타 비 과 세	
	(112) 종(전)								㉑ 계	
	(113) 종(전)								㉒최종월정액급여	
	(114) 합 계									

정 산 명 세

㉓과 세 대 상 급 여(⑰)		⑩차 감 소 득 금 액		세액 감면	⑯소 득 세 법				
㉔근 로 소 득 공 제		⑪연 금 소 득 공 제			⑰조세특례제한법				
㉕과세대상근로소득금액(㉓-㉔)		⑫현장기술인력소득공제			⑱				
	㉖본 인		⑬투자조합출자등소득공제			⑲감 면 세 액 계				
기본 공제	㉗배 우 자		⑭				소 득 세	농어촌특별세	주 민 세	계
	㉘부양가족(명)		⑮		⑯결 정 세 액				
	㉙경로우대(명)		⑯종합소득과세표준		기납부	⑪종(전)근무지				
추가 공제	㉚장 애 자(명)		⑰산 출 세 액		세 액	⑫주(현)근무지				
	㉛부 녀 자			⑱근 로 소 득		⑬차 감 징 수 세 액				
종 합 소 득 공 제	㉜자녀양육비(명)			⑲재 형 저 축						
	㉝소수공제자추가공제		세 액 공 제	⑳주 택 차 입 금		위의 원천징수액(근로소득)을 영수(지급)합니다.				
	㉞보 험 료			㉑외 국 납 부						
특별 공제	㉟의 료 비			㉒		년 월 일				
	㊱교 육 비			㉓						
	㊲주 택 자 금			㉔		징수(보고)의무자 (서명 또는 인)				
	㊳기 부 금			㉕세 액 공 제 계						
	㊴계(또는 표준공제)					귀하				

※ 1. 원천징수의무자는 지급일이 속하는 연도의 다음 연도 2월말일까지 지급조서를 관할세무서장에게 제출하여야 합니다.
   2. ⑬차감징수세액이 소액부징수에 해당하는 경우 "0"으로 기재합니다.

22226-61531일
1999. 4. 7. 개정승인

297㎜×210㎜
(보존용지(2종) 34g/㎡(재활용품)

[별지 제24호 서식(1)] (1999. 5. 7. 개정) (제2쪽)

관리번호	

□ 근로소득원천징수영수증
□ 근 로 소 득 지 급 조 서
(발행자보관용)

거 주 구 분	거주자 1, 비거주자 2
내 · 외국인	내국인 1, 외 국 인 9

징 수 의무자	①법 인 명(상 호)		②대표자(성명)		③사업자등록번호	- -
	④주민(법인)등록번호	-	⑤소재지(주소)			
소득자	⑥성 명		⑦주민등록번호	-		
	⑧주 소					

⑨귀속연도	년 월 일부터
	년 월 일까지
⑩감면기간	년 월 일부터
	년 월 일까지

근무처별 소득명세	⑪근무처구분	⑫근 무 처 명	⑬사업자등록번호	과세대상급여 ⑭급 여 총 액	⑮상 여 총 액	⑯인 정 상 여	⑰계(㉓)
	(111) 주(현)						
	(112) 종(전)						
	(113) 종(전)						
	(114) 합 계						

비과세소득	
⑱국 외 근 로	
⑲야간근로수당등	
⑳기 타 비 과 세	
㉑ 계	
㉒최종월정액급여	

정 산 명 세

㉓과 세 대 상 급 여(⑰)		㊵차 감 소 득 금 액	
㉔근 로 소 득 공 제		㊶연 금 소 득 공 제	
㉕과세대상근로소득금액(㉓-㉔)		㊷현장기술인력소득공제	
종합소득공제 기본공제 ㉖본 인		㊸투자조합출자등소득공제	
기본공제 ㉗배 우 자		㊹	
기본공제 ㉘부양가족(명)		㊺	
추가공제 ㉙경로우대(명)		㊻종합소득과세표준	
추가공제 ㉚장 애 자(명)		㊼산 출 세 액	
추가공제 ㉛부 녀 자		세액공제 ㊽근 로 소 득	
추가공제 ㉜자녀양육비(명)		세액공제 ㊾재 형 저 축	
㉝소수공제자추가공제		세액공제 ㊿주 택 차 입 금	
특별공제 ㉞보 험 료		세액공제 (51)외 국 납 부	
특별공제 ㉟의 료 비		세액공제 (52)	
특별공제 ㊱교 육 비		세액공제 (53)	
특별공제 ㊲주 택 자 금		세액공제 (54)	
특별공제 ㊳기 부 금		(55)세 액 공 제 계	
특별공제 ㊴계(또는 표준공제)			

세액감면 (56)소 득 세 법	
(57)조세특례제한법	
(58)	
(59)감 면 세 액 계	

	소 득 세	농어촌특별세	주 민 세	계
(60)결 정 세 액				
기납부세액 (61)종(전)근무지				
기납부세액 (62)주(현)근무지				
(63)차 감 징 수 세 액				

위의 원천징수액(근로소득)을 영수(지급)합니다.

년 월 일

징수(보고)의무자 (서명 또는 인)

귀하

※ 1. 원천징수의무자는 지급일이 속하는 연도의 다음 연도 2월말일까지 지급조서를 관할세무서장에게 제출하여야 합니다.
2. (63)차감징수세액이 소액부징수에 해당하는 경우 "0"으로 기재합니다.

22226-61532일
1999. 4. 7. 개정승인

297㎜×210㎜
(보존용지(2종) 34g/㎡(재활용품))

[별지 제24호 서식(1)] (1999. 5. 7. 개정)   (제3쪽)

<table>
<tr><td>관리번호</td><td colspan="2">☐ 근로소득원천징수영수증
☐ 근 로 소 득 지 급 조 서
(소득자보관용)</td><td>거 주 구 분</td><td>거주자 1, 비거주자 2</td></tr>
<tr><td></td><td></td><td></td><td>내 · 외국인</td><td>내국인 1, 외 국 인 9</td></tr>
</table>

징 수 의무자	①법 인 명(상 호)		②대표자(성명)	③사업자등록번호 □□□-□□-□□□□□	⑨귀속연도	년 월 일부터 년 월 일까지
	④주민(법인)등록번호		⑤소재지(주소)		⑩감면기간	년 월 일부터 년 월 일까지
소득자	⑥성 명		⑦주민등록번호 □□□□□□-□□□□□□□			
	⑧주 소					

과 세 대 상 급 여

근무처별 소득 명세	⑪근무처구분	⑫근 무 처 명	⑬사업자등록번호	⑭급여총액	⑮상여총액	⑯인정상여	⑰계(㉓)	비과세 소득	⑱국 외 근 로	
	(111) 주(현)								⑲야간근로수당등	
	(112) 종(전)								⑳기 타 비 과 세	
	(113) 종(전)								㉑ 계	
	(114) 합 계								㉒최종월정액급여	

정 산 명 세

㉓과 세 대 상 급 여 (⑰)		㊵차 감 소 득 금 액		세액 감면	㊻소 득 세 법				
㉔근 로 소 득 공 제		㊶연 금 소 득 공 제			㊼조세특례제한법				
㉕과세대상근로소득금액(㉓-㉔)		㊷현장기술인력소득공제			㊽				
기본 공제	㉖본 인		㊸투자조합출자등소득공제			㊾감 면 세 액 계				
	㉗배 우 자		㊹				소 득 세	농어촌특별세	주 민 세	계
	㉘부양가족(명)		㊺		㊿결 정 세 액					
추가 공제	㉙경로우대(명)		○46종합소득과세표준		기납부 세 액	○51종(전)근무지					
	㉚장 애 자(명)		○47산 출 세 액			○52주(현)근무지					
	㉛부 녀 자				○53차 감 징 수 세 액					
	㉜자녀양육비(명)		○48근 로 소 득							
㉝소수공제자추가공제		○49재 형 저 축		위의 원천징수액(근로소득)을 영수(지급)합니다.					
특별 공제	㉞보 험 료		세액 공제	○50주 택 차 입 금						
	㉟의 료 비			○51외 국 납 부		년 월 일				
	○36교 육 비			○52						
	○37주 택 자 금			○53		징수(보고)의무자 (서명 또는 인)				
	○38기 부 금			○54						
	○39계(또는 표준공제)		○55세 액 공 제 계		귀하					

※ 1. 원천징수의무자는 지급일이 속하는 연도의 다음 연도 2월말일까지 지급조서를 관할세무서장에게 제출하여야 합니다.
  2. ○53차감징수세액이 소액부징수에 해당하는 경우 "0"으로 기재합니다.

22226-61533일
1999. 4. 7. 개정승인

297㎜×210㎜
(보존용지(2종) 34g/㎡(재활용품)

[별지 제24호 서식(2)] (1999. 5. 7. 개정) (제1쪽)

<table>
<tr><td colspan="4" align="center">□ 퇴직소득원천징수영수증
□ 퇴 직 소 득 지 급 조 서
(발행자보고용)</td><td>거 주 구 분</td><td>거주자 1, 비거주자 2</td></tr>
<tr><td>관리번호</td><td></td><td></td><td></td><td>내 · 외국인</td><td>내국인 1, 외 국 인 9</td></tr>
</table>

징 수 의 무 자	①사업자등록번호		②법인명(상호)	③대표자(성 명)	
	④주민(법인)등록번호		⑤소재지(주소)		

소 득 자	⑥성 명	⑦주민등록번호	⑨귀 속 연 도	년 월 일부터
	⑧주 소			년 월 일까지

지 급 처 별 소 득 명 세	⑩지 급 처 구 분	⑪지 급 처 명	⑫사업자등록번호	⑬퇴 직 급 여	⑭명예퇴직수당 또는 추가퇴직급여	⑮퇴직보험금등	⑯계
	(101)주 (현)						
	(102)종 (전)						
	(103)종 (전)						
	(104) 합 계						

근 속 연 수	⑰주(현) 근무지	입 사 연 월 일	퇴 사 연 월 일	근속월수	⑱종(전) 근무지	입사연월일	퇴사연월일	근속월수	⑲중복월수	⑳근속연수
		. .	. .			. .	. .			

<table>
<tr><td colspan="4" align="center">정 산 명 세</td></tr>
<tr><td>㉑퇴 직 급 여 액</td><td></td><td>㉕연평균산출세액</td><td></td></tr>
<tr><td>㉒퇴 직 소 득 공 제</td><td></td><td>㉖산출세액(㉕×⑳)</td><td></td></tr>
<tr><td>㉓퇴 직 소 득 과 세 표 준</td><td></td><td>㉗세 액 공 제</td><td></td></tr>
<tr><td>㉔연평균과세표준(㉓÷⑳)</td><td></td><td>㉘결정세액(㉖-㉗)</td><td></td></tr>
</table>

위의 원천징수세액(수입금액)을 영수(지급)합니다.

년 월 일

	납 부 명 세			
구 분	소 득 세	농어촌특별세	주 민 세	계
㉙결 정 세 액(㉘)				
㉚종(전)근무지기납부세액				
㉛차감원천징수세액(㉙-㉚)				

징수(보고)의무자 (서명 또는 인)

귀하

※ 1. 원천징수의무자는 수기작성 서식으로 제출하는 경우 지급일이 속하는 분기종료일의 다음달 말일까지 제출하여야 하며, 전산매체로 제출하는 경우 지급일이 속하는 연도의 다음 연도 2월말일까지 제출하면 됩니다.
2. ⑭란에는 공무원의 경우는 명예퇴직수당을 기재하며, 근로기준법 제31조의 규정에 의한 퇴직자의 경우는 통상퇴직금외 추가로 받는 퇴직급여를 기재합니다.
3. ㉛차감원천징수세액이 소액부징수에 해당하는 경우에는 세액을 "0"으로 기재합니다.

22226-85431일
1999. 4. 7. 승인

297㎜×210㎜
(인쇄용지(2종) 34g/㎡(재활용품))

	□ 퇴직소득원천징수영수증		
관리번호	□ 퇴 직 소 득 지 급 조 서	거 주 구 분	거주자 1, 비거주자 2
	(발행자보관용)	내·외국인	내국인 1, 외 국 인 9

징 수 의무자	①사업자등록번호		②법인명(상호)		③대표자(성 명)	
	④주민(법인)등록번호		⑤소재지(주소)			

소득자	⑥성　　　명		⑦주민등록번호		⑨귀 속 연 도	년 월 일부터
	⑧주　　　소					년 월 일까지

지 급 처 별 소 득 명 세	⑩지급처구분	⑪지급처명	⑫사업자등록번호	⑬퇴직급여	⑭명예퇴직수당 또는 추가퇴직급여	⑮퇴직보험금등	⑯계
	(101)주　(현)						
	(102)종　(전)						
	(103)종　(전)						
	(104)　합　　계						

근 속 연 수	⑰주(현) 근무지	입사연월일	퇴사연월일	근속월수	⑱종(전) 근무지	입사연월일	퇴사연월일	근속월수	⑲중복월수	⑳근속연수
		. .	. .			. .	. .			

정 산 명 세

㉑퇴 직 급 여 액		㉕연평균산출세액	
㉒퇴 직 소 득 공 제		㉖산출세액(㉕×⑳)	
㉓퇴직소득과세표준		㉗세 액 공 제	
㉔연평균과세표준(㉓÷⑳)		㉘결 정 세 액(㉖-㉗)	

납 부 명 세

구　　　분	소 득 세	농어촌특별세	주 민 세	계
㉙결 정 세 액(㉘)				
㉚종(전)근무지기납부세액				
㉛차감원천징수세액(㉙-㉚)				

위의 원천징수세액(수입금액)을 영수(지급)합니다.

년　　　월　　　일

징수(보고)의무자　　　　　(서명 또는 인)

귀하

※ 1. 원천징수의무자는 수기작성 서식으로 제출하는 경우 지급일이 속하는 분기종료일의 다음달 말일까지 제출하여야 하며, 전산매체로 제출하는 경우 지급일이 속하는 연도의 다음 연도 2월말일까지 제출하면 됩니다.
　2. ⑭란에는 공무원의 경우는 명예퇴직수당을 기재하며, 근로기준법 제31조의 규정에 의한 퇴직자의 경우는 통상퇴직금외 추가로 받는 퇴직급여를 기재합니다.
　3. ㉛차감원천징수세액이 소액부징수에 해당하는 경우에는 세액을 "0"으로 기재합니다.

22226-85432일
1999. 4. 7. 승인

297㎜×210㎜
(인쇄용지(2종) 34g/㎡(재활용품))

□ 퇴직소득원천징수영수증
□ 퇴 직 소 득 지 급 조 서
(소득자보관용)

거 주 구 분	거주자 1, 비거주자 2
내 · 외국인	내국인 1, 외 국 인 9

징 수 의무자	①사업자등록번호		②법인명(상호)		③대표자(성 명)	
	④주민(법인)등록번호		⑤소재지(주소)			

소득자	⑥성　　　명		⑦주민등록번호		⑨귀 속 연 도	년 월 일부터
	⑧주　　　소					년 월 일까지

지 급 처 별 소 득 명 세	⑩지 급 처 구 분	⑪지 급 처 명	⑫사업자등록번호	⑬퇴 직 급 여	⑭명예퇴직수당 또는 추가퇴직급여	⑮퇴직보험금등	⑯계
	(101)주　(현)						
	(102)종　(전)						
	(103)종　(전)						
	(104)　합　　　계						

근 속 연 수	⑰주(현) 근무지	입 사 연 월 일	퇴 사 연 월 일	근속월수	⑱종(전) 근무지	입사연월일	퇴사연월일	근속월수	⑲중복월수	⑳근속연수

정 산 명 세

㉑퇴 직 급 여 액		㉕연평균산출세액	
㉒퇴 직 소 득 공 제		㉖산출세액(㉕×⑳)	
㉓퇴직소득과세표준		㉗세 액 공 제	
㉔연평균과세표준(㉓÷⑳)		㉘결 정 세 액(㉖-㉗)	

납 부 명 세

구　　　분	소 득 세	농어촌특별세	주 민 세	계
㉙결 정 세 액(㉘)				
㉚종(전)근무지기납부세액				
㉛차감원천징수세액(㉙-㉚)				

위의 원천징수세액(수입금액)을 영수(지급)합니다.

년　월　일

징수(보고)의무자　　　　　(서명 또는 인)

귀하

※ 1. 원천징수의무자는 수기작성 서식으로 제출하는 경우 지급일이 속하는 분기종료일의 다음달 말일까지 제출하여야 하며, 전산매체로 제출하는 경우 지급일이 속하는 연도의 다음 연도 2월말일까지 제출하면 됩니다.
2. ⑭란에는 공무원의 경우는 명예퇴직수당을 기재하며, 근로기준법 제31조의 규정에 의한 퇴직자의 경우는 통상퇴직금외 추가로 받는 퇴직급여를 기재합니다.
3. ㉛차감원천징수세액이 소액부징수에 해당하는 경우에는 세액을 "0"으로 기재합니다.

[별지 제11호 서식] (1996. 3. 30. 개정)　　　　　　　　　　　　　　　　　　　(적　색)

세 금 계 산 서 (공급자보관용)

책 번 호　　　권　　　호
일련번호　　□□ - □□□□

공급자	등 록 번 호		성 명 (대표자)		공급받는자	등 록 번 호		성 명 (대표자)
	상 호 (법인명)					상 호 (법인명)		
	사 업 장 주 소					사 업 장 주 소		
	업　　태	종 목				업　　태	종 목	

작 성	공 급 가 액	세　　액	비　고
연 월 일 공란수	백 십 억 천 백 십 만 천 백 십 일	십 억 천 백 십 만 천 백 십 일	

월	일	품 목	규 격	수 량	단 가	공급가액	세 액	비 고

합 계 금 액	현 금	수 표	어 음	외상미수금	이금액을 영수 함 청구

22226-28131일
1996. 2. 27. 승인

182mm × 128mm
인쇄용지(특급)34 g /㎡

[별지 제11호 서식] (1996. 3. 30. 개정)　　　　　　　　　　　　　　　　　　　(청　색)

세 금 계 산 서 (공급받는자보관용)

책 번 호　　　권　　　호
일련번호　　□□ - □□□□

공급자	등 록 번 호		성 명 (대표자)		공급받는자	등 록 번 호		성 명 (대표자)
	상 호 (법인명)					상 호 (법인명)		
	사 업 장 주 소					사 업 장 주 소		
	업　　태	종 목				업　　태	종 목	

작 성	공 급 가 액	세　　액	비　고
연 월 일 공란수	백 십 억 천 백 십 만 천 백 십 일	십 억 천 백 십 만 천 백 십 일	

월	일	품 목	규 격	수 량	단 가	공급가액	세 액	비 고

합 계 금 액	현 금	수 표	어 음	외상미수금	이금액을 영수 함 청구

22226-28132일
1996. 2. 27. 승인

182mm × 128mm
인쇄용지(특급)34 g /㎡

[제33호 서식(1)] (95. 3. 31 신설)

매출처별세금계산서합계표(갑)

(년 기)

※ 관리번호	—		
① 사업자등록번호	— —	② 상 호(법인명)	
③ 성 명(대표자)		④ 사업장소재지	
⑤ 업 태		⑥ 종 목	
⑦ 거래기간	년 월 일~ 년 월 일	⑧ 작성일자	년 월 일

구 분	⑨매출처수	⑩ 매수	⑪ 공 급 가 액 조 십억 백만 천 일	⑫ 세 액 조 십억 백만 천 일	비고
합 계					
사업자등록번호발행분					
주민등록번호발행분					

⑬ 일련번호	⑭ 사업자등록번호		⑮ 상 호(법인명)	⑯ 업 태	⑰ 종 목	비 고
	⑱ 매 수	⑲ 공란수	⑳ 공 급 가 액 조 십억 백만 천 일	㉑ 세 액 조 십억 백만 천 일		
	— —					
	— —					
	— —					
	— —					
	— —					

22226-54721일
'95. 1. 25 승인

㉒( )쪽
210mm×297mm
인쇄용지(특급)70g/㎡

관련서식 일람

〔제33호 서식(2)〕 (95. 3. 31 신설)

매출처별세금계산서합계표(을)

(년   기)

※ 관리번호		－	① 사업자등록번호		－ －

⑬ 일련번호	⑭ 사업자등록번호		⑮ 상 호(법인명)	⑯ 업 태	⑰ 종 목	비 고
	⑱ 매 수	⑲ 공란수	⑳ 공 급 가 액 조 십억 백만 천 일	㉑ 세 액 조 십억 백만 천 일		

〔별지 제36호 서식(1)〕 (95.3.31 신설)

매입처별세금계산서합계표(갑)

(년 기)

※ 관리번호		−		
① 사 업 자 등 록 번 호	− −	② 상 호 (법 인 명)		
③ 성 명 (대 표 자)		④ 사 업 장 소 재 지		
⑤ 업 태		⑥ 종 목		
⑦ 거 래 기 간	년 월 일 ~ 년 월 일	⑧ 작성일자		년 월 일

구 분	⑨ 매입 처수	⑩ 매수	⑪ 공 급 가 액 조 십억 백만 천 일	⑫ 세 액 조 십억 백만 천 일	비고
합 계					

⑬ 일련 번호	⑭ 사업자등록번호		⑮ 상 호 (법인명)	⑯ 업 태	⑰ 종 목	비 고
	⑱ 매 수	⑲ 공란수	⑳ 공 급 가 액 조 십억 백만 천 일	㉑ 세 액 조 십억 백만 천 일		
	− −					
	− −					
	− −					
	− −					
	− −					

㉒( )쪽

22226−66621일
'95. 1. 25 승인

210mm × 297mm
인쇄용지(특급)70g/㎡

매입처별세금계산서합계표(을)

(년 기)

※ 관 리 번 호	—		①사업자등록번호		—	—

⑬ 일 련 번 호	⑭사업자등록번호		⑮상 호(법 인 명)	⑯업 태	⑰종 목	비 고
	⑱매 수	⑲공 란 수	⑳공 급 가 액 조 십억 백만 천 일	㉑세 액 조 십억 백만 천 일		
	—	—				
	—	—				
	—	—				
	—	—				
	—	—				
	—	—				
	—	—				
	—	—				
	—	—				
	—	—				

※이 서식은 매입처별세금계산서합계표(갑)서식을 초과하는 매입처별거래분에 한하여 사용합니다. ㉒( )쪽

22226-66622일
1995. 1. 25. 승인

210mm×297mm
인쇄용지(특급)70 g /㎡

[별지 제12호 서식] (1999. 4. 8. 개정)   (1쪽)

<table>
<tr><td rowspan="2">부가가치세</td><td>□ 예 정　□ 확 정
□ 영세율등조기환급</td><td rowspan="2">신고서</td><td colspan="2">처리기간</td></tr>
<tr><td>관리번호 □□□□-□□□　신고기간 □□□□ 년□ 기 (　월 　일~ 　월 　일)</td><td colspan="2">즉 시</td></tr>
</table>

<table>
<tr><td rowspan="5">사
업
자</td><td>상　　　호</td><td></td><td>성　　명
(대표자명)</td><td></td><td colspan="2">사업자등록번호</td><td>□□□ - □□ - □□□□□</td></tr>
<tr><td>사업장소재지</td><td colspan="3"></td><td colspan="2">주민(법인)등록번호</td><td>□□□□□□ - □□□□□□□</td></tr>
<tr><td>주　　　소</td><td colspan="3"></td><td colspan="2">전화번호 (사업장)　　　(주소지)</td><td></td></tr>
<tr><td>업　　　태</td><td></td><td>종 목</td><td></td><td>총괄납부승인번호</td><td>□□□□□□□</td><td>개업연월일　　. . .</td></tr>
</table>

사업장 명세　　(※확정신고시 음식·숙박업 또는 서비스업 중 해당업종 사업자만 기재)

1. 기본사항(자·타가)　　　　　　　　　　②~⑤란은 음식·숙박업자만 기재합니다.

<table>
<tr><td colspan="2">①사 업 장</td><td rowspan="2">②객실수</td><td rowspan="2">③탁자수</td><td rowspan="2">④의자수</td><td rowspan="2">⑤주차장</td><td colspan="2">⑥종업원수</td><td colspan="2">⑦차 량</td><td rowspan="2">⑧기타</td></tr>
<tr><td rowspan="2">대 지</td><td>건 평</td><td>관리직</td><td>기 타</td><td>승용차</td><td>화물차</td></tr>
<tr><td>구 조　규 모</td><td></td><td></td><td></td><td></td><td></td><td></td><td></td><td></td><td></td></tr>
<tr><td>평</td><td>평</td><td>개</td><td>개</td><td>개</td><td>유·무</td><td>명</td><td>명</td><td>대</td><td>대</td><td></td></tr>
</table>

2. 기본경비(6월, 12월 기준)　　　　　　　　　　　　　　　　　　　(단위:천원)

<table>
<tr><td colspan="2">⑨임 차 료</td><td rowspan="2">⑩전기·가스료</td><td rowspan="2">⑪수 도 료</td><td rowspan="2">⑫인 건 비</td><td rowspan="2">⑬기 타</td><td rowspan="2">⑭월기본경비계</td></tr>
<tr><td>보 증 금</td><td>월 세</td></tr>
<tr><td></td><td></td><td></td><td></td><td></td><td></td><td></td></tr>
</table>

<table>
<tr><td rowspan="4">부가가치세법 제18조·제19조 또는 제24조 및 동법시행령 제64조·제65조 또는 제73조의 규정에 의하여 신고합니다.

　　　　　　년　　　월　　　일

　　　신고인　　　　　　　　　(서명 또는 인)

　세무서장 귀하</td><td>수 납 인</td></tr>
<tr><td></td></tr>
<tr><td>수 수 료</td></tr>
<tr><td>없 음</td></tr>
</table>

<table>
<tr><td>세무대리인</td><td>성 명</td><td></td><td>관리번호</td><td></td><td>전화번호</td><td></td></tr>
</table>

구비서류 :　1. 매출·매입처별 세금계산서합계표　　2. 영세율첨부서류　3. 사업설비투자실적명세서
　　　　　　4. 매입처별계산서합계표 영수증·의제매입세액공제신고서　　5. 대손세액공제신고서
　　　　　　6. 매입세액 불공제분 계산근거　7. 사업자등록증(폐업신고시 첨부)
　　　　　　8. 주사업장 총괄납부를 하는 경우 사업장별 부가가치세 과세표준 및 납부세액(환급세액) 신고명세서
　　　　　　9. 기타서류

접수증(부가가치세 □예정 □확정 □영세율등조기환급 신고서)

<table>
<tr><td>상　　　호</td><td></td><td>성　　명</td><td></td></tr>
<tr><td colspan="4">구 비 서 류</td></tr>
<tr><td>1. 매출·매입처별 세금계산서합계표</td><td>( )</td><td>2. 영세율첨부서류</td><td>( )</td></tr>
<tr><td>3. 사업설비투자실적명세서</td><td>( )</td><td>4. 매입처별계산서합계표 영수증·의제매입세액공제신고서</td><td>( )</td></tr>
<tr><td>5. 대손세액공제신고서</td><td>( )</td><td>6. 매입세액 불공제분 계산근거</td><td>( )</td></tr>
<tr><td>7. 사업자등록증(폐업신고시 첨부)</td><td>( )</td><td>8. 사업장별 부가가치세 과세표준 및 납부세액(환급세액) 신고명세서</td><td>( )</td></tr>
<tr><td>9. 기타서류</td><td>( )</td><td></td><td></td></tr>
<tr><td>접 수 번 호</td><td></td><td>접 수 일 자</td><td>　　　　접 수 자</td></tr>
</table>

22226-06811민　　　　　　　　　　　　　　　　　　　　　　　　210mm×297mm
1998. 1. 16. 승인　　　　　　　　　　　　　　　　　　　　　　(일반용지 60g/㎡)

관련서식 일람

사업자등록번호 ☐☐☐ - ☐☐ - ☐☐☐☐☐   * 사업자등록번호는 반드시 기재하시기 바랍니다.

신 고 내 용					
구 분			금 액	세 율	세 액
과세표준및매출세액	과세	세금계산서 ①		$\frac{10}{100}$	
		기 타 ②		$\frac{10}{100}$	
	영세율	세금계산서 ③		$\frac{0}{100}$	
		기 타 ④		$\frac{0}{100}$	
	예정신고누락분 ⑤				
	대손세액가감 ⑥				
	합 계 ⑦			㉮	
매입세액	세금계산서	일반매입 ⑧			
		고정자산매입 ⑨			
	기타공제매입세액 ⑩				
	합 계(⑧+⑨+⑩) ⑪				
	공제받지못할매입세액 ⑫				
	차 감 계 (⑪-⑫) ⑬			㉯	
납 부(환 급)세 액 (매출세액㉮ - 매입세액㉯)				㉰	
경감·공제세액	택 시 경 감 세 액 ⑭				
	성실신고사업자경감세액 ⑮				
	POS도입사업자 등에 대한 경감세액 ⑯			4쪽참조	
	신용카드매출전표 발행 공제 ⑰				
	예정신고기간고지세액 ⑱				
	예정신고기간미환급세액 ⑲				
	합 계 ⑳			㉱	
가 산 세 계 ㉑				㉲	
차 가 감 납 부 할 세 액(환급받을 세액) (㉰-㉱+㉲) ㉒					

과 세 표 준 명 세		
업 태	종	목
업 종 코 드	금	액
㉓		
㉔		
㉕		
㉖		
㉗ 기 타		
㉘ 합 계		

국 세 환 급 금 계 좌 신 고	
거 래 은 행	은행 지점
계 좌 번 호	
폐 업 신 고	
폐 업 연 월 일	
폐 업 사 유	

22226-06812민
1998. 1. 16. 승인

210mm×297mm
(일반용지 60g/㎡)

이 쪽은 해당 사항이 있는 사업자만 사용합니다.

사업자등록번호 ☐☐☐-☐☐-☐☐☐☐☐   * 사업자등록번호는 반드시 기재하시기 바랍니다.

⑤ 예정신고 누락분 명세

구 분			금 액	세 율	세 액
과세	세 금 계 산 서	㉙		$\frac{10}{100}$	
	기 타	㉚		$\frac{10}{100}$	
영세율	세 금 계 산 서	㉛		$\frac{0}{100}$	
	기 타	㉜		$\frac{0}{100}$	
합 계		㉝			

⑩ 기타 공제매입세액 명세

구 분		금 액	세 율	세 액
신용카드매출전표이면확인분	㉞			
의 제 매 입 세 액	㉟		$\frac{3}{103}$	
재활용 폐자원등 매입세액	㊱		$\frac{10}{110}$	
재 고 매 입 세 액	㊲			
변 제 대 손 세 액	㊳			
합 계	㊴			

⑫ 공제받지 못할 매입세액 명세

구 분		금 액	세 액
공제받지 못할 매입세액	㊵		
공통매입세액 면세사업분	㊶		
대 손 처 분 받 은 세 액	㊷		
합 계	㊸		

㉑ 가 산 세 명 세

구 분		금 액	세 율	세 액
사 업 자 미 등 록	㊹		5쪽 참조	
세금계산서합계표제출불성실	㊺		5쪽 참조	
신 고 불 성 실	㊻		$\frac{10}{100}$	
납 부 불 성 실	㊼		$\frac{5 \times (경과일수)}{10,000}$	
영세율과세표준신고불성실	㊽		$\frac{1}{100}$	
합 계	㊾			

		업 태	종 목	코 드 번 호	금 액
면세수입금액	㊿				
	⑤				
	㉒	계			

22226-06813민
1998. 1. 16. 승인

210mm×297mm
(일반용지 60g/m²)

관련서식 일람

[별지 제37호서식] (1999. 4. 8. 개정)　　　　　　　　　　　　　　　　　　　　　(1쪽)

간이과세자 부가가치세 □예정 □확정 신고서

| 처리기간 | 즉　　시 |

| 관리번호 | | - | | 신고기간 | | 년 | 기 (월 일 ~ 월 일) |

사업자	상　　호		성　명 (대표자명)		사업자등록번호	- -
	사업장소재지			주민(법인)등록번호	-
	주　　소		전화번호 (사업장)　　(주소지)	
	업　　태		종 목		개업연월일	. . .

❶ 사업장 명세　　(※확정신고시 음식·숙박업 또는 서비스업중 해당업종 사업자만 기재)

1. 기본사항(자·타가)　　　　　　　　　　②~⑤란은 음식·숙박업자만 기재합니다.

①사 업 장			②객실수	③탁자수	④의자수	⑤주차장	⑥종업원수		⑦차　량		⑧기타
대지	건 평						관리직	기 타	승용차	화물차	
	구조	규모									
평		평	개	개	개	유·무	명	명	대	대	

2. 기본경비(6월, 12월 기준)　　　　　　　　　　　　　　　　　　　　　　(단위:천원)

⑨임 차 료		⑩전기·가스료	⑪수 도 료	⑫인 건 비	⑬기 타	⑭월기본경비계
보 증 금	월 세					

부가가치세법 시행령 제75조 (제2항 / 제5항) 의 규정에 의하여 신고합니다.

년　　　월　　　일

신고인　　　　　　　　　　(서명 또는 인)

세무서장 귀하

| 수 납 인 | |
| 수 수 료 | 없　음 |

| 세무대리인 | 성　명 | | 관리번호 | | 전화번호 | |

구비서류 :　1. 매입처별 세금계산서합계표 또는 매입세금계산서　　2. 영세율첨부서류
　　　　　　　3. 사업자등록증(폐업신고시 첨부)　　　　　　　　　4. 기타 서류

접수증(간이과세자 부가가치세 □예정 □확정 신고서)

| 상　　호 | | 성　　명 | |

구 비 서 류

1. 매입처별 세금계산서합계표 또는 매입세금계산서　(　)　　2. 영세율첨부서류　(　)

3. 사업자등록증(폐업신고시 첨부)　　　　　　(　)　　4. 기타 서류　　　(　)

| 접 수 번 호 | | 접 수 일 자 | | 접 수 자 | |

22226-72411민
1998. 1. 16. 승인

210mm×297mm
(일반용지 60g/㎡)

사업자등록번호 ☐☐☐-☐☐-☐☐☐☐☐　　　* 사업자등록번호는 반드시 기재하시기 바랍니다.

❷ 신 고 내 용

구　　　분				금　　액	부가가치율	세　율	세　　　액
과세표준및납부세액	과세		①			$\frac{10}{100}$	
			②			$\frac{10}{100}$	
			③			$\frac{10}{100}$	
	영세율		④			$\frac{0}{100}$	
	재 고 납 부 세 액		⑤				
	합　　　　　계		⑥			㉮	
가 　산　 세 　계			⑦	2쪽참조		㉯	
공제세액	매입세금계산서등의세액공제		⑧			2쪽참조	
	성실신고사업자경감세액		⑨				
	POS도입사업자 등에 대한 경감세액		⑩				
	신용카드매출전표 발행 공제		⑪				
	예정신고기간고지(납부)세액		⑫				
	합　　　　　계		⑬			㉰	
차가감 납부할 세액(환급받을 세액) (㉮+㉯-㉰)						⑭	

❸ 과 세 표 준 명 세

업　　　　태	종　　　목	업 종 코 드	금　　　액
⑮			
⑯			
⑰			
⑱ 기　　　　타 （수입금액제외분）			
⑲ 합　　　계			

❹ 면 세 수 입 금 액

업　　　　태	종　　　목	업 종 코 드	금　　　액
⑳			
㉑			
㉒ 합　　　계			

❺ 폐 업 신 고	폐 업 연 월 일	．　　　．	폐 업 사 유	

22226-72411민
1998. 1. 16. 승인

210mm×297mm
（일반용지　60g/㎡）

관련서식 일람

[별지 제28호 서식(2)] (1995. 5. 3. 개정)　　　　　　　　　　　　　　　　　　（청　색）

계　산　서(공급자보관용)

책 번 호　　　　권　　　호
일련번호　　　□□ - □□□□

| 공급자 | 등 록 번 호 | | - | | - | | | 공급받는자 | 등 록 번 호 | | - | | - | | |

	상호(법인명)	성 명		상호(법인명)	성 명
	사업장주소			사업장주소	
	업　태	종　목		업　태	종　목

작　성			공　급　가　액									비　고
년	월	일	공란수	십	억	천	백	십	만	천	백	십	일	

월	일	품　목	규 격	수 량	단 가	공 급 가 액	비　고

합 계 금 액	현　금	수　표	어　음	외상미수금	이 금액을 영수함 청구

22226-61922일
1995. 3. 14. 승인

182㎜×128㎜
(인쇄용지(특급) 34g/㎡)

[별지 제28호 서식(1)] (1995. 5. 3. 개정)　　　　　　　　　　　　　　　　　　（청　색）

계　산　서(공급받는자보관용)

책 번 호　　　　권　　　호
일련번호　　　□□ - □□□□

| 공급자 | 등 록 번 호 | | - | | - | | | 공급받는자 | 등 록 번 호 | | - | | - | | |

	상호(법인명)	성 명		상호(법인명)	성 명
	사업장주소			사업장주소	
	업　태	종　목		업　태	종　목

작　성			공　급　가　액									비　고
년	월	일	공란수	십	억	천	백	십	만	천	백	십	일	

월	일	품　목	규 격	수 량	단 가	공 급 가 액	비　고

합 계 금 액	현　금	수　표	어　음	외상미수금	이 금액을 영수함 청구

22226-61921일
1995. 3. 14. 승인

182㎜×128㎜
(인쇄용지(특급) 34g/㎡)

[별지 제29호 서식(1)] (1997. 4. 23. 개정)　　　　　　　　　　　　　　　　(앞 쪽)

매출처별계산서합계표(갑)

※　관리번호	—		（　　　　년 귀속）
①사업자등록번호		②상호 (법인명)	
③성　명 (대표자)		④사업장소재지	
⑤업　　　태		⑥종　　　목	
⑦거 래 기 간	년　월　일~　년　월　일	⑧작성일자	

구　　분	⑨매출처수	⑩매 수	⑪매 출 (수 입) 금 액	비　　고
합　　계				
사업자등록번호 발　행　본				
주민등록번호 발　행　본				

⑫일련번호	⑬상 호 (법인명) ⑰사　업　장	⑭ 사업자 등록번호 ⑱매 수	⑮업 태 ⑲ 공란수	⑯종 목 ⑳매출(수입)금액	비　고
		－ －			
		－ －			
		－ －			

㉑(　　　)쪽

22226-62021일
1997. 2. 20. 개정

210㎜×297㎜
(보존용지(1종) 70g/㎡)

관련서식 일람

매출처별계산서합계표(을)

※ 관리번호	—		(년귀속)
① 사업자등록번호		②상호(법인)	③성명

⑫ 일련 번호	⑬ 상 호 (법인명)	⑭사 업 자 등 록 번 호	⑮업 태	⑯종 목	비 고
	⑰사 업 장	⑱매 수	⑲공 란 수	⑳매 출(수입)금 액	
		—	—		
		—	—		
		—	—		
		—	—		
		—	—		
		—	—		
		—	—		
		—	—		

22226-62021일
1995. 12. 22. 승인

㉑( )쪽
210mm×297mm
인쇄용지(특급) 70g/㎡

[별지 제29호 서식(2)] (1995. 12. 30. 개정)　　　　　　　　　　　　　　　　　　　　(앞 쪽)

매입처별계산서합계표(갑)

※ 관리번호	—	(　　　 년 귀속)

①사업자등록번호		②상 호 (법인명)	
③성 명 (대표자)		④사업장소재지	
⑤업　　　　태		⑥종　　　　목	
⑦거 래 기 간	년 월 일~ 년 월 일	⑧작성일자	

구　　　　분	⑨매 입 처 수	⑩매 수	⑪매 입 금 액	비　　　고
합　　　　계				

⑫일련 번호	⑬상 호 (법인명)	⑭사업자등록번호	⑮업 태	⑯종 목	비　고
	⑰사 업 장	⑱매 수	⑲공 란 수	⑳매 입 금 액	

22226-62022일
1995. 12. 22. 승인

㉑(　)쪽
210㎜×297㎜
인쇄용지(특급)70g/㎡

[별지 제29호 서식(2)] (1995. 12. 30. 개정)

매입처별계산서합계표(을)

※ 관리번호	—		(년귀속)

① 사업자등록번호		②상호(법인)		③성명	

⑫ 일련 번호	⑬ 상 호 (법인명)	⑭사 업 자 등 록 번 호	⑮업 태	⑯종 목	비 고
	⑰사 업 장	⑱매 수	⑲공 란 수	⑳매 입 금 액	
		—	—		
		—	—		
		—	—		
		—	—		
		—	—		
		—	—		
		—	—		

【별지 제42호 서식】 (앞쪽)

관리번호		**영세율첨부서류제출명세서**		

(년 기)

①사업자등록번호		②상호(법인명)	
③성명(대표자)		④사업장소재지 (☎)	
⑤업태(종목)			
⑥거래기간	~	⑦작성일자	

⑧일련번호	⑨ 서류명	⑩ 발급자	⑪발급일자	⑫선적일자	⑬통화코드	⑭ 환율	당기제출금액		당기신고해당분		19 비고
							⑮외화	16 원화	17 외화	18 원화	
합계											

22226-80111일
1999.2.24승인

210㎜×297㎜
(신문용지 54g/㎡)

관련서식 일람

[별지 제84호 서식] (1999. 5. 7. 개정) (앞 쪽)

<table>
<tr><td rowspan="2">관리번호　　－</td><td colspan="2">자 산 양 도 차 익 예 정
양도소득세과세표준확정</td><td>신고 및 자진납부계산서</td></tr>
</table>

신고인	①성 명 (한글)		(한자)			②주민등록번호			
	③주 소						(☎　　　)		

④자 산 구 분	코드	합 계	국내분 소 계	－	－	－	－	－	국외분 소 계
⑤양 도 소 득 금 액									
⑥당해연도현재까지신고또는결정된 양도소득금액합계액(누계)									
⑦양 도 소 득 기 본 공 제									
⑧과 세 표 준									
⑨세 율									
⑩산 출 세 액									
⑪감 면 세 액									
⑫토 지 초 과 이 득 세 공 제									
⑬기 납 부 세 액 (산출세액)									
⑭외 국 납 부 세 액 공 제									
⑮예 정 신 고 납 부 세 액 공 제									
⑯수 정 신 고 가 산 세									
⑰자 진 납 부 할 세 액									
⑱분 납 (물납) 할 세 액									
⑲자 진 납 부 세 액									
⑳환 급 세 액									

농어촌특별세자진납부계산서

구 분	금 액
㉑소 득 세 감 면 세 액	
㉒세 율	
㉓산 출 세 액	
㉔기 납 부 세 액 (산출세액)	
㉕수 정 신 고 가 산 세	
㉖자 진 납 부 할 세 액	
㉗분 납 할 세 액	
㉘자 진 납 부 세 액	
㉙환 급 세 액	

　　년　월　일
한국은행　　점
우체국 수입공무원
세입징수관(세무서장)　.　　　귀하

영 수 인

소득세법 제105조·제110조, 국세기본법 제45조 및 농어촌특별세법 제7조의 규정에 의하여(예정·확정·수정)신고합니다.
　　　년　월　일
신고인　　　　　　(서명 또는 인)
세무대리인　　　　(서명 또는 인)
(관리번호 :　　　　　　)
　　　　　세무서장 귀하

구 비 서 류	○양도소득금액계산명세서 1부 ○주민등록표등본 1통 ○양도자산의 등기·등록관련 　서류등본 1통	○매매계약서 필요경비증명서류 각 1부 ○감면신청서 1부 ○토지초과이득세의 부과사실을 확인할 　수 있는 서류 1부	수 수 료 없 음

22226-67621일
1999. 4. 7. 개정승인

210mm×297mm
(일반용지 60g/m^2(재활용품))

양도소득금액계산명세서

관리번호	—

양 도 자 산

① 자 산 구 분	코드	합 계	—	—	—	—
② 소 재 지						
③ 자 산 종 류						

양 도 가 액 계 산

④ 양 도 일 자					
⑤ 양 도 면 적					
⑥ 분 류 번 호 및 가 액					
⑦ 공 시 지 가					
⑧ 양 도 가 액					

취 득 가 액 및 공 제 액 계 산

⑨ 취 득 일 자					
⑩ 취 득 면 적					
⑪ 등 급	취 득 당 시				
	'90. 8. 30.				
	'90. 8. 30. 직 전				
⑫ 시 가 표 준 액	적 용 비 율 및 가 액				
	분 류 번 호 및 가 액				
⑬ 공시지가	취 득 당 시				
	'90. 1. 1.				
⑭ 지정지역 아 파 트	최 초 고 시 당 시 기 준 시 가				
	취 득 당 시 기 준 시 가				
⑮ 취 득 가 액					
⑯ 필 요 경 비					
⑰ 양 도 차 익					
⑱ 장 기 보 유 특 별 공 제					
⑲ 양 도 소 득 금 액					

22226-67622일
1999. 4. 7. 개정승인

210mm×297mm
(일반용지 60g/㎡(재활용품))

〔별지 제2호(을) 서식〕 (93. 12. 31 개정)

증권거래세과세표준신고서 (법 제3조 제3호 납세의무자용)		처 리 기 간
		즉 시

납의무세자	①상 호 (법인명)		②주민(법인) 등록번호	
	③성 명 (대표자)		④납 세 지	

거 래 자 인 적 사 항					
양도자	⑤성 명(대표자)		양수자	⑥성 명(대표자)	
	⑦상 호(법인명)			⑧상 호(법인명)	
	⑨주민(법인)등록 번호			⑩주민(법인)등록 번호	
	⑪주소(본점 소재지)			⑫주소(본점 소재지)	
	⑬(사업장)소재지			⑭(사업장)소재지	
	⑮사업자등록번호			⑯사업자등록번호	

신 고 내 용							
양도 년월일	주권등의 종 류	주식수	단 가	양도금액	세 율	세 액	비고
					5/1000		
					5/1000		
					5/1000		
합 계							

증권거래세법 제10조 제1항의 규정에 의하여 증권거래세의 과세표준과 세액을 신고합니다.

년   월   일

신고인   (서명 또는 인)

세 무 서 장   귀하

수 납 인
수 수 료
없   음

구비서류 : 주권·출자지분 매매계약서 사본 1부

22226 - 64022민   　　　　　　210mm × 297mm
'93. 12. 23 승인   　　　　　　인쇄용지(특급) 70g/㎡

부 동 산 임 대 공 급 가 액 명 세 서

부동산소재지				
상호(빌딩명)		사업자등록번호	
성명(소유자)		주민등록번호	

수 입 금 액 내 용 (기간 :　월 ~　월)

층　별		임 차 인			임 대 계 약 내 용				임 대 료 수 입 금 액(단위 : 원)		
층	호 수	상　호 (성 명)	면 적 (평)	용　도	보 증 금	월 세 등	입 주 일 퇴 거 일	계 (과세표준)	간　주 임 대 료	월 세 등
합　계										

관련서식 일람

[별지 제9호 서식] (1999. 5. 7. 개정)   (앞 쪽)

상속세과세표준신고 및 자진납부계산서

① 관리번호	—

신고인	② 성 명		③ 주민등록번호	
	④ 주 소	(☎)	피상속인과의 관계	
피상속인	⑤ 성 명		⑥ 주민등록번호	
	⑦ 주 소			

⑧ 상속개시원인		⑨ 상속개시일	

구 분	금 액	구 분	금 액
⑩ 상 속 세 과 세 가 액		㉔ 문 화 재 등 징 수 유 예 세 액	
⑪ 공 제 금 액 계		㉕ 세 액 공 제 계	
⑫ 법 제18조 제1항 기초공제		㉖ 법 제28조 증여세액공제	
⑬ 법 제20조 기타인적공제	계	㉗ 법 제29조 외국납부세액공제	
	자 녀 공 제	㉘ 법 제30조 단기재상속세액공제	
	미 성 년 자 공 제	㉙ 법 제69조 신고세액공제	
	연 로 자 공 제	㉚ 기 타 공 제	
	장 애 인 공 제	㉛ 신 고 납 부 세 액	
⑭ 법 제21조 일괄공제		납 부 방 법	납부 및 신청일자	금 액
⑮ 법 제18조제2항 추가공제	가 업 상 속 공 제	㉜ 현 금	
	영 농 상 속 공 제	㉝ 연 부 연 납	
⑯ 법 제19조 배우자공제		㉞ 물 납	
⑰ 법 제22조 금융재산공제			
⑱ 법 제23조 재해손실공제			
⑲ 과 세 표 준 (⑩-⑪)			
⑳ 세 율			
㉑ 산 출 세 액			
㉒ 법 제27조 세대생략가산액			
㉓ 산 출 세 액 계(㉑+㉒)			

상속세및증여세법 제67조 및 동법시행령 제64조제1항의 규정에 의하여 상속세과세표준신고 및 자진납부계산서를 제출합니다.

년 월 일

신고인   (서명 또는 인)
세무대리인   (서명 또는 인)
(관리번호 :   )

세무서장   귀하

※ 구비서류
 1. 피상속인 및 상속인의 호적등본과 주민등록표등본
 2. 상속세과세가액계산명세서(부표 1)
 3. 상속인별 상속재산 및 평가명세서(부표 2)
 4. 공과금·장례비용·채무명세서(부표 3)

22226-75411일   210㎜×297㎜
1999. 1. 28. 승인   (신문용지 54g/㎡)

상속세과세가액 계산명세서

① 관리번호	—

가. 상속받은 총재산명세

② 재산종류	③ 소 재 지	④수량(면적)	⑤ 가 액	⑥ 비 고
⑦ 계				

나. 상속세과세가액 계산

총 상 속 재 산 가 액	⑧ 상 속 재 산 가 액	
	⑨ 법 제5조 상속개시전 처분재산등 산입액	
	⑩ 합 계	
⑪ 법 제13조 증 여 재 산 가 산 액		
법 제12조 비 과 세 재 산 가 액	⑫ 계	
	⑬ 민법 제1008조의3 금양임야등가액	
	⑭ 문 화 재 가 액	
	⑮ 기 타	
과 세 가 액 불 산 입 액	⑯ 계	
	⑰ 법 제16조 공익법인출연재산가액	
	⑱ 법 제17조 공익신탁재산가액	
	⑲ 기 타	
법 제14조 공 제 금 액	⑳ 계	
	㉑ 공 과 금	
	㉒ 장 례 비 용	
	㉓ 채 무	
㉔ 상 속 세 과 세 가 액		

※ 작성방법

1. ⑥란에는 ⑧⑨⑪⑬⑭⑮⑰⑱⑲에 해당되는 재산의 경우에 그 해당번호를 기재합니다. 비과세 재산과 과세가액불산입재산의 경우 그 해당번호와 ⑧을 중복하여 기재합니다.
2. ⑧란에는 본래의 상속재산가액에 법 제8조 내지 제10조의 상속재산을 합산한 금액을 기재합니다.
3. ㉑~㉓란에는 [별지 제9호서식 부표 3]의 각 해당금액을 기재합니다.
4. ㉔란에는 [(⑩+⑪)-(⑫+⑯+⑳)]의 금액을 기재합니다.

22226-75511일
1999. 1. 28. 승인

210㎜×297㎜
(신문용지 54g/㎡)

상속인별 상속재산 및 평가명세서

가. 상속인별 상속현황

①피상속인과의 관계	②성 명	③주민등록번호	④주 소	⑤법정상속지분율	⑥법정상속재산가액
				⑦실제상속지분율	⑧실제상속재산가액

나. 상속재산명세

⑨종류	⑩소 재 지	⑪수량(면적)	⑫단 가	⑬평가가액	⑭평가기준
계					

※ 작성방법

1. 위 명세서는 상속인별 별지로 작성합니다.

2. ⑤란의 법정상속지분율은 $\dfrac{\text{당해상속인지분}}{\text{총상속지분}}$ 으로 표시하여 기재합니다.

3. ⑥란에는 [별지 제9호서식 부표 1]의 (⑩+⑪)란의 금액에서 상속인이 아닌 수유자가 유증 등을 받은 재산가액과 동 ⑫·㉑ 및 ㉓란의 금액을 차감한 금액에 대하여 ⑤란의 법정 상속지분을 곱하여 계산한 금액을 기재합니다.

4. ⑭란은 시가·기타로 구분하여 기재합니다.

22226-75611일
1999. 1. 28. 승인

210㎜×297㎜
(신문용지 54g/㎡)

공 과 금 · 장 례 비 용 · 채 무 명 세 서

<table>
<tr><td rowspan="2">공 제 금</td><td rowspan="5">채 무</td><td rowspan="2">①종 류</td><td rowspan="2">②발생연월일</td><td colspan="3">채 권 자</td><td rowspan="2">⑥금 액</td></tr>
<tr><td>③성 명
(대표자)</td><td>④주민등록번호
(사업자등록번호)</td><td>⑤주 소
(소 재 지)</td></tr>
<tr><td></td><td></td><td></td><td></td><td></td><td></td></tr>
<tr><td></td><td></td><td></td><td></td><td></td><td></td></tr>
<tr><td>계</td><td></td><td></td><td></td><td></td><td></td></tr>
<tr><td rowspan="4">공 과 금</td><td>⑦구 분</td><td>⑧연 도 별</td><td colspan="2">⑨기 분 별</td><td colspan="2">⑩금 액</td></tr>
<tr><td></td><td></td><td colspan="2"></td><td colspan="2"></td></tr>
<tr><td></td><td></td><td colspan="2"></td><td colspan="2"></td></tr>
<tr><td>계</td><td></td><td colspan="2"></td><td colspan="2"></td></tr>
<tr><td rowspan="4">장 례 비 용</td><td colspan="4">⑪지 출 내 역</td><td colspan="2">⑫금 액</td></tr>
<tr><td colspan="4"></td><td colspan="2"></td></tr>
<tr><td colspan="4"></td><td colspan="2"></td></tr>
<tr><td colspan="4">계</td><td colspan="2"></td></tr>
<tr><td colspan="2">⑬총 공 제 금 액</td><td colspan="5"></td></tr>
</table>

※ 구비서류 : 채무 · 공과금 · 장례비에 해당함을 입증할 수 있는 서류

※ 채무 · 공과금은 상속개시 당시의 현황에 의하여 기재합니다.

22226-75711일
1997. 2. 25. 제정

210mm×297mm
(신문용지 54g/㎡)

[별지 제10호 서식] (1999. 5. 7. 개정)　　　　　　　　　　　　　　　　　　　　　　(앞 쪽)

증여세과세표준신고 및 자진납부계산서

① 관리번호	－

수증자	② 성　명		③ 주민등록번호	
	④ 주　소			(☎　　　　)
증여자	⑤ 성　명		⑥ 주민등록번호	
	⑦ 주　소	(☎　　　　)	⑧수증자와의 관계	

증　여　재　산

⑨증여일	⑩종　류	⑪소재지	⑫수량(면적)	⑬단가	⑭금액
계					

구　분	금　액	구　분	금　액
⑮ 증 여 재 산 가 액		㉜ 문화재등징수유예세액	
⑯ 법제47조제2항 증여재산가산액		㉝ 세 액 공 제 계	
⑰ 비 과 세 재 산 가 액		㉞ 법　제58조　기납부세액공제	
과세가액불산입 ⑱ 법제48조공익법인출연재산가액		㉟ 법　제59조　외국납부세액공제	
⑲ 법제52조공익신탁재산가액		㊱ 법　제69조　신고세액공제	
⑳ 법제52조의2장애인증여재산가액		㊲ 기 타 공 제·감 면 세 액	
㉑ 채 무 액		㊳ 신 고 납 부 세 액	
㉒ 증 여 세 과 세 가 액 (⑮+⑯-⑰-⑱-⑲-⑳-㉑)		납부방법　납부 및 신청일자　금　액	
법 제53조 증여재산공제 ㉓ 배 우 자		㊴ 현 금	
㉔ 직 계 존 비 속		㊵ 연 부 연 납	
㉕ 기 타 친 족		㊶ 물 납	
㉖ 법　제54조　재해손실공제		상속세및증여세법 제68조 및 동법시행령 제65조제1항의 규정에 의하여 증여세과세표준신고 및 자진납부계산서를 제출합니다.	
㉗ 과 세 표 준			
㉘ 세 율		년　월　일	
㉙ 산 출 세 액		신 고 인　　　(서명 또는 인)　세무대리인　(서명 또는 인)	
㉚ 법　제57조　세대생략가산액		(관리번호 :　　　)	
㉛ 산 출 세 액　계(㉙+㉚)		세무서장　귀하	

※ 구비서류
1. 증여자 및 수증자의 호적등본 및 주민등록표등본
2. 증여재산명세서 및 평가명세서(부표)
3. 채무사실등 기타 입증서류

[별지 제10호 서식 부표] (1999. 5. 7. 개정)

증여재산 및 평가명세서

① 재산구분	② 재산종류	③ 소 재 지	④ 수량(면적)	⑤단 가	⑥평가가액	⑦평가기준

※ 작성방법

1. ①란의 재산구분란에는 [별지 제10호서식]의 ⑮·⑯·⑰·⑱·⑲·⑳의 해당번호를 기재합니다. 비과세재산과 과세가액불산입재산의 경우 그 해당번호와 ⑮를 중복하여 기재합니다.

2. ⑦란의 평가기준은 시가·기타로 구분하여 기재합니다.

22226-75911일
1999. 1. 28. 승인

210㎜×297㎜
(신문용지 54g/㎡)

관련서식 일람

[별지 제5호 서식]

<table>
<tr><td colspan="4" align="center">과 세 적 부 심 사 청 구 서</td><td>처리기간</td></tr>
<tr><td colspan="4"></td><td>3주간</td></tr>
</table>

근 거: 과세적부심사사무처리규정

<table>
<tr><td rowspan="3">납
세
자</td><td>성　　　　명</td><td></td><td>주민등록번호</td><td></td></tr>
<tr><td>상　　　　호</td><td></td><td>사업자등록번호</td><td></td></tr>
<tr><td>주　　소(사업장)</td><td></td><td>전 화 번 호</td><td></td></tr>
<tr><td rowspan="3">대
리
인</td><td>성　　　　명</td><td></td><td>주민등록번호</td><td></td></tr>
<tr><td>상　　　　호</td><td></td><td>사업자등록번호</td><td></td></tr>
<tr><td>주　　소(사업장)</td><td></td><td>전 화 번 호</td><td></td></tr>
<tr><td colspan="2">결 정 전 통 지 관 서</td><td colspan="3"></td></tr>
<tr><td colspan="2">결 정 전 통 지 일 자</td><td colspan="3">19　.　.　. （통지받은 날: 19　.　.　.）</td></tr>
<tr><td colspan="2">결 정 전 통 지 내 용</td><td>세　　　목</td><td>세　　　액
(수입금액)</td><td>원</td></tr>
<tr><td colspan="2">청　　구　　이　　유</td><td colspan="3">결정전통지내용, 청구이유 및 증빙서류는 청구서에 붙임</td></tr>
<tr><td colspan="2">의 견 진 술 여 부</td><td colspan="3"></td></tr>
</table>

과세적부심사사무처리규정 제16조 제1항의 규정에 의하여 과세적부심사를 청구합니다.

19　.　.　.

청　구　인　　　　㊞
대　리　인　　　　㊞

세 무 서 장 귀하

이 과세적부심사청구에 관한 일체의 권한을 상기 대리인에게 위임함.

위 임 자　　　　㊞ (인감증명 첨부)

0501-001민(1996.12. 개정)　　　　　　　210mm×297mm(인쇄용지 2급 60g/㎡)

[별지 제32호 서식] (1999. 3. 23. 개정)　　　　　　　　　　　　　　　　　　　　(앞 쪽)

이 의 신 청 서

처 리 기 간	수 수 료
30일	없 음

신청인	① 성　　　명		② 주민등록번호 (사업자등록번호)	
	③ 상　　　호		④ 전 화 번 호	
	⑤ 주소 또는 사업장소재지		(우　　-　　)	
⑥ 처　분　청			⑦ 조 사 기 관	

⑧ 처분통지를 받은 날(또는 처분이 있는 것을 처음으로 안 날) :　　　년　　　월　　　일

⑨ 통지된 사항 또는 처분의 내용(과세처분인 경우에는 연도, 기분, 세목 및 세액 등을 기재합니다.)

　　※ ______ 연도 ______ 기분 ______ 세 ______ 원 부과처분

⑩ 불복의 이유(내용이 많은 경우에는 별지에 기재하여 주십시오)

　　국세기본법 제66조 및 동법시행령 제54조의 규정에 의하여 위와 같이 이의신청합니다.

　　　　　　　　　　　　년　　　　월　　　　일

　　　　　　　　　　신청인　　　　　　　　(서명 또는 인)

　　세 무 서 장
　　지방국세청장　　귀하

첨부서류: 1. 불복이유서(불복의 이유를 별지로 작성한 경우입니다)
　　　　　 2. 불복이유에 대한 증거서류(첨부서류가 많은 경우 목록을 별도로 첨부하여 주십시오)

위임장	국세기본법 제59조제1항의 규정에 의하여 아래 사람에게 위 이의신청에 관한 사항을 위임합니다. (다만, 이의신청의 취하는 별도의 위임을 받은 경우에 한합니다.)				
	위임자(신청인)	대　　　리　　　인			
		구　분	성　　명	사 업 장 소 재 지	전 화 번 호
	(서명 또는 인)	세 무 사	(서명 또는 인)	(우　　-　　)	

이 의 신 청 서 접 수 증　　　(접수번호　　　　호)			
성　명		주　　　소	
첨부서류 　1. 불복이유서(　　)		접 수 자	
2. 불복이유에 대한 증거서류(　　)		접수일자인	

22226-79611민　　　　　　　　　　　　　　　　　　　　　210mm×297mm
1999. 2. 23. 개정승인　　　　　　　　　　　　　　　　　　(신문용지(특급)34g/㎡)

관련서식 일람

[별지 제29호 서식] (1999. 3. 23. 개정)　　　　　　　　　　　　　　　　　　　　(앞 쪽)

	심 사 청 구 서		처 리 기 간	수 수 료
			60일	없 음

<table>
<tr><td rowspan="3">청구인</td><td>① 성　　　명</td><td></td><td>② 주민등록번호
(사업자등록번호)</td><td></td></tr>
<tr><td>③ 상　　　호</td><td></td><td>④ 전 화 번 호</td><td></td></tr>
<tr><td>⑤ 주소 또는
사업장소재지</td><td colspan="3">(☎　　－　　)</td></tr>
<tr><td>⑥ 처　분　청</td><td></td><td></td><td>⑦ 조 사 기 관</td><td></td></tr>
</table>

⑧ 처분통지를 받은 날(또는 처분이 있는 것을 처음으로 안 날) :　　　　년　　　월　　　일

⑨ 통지된 사항 또는 처분의 내용(과세처분인 경우에는 연도, 기분, 세목 및 세액 등을 기재합니다.)

　※ ＿＿＿＿＿　연도 ＿＿＿＿＿ 기분 ＿＿＿＿＿＿ 세 ＿＿＿＿＿＿＿ 원 부과처분

⑩ 이의신청을 한 날	년　　월　　일	⑪ 이의신청 결정통지를 받은 날 (또는 결정기간이 경과한 날)	년　　월　　일

⑫ 불복의 이유(내용이 많은 경우에는 별지에 기재하여 주십시오)

　　국세기본법 제62조 및 동법시행령 제50조의 규정에 의하여 위와 같이 심사청구를 합니다.

　　　　　　　　　　　　　　년　　　　　　월　　　　　일

　　　　　　　　　　　　　　　　청구인　　　　　　　　　(서명 또는 인)

　　국세청장　귀하

첨부서류: 1. 불복이유서(불복의 이유를 별지로 작성한 경우입니다)
　　　　　 2. 불복이유에 대한 증거서류(첨부서류가 많은 경우 목록을 별도로 첨부하여 주십시오)

<table>
<tr><td rowspan="3">위임장</td><td colspan="5">국세기본법 제59조 제1항의 규정에 의하여 아래 사람에게 위 심사청구에 관한 사항을 위임합니다.
(다만, 심사청구의 취하는 별도의 위임을 받은 경우에 한합니다.)</td></tr>
<tr><td rowspan="2">위임자(청구인)</td><td colspan="4">대　　리　　인</td></tr>
<tr><td>구　　분</td><td>성　　명</td><td>사 업 장 소 재 지</td><td>전 화 번 호</td></tr>
<tr><td></td><td>(서명 또는 인)</td><td>세 무 사</td><td>(서명 또는 인)</td><td>(☎　　－　　)</td><td></td></tr>
</table>

- -

<table>
<tr><td colspan="4">심 사 청 구 서 접 수 증</td><td>(접수번호　　　　　호)</td></tr>
<tr><td>청구인</td><td></td><td>주　　소</td><td></td></tr>
<tr><td>첨부서류</td><td rowspan="2"></td><td>접 수 자</td><td></td></tr>
<tr><td>1. 불복이유서(　　)
2. 불복이유에 대한 증거서류(　　)</td><td>접수일자인</td><td></td></tr>
</table>

22226-79511민　　　　　　　　　　　　　　　　　　　　　　　210mm×297mm
1999. 2. 23. 개정승인　　　　　　　　　　　　　　　　　(신문용지(특급)34g/㎡)

[별지 제35호 서식] (1999. 3. 23. 개정) (앞 쪽)

심 판 청 구 서	처 리 기 간	수 수 료
	90일	없 음

<table>
<tr><td rowspan="3">청
구
인</td><td>① 성 명</td><td></td><td>② 주민등록번호
(사업자등록번호)</td><td></td></tr>
<tr><td>③ 상 호</td><td></td><td>④ 전 화 번 호</td><td></td></tr>
<tr><td>⑤ 주소 또는
사업장소재지</td><td colspan="3">(우 -)</td></tr>
</table>

⑥ 처 분 청		⑦ 조 사 기 관	

⑧ 처분통지를 받은 날(또는 처분이 있는 것을 처음으로 안 날) : 년 월 일

⑨ 통지된 사항 또는 처분의 내용(과세처분인 경우에는 연도, 기분, 세목 및 세액 등을 기재합니다.)

　※ ________ 연도 ________ 기분 ________ 세 ________ 원 부과처분

⑩ 심사청구를 한 날	년 월 일	⑪ 심사청구의 결정통지를 받은날 (결정통지를 받지 못한 경우에 는 결정기간이 경과한 날)	년 월 일

⑫ 불복의 이유(내용이 많은 경우에는 별지에 기재하여 주십시오)

　　국세기본법 제69조 및 동법시행령 제55조의 규정에 의하여 위와 같이 심판청구를 합니다.

　　　　　　　　　　　　년　　　　　월　　　　　일

　　　　　　　　청구인　　　　　　　　(서명 또는 인)

　　국세심판소장　　귀하

첨부서류: 1. 불복이유서(불복의 이유를 별지로 작성한 경우입니다)
　　　　　 2. 불복이유에 대한 증거서류(첨부서류가 많은 경우 목록을 별도로 첨부하여 주십시오)

<table>
<tr><td rowspan="4">위
임
장</td><td colspan="5">국세기본법 제59조제1항의 규정에 의하여 아래 사람에게 위 심판청구에 관한 사항을 위임합니다.
(다만, 심판청구의 취하는 별도의 위임을 받은 경우에 한합니다.)</td></tr>
<tr><td rowspan="2">위임자(청구인)</td><td colspan="4">대 리 인</td></tr>
<tr><td>구 분</td><td>성 명</td><td>사 업 장 소 재 지</td><td>전 화 번 호</td></tr>
<tr><td>(서명 또는 인)</td><td>세 무 사</td><td>(서명 또는 인)</td><td>(우 -)</td><td></td></tr>
</table>

심 판 청 구 서 접 수 증 (접수번호 호)		
성 명		주 소

<table>
<tr><td rowspan="2">첨부서류
1. 불복이유서( )
2. 불복이유에 대한 증거서류( )</td><td>접 수 자</td><td></td></tr>
<tr><td>접수일자인</td><td></td></tr>
</table>

22226-79811민
1999. 2. 23. 개정승인

210mm×297mm
(신문용지(특급)34g/㎡)

관련서식 일람